本书资助项目

教育部人文社科规划一般项目"民国时期慈善义赛研究"（22YJA770003）

北京高校中国特色社会主义理论研究协同创新中心（中国政法大学）

中央高校基本科研业务费专项资金（中国政法大学）

民国时期
义赛研究

MINGUO
SHIQI YISAI YANJIU

白丽萍 / 著

中国政法大学出版社

2025 · 北京

图书在版编目（CIP）数据

民国时期义赛研究 / 白丽萍著. -- 北京：中国政法大学出版社，2025.8.

ISBN 978-7-5764-2285-6

Ⅰ. D632.1-092

中国国家版本馆 CIP 数据核字第 2025ZU3177 号

书　名	民国时期义赛研究 MINGUO SHIQI YISAI YANJIU
出版者	中国政法大学出版社
地　址	北京市海淀区西土城路 25 号
邮　箱	bianjishi07public@163.com
网　址	http://www.cuplpress.com (网络实名：中国政法大学出版社)
电　话	010-58908466(第七编辑部) 010-58908334(邮购部)
承　印	保定市中画美凯印刷有限公司
开　本	720mm×960mm　1/16
印　张	14.5
字　数	216 千字
版　次	2025 年 8 月第 1 版
印　次	2025 年 8 月第 1 次印刷
定　价	68.00 元

摘　要

　　本书以民国时期新兴的体育慈善活动——义赛为研究对象，讨论了其出现的社会文化背景以及在1926—1949年间的历史演进。作为一项慈善史和社会文化史研究，本书从体育社会史的视角，选取上海、桂林和香港三个城市以及李惠堂、宋庆龄两个人物，按照纵向的时间轴和横向的问题轴对民国时期的义赛与社会展开论述。上海、桂林和香港三个城市分别经历了和平年代、战争时期（抗日战争时期）不同的政权统治。在迥异的政治环境下，在这三个城市开展的义赛被赋予了体育慈善、爱国义举、祖国认同、政治认同或政治"点缀"的不同内涵。李惠堂、宋庆龄等人与义赛的关系则体现出体育理想、体育慈善、政治、政党等相互之间错综复杂的面貌。民国时期的义赛既开创了体育人和社会各界以体育为媒介进入慈善领域的独特通道，也交织着民族主义、爱国主义和女性解放等议题，在短短的二十多年间，呈现出体育、慈善与政治、社会互动之下的多重面相。

目 录

表目录

绪　言

　　民国时期的义赛与体育慈善是中国传统慈善向近代转型的产物。

　　中国古代慈善传统源远流长，商汤时即有赈恤饥寒的措施，[1]至西周，设立了专门官职来施予惠政，救济贫病之民，《周礼·地官司徒》中称："一曰慈幼，二曰养老，三曰振穷，四曰恤贫，五曰宽疾，六曰安富。"此后，善行义举在历朝历代均以不同形式存在，绵延不绝，逐渐形成基于血缘（宗族救济）、地缘（善会善堂救济、富户救助穷民）、宗教慈善等的民间慈善系统。晚清至民国，伴随着中国现代化的进程，传统慈善事业也开始转型。周秋光、曾桂林对近代慈善事业的表现形式、具体内容作了全面细致的考察，总结出五个方面的主要特征：慈善家群体的形成；慈善机构的多样性；慈善救济运作的先进性；慈善道德的多层化；救济区域的广阔性以及慈善经费渠道的广泛性。[2]2013 年，他们和向常水、贺永田等合著出版的皇皇三卷本《中国近代慈善事业研究》中，分慈善思想、慈善人物、慈善组织、慈善法制、宗教慈善和区域慈善等专题勾勒出近代慈善事业的面貌。[3]他们的研究表明，近代慈善在慈善群体、机构设置、运作机制、经费筹措、法制保障等方面体现出专业化、系统化、法制化和普及化等特点，在各个层面都迥异于传统慈善。这也提醒我们，需要对近

---

　　[1]　王卫平、黄鸿山：《中国古代传统社会保障与慈善事业》，群言出版社 2005 年版，第 182 页。

　　[2]　周秋光、曾桂林：《中国近代慈善事业的内容和特征探析》，载《湖南师范大学社会科学学报》2007 年第 6 期，第 121-127 页。

　　[3]　周秋光主编：《中国近代慈善事业研究》（上），天津古籍出版社 2013 年版，第 1-4 页。

代慈善事业的诸方面进行多维度的纵深研究，才能更好地把握其本质和特点。

在传统慈善的近代化议题中，一个突出的变化是普通大众前所未有地广泛参与。从作为近代慈善事业的物质基础的慈善经费筹措角度，民间慈善机构和团体的运转费用主要来自企业家、富户以及社会大众的捐献，也包括西方在华友好人士、海外华人华侨的善捐。从谢家福、郑观应、盛宣怀到张謇、熊希龄等，这些"星光熠熠"的著名企业家、慈善家群体固然是支撑慈善事业经费的基础力量，而社会大众点滴归捐、集腋成裘的贡献同样不可或缺。近代慈善机构的设立则为民众的捐献提供了组织保障。从近代慈善事业的参与途径来考察，由沿袭传统的简捐、簿捐、店捐、移助靡费、发典生息等，[1]逐渐发展出近代自由劝献、义演、义赛、义卖、义展、慈善彩票、股票、债券等丰富多样的形式，这些新型慈善活动无不以面向大众为依托，体现出近代慈善事业的社会化、大众化、普及化特点。

因此，暂且抛开宗教慈善不论，如果说传统的血缘（宗族）、地缘（善会善堂、富户）、业缘（同行）慈善活动是以士绅、官僚、富商为主体的"精英"模式的话，近代慈善则无疑是同时面向精英和大众的"精英—大众"交互模式。普通民众摆脱了几千年来在慈善领域仅仅作为"接受者"的被动角色，转而树立起既是"施善者"又是"受善者"的具有主体意识的新形象。慈善既不再被视为是"国家"和"精英"对弱势群体居高临下地"怜悯"或"救助"（"养""养、教结合"），也并非和普通人"全然无关"，而是变成和每一个人休戚与共、甚至凭"举手之劳"就能达成的义举。在抗战时期，国家民族处于生死存亡的危难关头，慈善更是成为人们"有钱的出钱，有力的出力"的爱国行为，召唤起人们的爱国热情和民族凝聚力，确立了人民与现代国家的紧密联系。总之，伴随着社会转型的加剧、时代变革的大潮和政治局势的变动，借由慈善，逐渐开启了大众从传统臣民到现代公民的身份转换和塑造。

为了展现和充分讨论这一慈善领域内的重大变化，并进一步理解这种

---

〔1〕 周秋光、曾桂林：《中国近代慈善事业的内容和特征探析》，载《湖南师范大学社会科学学报》2007 年第 6 期，第 121–127 页。

变化所带来的深远影响，本书选择以民国时期出现的新型体育慈善活动——义赛为切入点。义赛是以体育为媒介进行慈善筹款的活动。在近代的诸多新型慈善形式中，与义卖、彩票、股票、债券等不同，义演、义赛是以专业或非专业表演的方式从事慈善，它们都包括表演者义务出演、观众购票入场、正式表演、活动中穿插物品（义球）义卖、活动后的善款汇总、善款使用等环节，表演者、观众、组织者、表演场馆所有者等均为慈善的参与者，唯一的区别在于一个是文艺演出，一个是体育比赛。义演、义赛还具有娱乐功能，这使得慈善行为由过去施善者的单向捐献转变为付出—回报的双向模式。对于购票观看表演的观众而言，用一张门票（戏票）的捐资既可享受一次视觉盛宴和一场精神愉悦，又行了善举，何乐而不为呢？然而，与近代义演的研究热潮相比，[1]义赛迄今尚未引起历史学界足够的重视，仅有少量零散的研究，这显然不利于其学术价值的挖掘，也与其在近代、民国慈善事业中的地位不相匹配。

义赛又称慈善赛，它以义务体育比赛为形式，将全部或部分比赛收入（门票、义球拍卖等）捐出用作慈善公益事业经费。义赛最早经由欧洲传入我国香港、上海，1910 年代，上海西人报刊已有慈善赛的记载。1920 年以后，中国人进入慈善赛这一新领域，由此拉开了中国近代体育慈善事业的帷幕。目前有关民国时期义赛的极少数研究，主要集中在人物、民间体育组织和区域义赛等。

和义赛相关的人物研究，聚焦于宋庆龄和李惠堂两人。曹世盖、徐建明分别论述了宋庆龄于 1943 年在重庆发起的赈济豫灾国际足球义赛的始末；[2]

---

〔1〕 代表性成果，如郭常英：《近代演艺传媒与慈善救助》，载《史学月刊》2013 年第 3 期，第 19–22 页；郭常英、岳鹏星：《寓善于乐：清末都市中的慈善义演》，载《史学月刊》2015 年第 12 期，第 61–71 页；郭常英：《慈善义演参与主体与中国近代都市文化》，载《史学月刊》2018 年第 6 期，第 9–13 页；郭常英：《中国近代慈善义演文献及其研究》，社会科学文献出版社 2018 年版；郭常英、岳鹏星：《中国近代慈善义演研究》，社会科学文献出版社 2021 年版；张秀丽、岳鹏星：《剧资兴学：清末京津地区慈善义演的发源》，载《音乐传播》2017 年第 1 期，第 29–32 页；郭辉：《近代中国慈善义演的思想史省思》，载《湖北大学学报（哲学社会科学版）》2019 年第 4 期，第 91–96 页；等等。

〔2〕 曹世盖：《宋庆龄发起的一次赈灾足球义赛》，载《体育文史》1983 年第 1 期，第 12–13 页；徐建明：《宋庆龄筹办赈济豫灾国际足球义赛》，载《民国春秋》2001 年第 3 期，第 24–25 页。

姜荣泉详细分析了宋庆龄发起的另一次重要的义赛，即抗战胜利后的 1946
年，她于上海筹办的功败垂成的救济湘中、苏北灾民港沪足球慈善赛的过
程及失败原因。[1]

民国香港地区足球明星、"球王"李惠堂是现代足球运动、体育事业、
体育慈善事业中举足轻重的人物，李松福、谭分全等通过李惠堂个人经历
分析其在现代足球运动、民国体育事业中的重要地位、作用及其浓厚的爱
国情怀。[2]赵峥以政治社会史的视角，讨论了李惠堂在抗战时期的香港、
广东梅县、广西桂林、四川成都、重庆等地的足球比赛和义赛经历，并着
重分析了他的足球活动与地方政治、国民政府战时体育政策、中外关系等
的互动，凸显了战争环境下李惠堂从运动员、商人到体育官员多重身份的
叠加。[3]郭常英和屈霁光从体育慈善史的角度分析了李惠堂的体育慈善言
论、思想和行动，勾勒出民国体育慈善事业的大致轮廓。[4]

民国时期影响最大、延续时间最长的全国性民间体育组织当数中华全
国体育协进会。它既是民国体育事业的行业组织，具有管理、协调职能，
也是义赛和体育慈善活动的重要发起、组织和参加者。陈明辉详细梳理了该
组织于 1924—1949 年存续期间进行的体育慈善活动（主要以义赛为主）。[5]

区域义赛方面，上海既是义赛的发源地，又是重要的义赛中心城市，
胡冰玉对民国义赛最发达的城市——上海在"孤岛"时期的体育慈善赛的
内容、功能、特点等作了细致的分析。[6]

---

〔1〕 姜荣泉：《宋庆龄发起足球义赛震动上海滩》，载《体育文史》1991 年第 5 期，第 43-
46 页、第 72 页。

〔2〕 李松福：《球王李惠堂传奇》，未来出版社 1987 年版；谭分全：《李惠堂与现代足球》，
云南大学出版社 2022 年版。

〔3〕 赵峥：《战争与体育："球王"李惠堂与全面抗战时期的足球运动》，载《抗日战争研
究》2022 年第 3 期，第 108-119 页。

〔4〕 郭常英、屈霁光：《"球王"李惠堂与民国体育慈善》，载《史学月刊》2023 年第 5 期，
第 76-84 页。

〔5〕 陈明辉、孙健：《中华全国体育协进会体育慈善活动述论（1924—1949）》，载《武汉
体育学院学报》2018 年第 1 期，第 30-35 页；陈明辉：《中华全国体育协进会研究（1924-
1949）》，武汉大学出版社 2019 年版。

〔6〕 胡水玉：《上海"孤岛"时期的体育慈善赛述论》，载《社会史研究》2022 年第 1 期辑
刊，第 120-136 页。

　　此外，还有一些研究成果涉及义赛，例如，管学庭在抗战时期桂林体育运动的研究中也简略提到桂林义赛。[1]

　　上述学者的研究主要从两个角度切入：或者从体育史、慈善史的视角，将民国义赛视为体育名人、社会名流人生经历或慈善活动的一部分，是"孤立"的事件，不具有普遍性；或者意识到其具有的体育慈善史的意义，尽管这种认识仍不够清晰和完整。这种种努力为本书的继续研究提供了相当大的启发，笔者将沿着后一种思路继续向前推进，以民国义赛为切口，构建起民国体育慈善事业的完整体系。

　　笔者利用现有众多的电子信息资源如《大公报》《申报》数据库、近代报纸数据库（上海图书馆、国家图书馆）、晚清期刊全文数据库、民国时期期刊全文数据库、大成故纸堆、抗日战争与近代中日关系文献数据平台、香港图书馆旧报纸数据库等；根据上海档案馆藏相关档案及参阅多种民国档案史料汇编，如万仁元、方庆秋主编《中华民国史史料长编》，[2]第二历史档案馆编《中华民国史档案资料汇编》，[3]任竞主编，唐伯友、万华英副主编《抗战时期大后方经济社会资料汇编》，[4]章开沅、周勇主编的"中国抗战大后方历史文化丛书"（包含部分档案文献），[5]云南省档案馆、广西省档案馆和中国第二历史档案馆编《民国时期西南边疆档案资料汇编》[6]等，以近代报刊、档案、地方志、文史资料、年谱、文集、书信集等丰富史料为依托，在前述学者研究的基础上，以历史学的实证研

---

[1]　管学庭：《抗战时期桂林文化城的体育活动》，载《广西师范大学学报（哲学社会科学版）》1990年第4期，第62-67页；管学庭：《抗战时期的桂林体育》，载《体育文史》1991年第1期，第32-35页。

[2]　万仁元、方庆秋主编：《中华民国史史料长编》（全70册），南京大学出版社1993年版。

[3]　第二历史档案馆编：《中华民国史档案资料汇编》（共五辑92册），江苏古籍出版社1979—2000年版。

[4]　任竞主编：《抗战时期大后方经济社会资料汇编》（全50册），国家图书馆出版社2020年版。

[5]　章开沅、周勇主编："中国抗战大后方历史文化丛书"，包含档案文献、学术著作、普及读物等共100卷，重庆出版社2010—2017年版。

[6]　云南省档案馆编：《民国时期西南边疆档案资料汇编》（云南卷），社会科学文献出版社2013年版；广西省档案馆编：《民国时期西南边疆档案资料汇编》（广西卷），社会科学文献出版社2014年版；中国第二历史档案馆编：《民国时期西南边疆档案资料汇编》（云南广西综合卷），社会科学文献出版社2014年版。

究法为基础，综合运用体育学、社会学、政治学、管理学、人类学等多学科理论方法，对民国时期义赛的展开过程、历史演变、区域分布、社会功能及其与政治、社会、城市文化等的互动进行全面深入地讨论，全方位展现民国时期义赛的面貌和特点。

本书将着重讨论以下几个问题：

第一，民国义赛与城市文化。周秋光等早就指出，近代慈善事业的转型和城市的发展密不可分。[1]上海自 1843 年开埠后，因"得风气之先"逐渐成为口岸都市的代表，发达的慈善事业和娱乐文化不仅使之成为慈善义演的发源地，[2]同时也是比肩香港的另一个义赛（慈善赛）国内城市发源地。1926 年年底，由中国人全面参与的历史上第一次中西圣诞慈善足球赛就在上海首先举办。那么，上海新旧杂糅又整体趋新的社会风气、消费型的城市特质、风靡的球类运动等如何促成义赛的发生？在上海的西方体育组织、1926 年新成立的中华全国体育协进会又各自起到什么作用？以及，作为另一个体育中心、义赛中心的重镇香港在其中有何影响？抗战时期，香港的球类义赛筹赈热又是怎样的形态？等等，都需予以明晰。

第二，民国义赛的传播与战争。

二十世纪二三十年代，义赛在上海首先出现后，随着体育运动的展开和体育人才的交流，逐渐向东部其他沿海城市蔓延，如北方的北平、天津和江南的南京、杭州、苏州等城市。在华南，香港和广州之间的体育往来使得两城市成为华南地区的体育中心。

抗战的爆发构成一个重要的时间节点，使义赛经历了从东到西、从沿海到内地的传播过程。一方面，以上海的租界区为依托，爱国体育人士和社会人士、团体密集举行各类义赛救济战争难民伤兵，另一方面，由于大量避难人口从东部、北部沦陷区向西迁移，许多体育机构、运动员也随之来到西南大后方重庆、桂林、贵阳、柳州等各大城市，而随着 1941 年 12 月底香港沦陷，许多优秀运动员回归祖国，也聚集到这些城市。那么，这些来自沦陷区的体育人才是如何增强西南地区的体育实力并带动了义赛的

---

[1] 周秋光主编：《中国近代慈善事业研究》（上），天津古籍出版社 2013 年版，第 7 页。

[2] 郭常英：《中国近代慈善义演文献及其研究》，社会科学文献出版社 2018 年版，第 22 页。

发生？国民政府的态度如何？义赛和国民政府、慰劳团体的战时募捐、社会动员的关系如何？这些问题均需用心考察。

第三，民国义赛的举办和运作。

义赛的发起者、参与者、表演者范围非常之宽泛，包括民间体育组织、运动员、学校、社会团体、国民政府机关、国民党政要、社会名流等均涉足其中。义赛的举办涵盖确定筹款目标、义赛形式、寻找球队、协调比赛场地、事先宣传、销售门票、正式比赛、赛后征信等诸多环节，需要官民两界各方配合，那么，一场成功的义赛是如何策划进行的？可能遇到哪些难题以及如何解决这些问题？像李惠堂、宋庆龄等名人在民国义赛中又有什么样的代表性？等等，需要详细梳理。

第四，民国义赛的属性和社会功能。

义赛首先是一种募捐方式，本身也是一种慈善和娱乐活动。和平时期，义赛如何为各种慈幼、济贫、慈善医疗、救济妇女等的慈善组织、赈灾等募集经费？战争年代（抗战时期），义赛又怎样成为国民政府、社会团体、爱国人士发起的各种战时募捐活动的一部分，为支援前线抗敌、救济战争难民而服务？不同时期的义赛具有怎样不同的面目？不同群体、官民两界又对此有何不同的认识和体验？义赛又如何让人们在做慈善的同时体会到精神上的愉悦和审美的感受？等等，需要作出解答。

基于以上关切，本书试图从纵向的时间轴和横向的问题轴对民国义赛进行细致而深入的研究，在此基础上，达致对民国义赛、体育慈善与社会变迁的深刻把握与理解。

1936年1月中西足球慈善赛
（《竞乐画报》1936年第2卷第2期）

李惠堂照片及简介
（杨萍波《展望》1939年第5期）

上海助学金慈善篮球赛
（《永安月刊》1941年第32期）

宋庆龄和重庆国际足球义赛
（中央社《联合画报》1943年第29期）

第一章

民国义赛与体育慈善兴起的社会历史因素

民国时期义赛与体育慈善的兴起，是西方现代体育运动的引进和传播、中西慈善文化的碰撞与交融、近代"体育救国"思潮的影响及全国性民间体育组织——中华全国体育协进会的成立等诸因素相互激荡的结果。

一、西方现代体育运动的引进和传播

十九世纪中期开始，西方现代体育运动的诸多项目如足球、篮球、棒球、网球、排球等球类运动以及游泳、田径（跑步、跳远）、拳击等陆续传入中国。这些体育运动通常由西方传教士、商人、士兵、自西方归国的中国官员、留学生等介绍进来，最先出现在各地的教会学校，吸引青年学生的关注和参与。在这个过程中，伴以近代报刊、杂志等大众传播，然后一步步推广到各大中学校、社会团体、工厂工矿乃至军队，进而促成了体育团体、运动员和体育比赛的面世，一方面奠定了中国现代竞技体育的基础，另一方面，影响了中国现代体育运动的基本格局和发展（表1-1）。

表1-1　西方体育运动项目传入中国统计

名称	传入时间	最早传入地	传入者
足球	大约在1860年	香港、天津	英国人
篮球	1894—1896年	天津	美国传教士来会里博士（中文名"李昂"）

续表

名称	传入时间	最早传入地	传入者
排球	1905 年	广州、香港	传教士
棒球	1873 年后	北京等	美国、日本的归国华侨和留学生
网球	大约在 1885 年	广州、上海、北京、天津、香港等	传教士、驻外官员等
田径	大约在 1820 年代	—	—
游泳	大约在 1840 年代	广东、香港	传教士
拳击	19 世纪末	—	—

资料来源：向超宗、邢峰主编《大学体育选项课教程》，重庆大学出版社 2015 年版，第 42 页；李辅材等：《中国篮球运动史》，武汉出版社 1991 年版，第 4 页、第 8-10 页；史友宽、屈东华、周屹嵩：《中国排球运动发展研究》，河南大学出版社 2014 年版，第 3-6 页；刘晓树：《体力与意志的结合：网球》，二十一世纪出版社 2015 年版，第 21-24 页；［日］永松英吉：《拳击》，刘玉林译，山东科学技术出版社 1988 年版，第 1-2 页，等。

（一）球类运动

民国时期的体育运动呈现不均衡发展的态势，西方传入的体育项目中，球类运动较为盛行，而游泳、田径、拳击等相对小众。球类运动中，按照风靡和普及程度考察，足球、篮球因观赏性强、参与人数多、球迷众多而当仁不让位居首列，在上海、香港等大城市还出现了专业化的足球、篮球联赛，排球、网球、棒球等市场较小，门槛更高，影响力相应逊色不少。

1. 足球

足球是民国时期最流行的球类运动。中国古代很早就有被称为"蹴鞠"或"蹋鞠"的球类游戏，但这和现代足球无甚联系。现代足球发源于英国，12 世纪初，英国开始出现足球比赛，最初的比赛是娱乐活动，一年两次，一般在两个城市之间进行。经过数百年的规范推广，至 19 世纪初，足球运动不但在英国相当盛行，而且流传至欧洲和拉美一些国家。1848

年，足球运动史上的第一个以文字形式出现的规则《剑桥规则》诞生了。它奠定了现代 11 人制足球比赛的规制。1862 年，在英国诺丁汉郡成立了世界第一支足球俱乐部。后来，英国又成立了第一个足球协会（英足总），并统一了足球规则，现代足球运动自此诞生。1904 年，英、法、荷、比、西、瑞典和瑞士等十七个国家的足球协会在法国巴黎成立了国际足球联合会（国际足联）。自 1930 年起，国际足联每四年举办一次世界足球锦标赛（又称"世界杯足球赛"），并一直延续至今。[1]

中国现代足球引进的最早一批城市包括香港、上海、天津等。1840 年鸦片战争之后，香港受英国殖民统治，在 1860 年左右，现代足球自英国传入香港，当时皇仁、圣约瑟、拔萃三所书院的华人学生模仿英国人，开始踢起了足球。1895 年 11 月，香港创办足球"挑战杯"比赛，它是亚洲第一个足球锦标赛，后改称"特别银牌赛"，成为香港最著名的足球赛事之一。[2]民国时期的香港是中国乃至东南亚足球运动最为发达的城市，中西球队众多，华人球队有南华、东方、星岛等，华人球星李惠堂、孙锦顺、叶北华、孙锦顺、侯澄滔等赫赫有名，李惠堂更是被称为"球王"，享有"看戏要看梅兰芳，看球要看李惠堂"的民间美誉。香港西方人士中，英、法、葡、西等在港驻军、文员分别组成海陆军足球队、文员队、西联队等，中西双方均组队参加香港每年的足球联赛。那时香港的足球联赛赛制和当今的足球赛季十分类似，时间从每年下半年九十月份一直持续到次年三四月份。

据考证，1860 年，英法联军侵华，英军占领天津紫竹林作练兵场，随后逐渐增设田径场、足球场和网球场，这是最早的记录。[3]此后，内地教会学校逐渐开展田径、球类等运动，国人由此开始接触现代足球运动。西式足球进入上海的时间同样大约在 1860 年代。1901 年，上海圣约翰书院（圣约翰大学前身）组建了学生足球队，这是中国大陆第一支学生足球队。1902 年，上海南洋公学（上海交通大学前身）也成立了足球队。由

---

〔1〕 向超宗、邢峰主编：《大学体育选项课教程》，重庆大学出版社 2015 年版，第 42 页。

〔2〕 莫凯敏：《近代广东足球文化发展历史研究》，东北大学出版社 2021 年版，第 106 页。

〔3〕 刘晓树：《体力与意志的结合：网球》，二十一世纪出版社 2015 年版，第 21 页。

此，两所学校间开启了一段足球对抗岁月，就犹如剑桥与牛津的赛艇比赛一样，双方约定每年举行主客场两次比赛，这一约定坚持了十年以上。[1]

1906 年，在北京天安门广场附近的足球场举行了第一次中国足球队与外国足球队的比赛，比赛结果为河北通县协和书院队以 2：0 胜英国水兵队，夺得"九龙杯"。这场比赛开创了中国足球史上的新纪元。1907 年，北京举行了中国历史上第一次大型国际足球比赛，中国参赛的队伍有 2 支，分别为河北通县协和书院队与北京汇文书院队，外国队则有英、美、法、德、意、奥等 6 支队伍，结果英国队获第一名，协和书院、汇文书院分列第二、三名。[2]

民国时期中国足球运动蓬勃发展，整体水平大幅提升。1910 年至 1948 年，中国先后举行过七届全国运动会，每届均有足球竞赛项目。同时，还由全国性的民间体育组织——中华全国体育协进会牵头，组织上海、香港、广州、北京等地球员组成国家足球队，参加国际比赛，并取得不少佳绩。最为醒目的表现是，在由中、日、菲律宾等国发起的于 1913 年开始举行直至 1934 年停办的远东运动会上，中国队连续于 1915 年、1917 年、1919 年、1921 年、1923 年、1925 年、1927 年、1930 年和 1934 年获得 10 届比赛中的 9 届足球冠军，可以说是初具称霸亚洲、展望世界的实力了。中华队还分别于 1936 年、1948 年参加了第十一届柏林奥运会和第十四届伦敦奥运会的足球赛，[3]虽然整体实力无法和欧洲强队相提并论，比赛成绩不佳，但展示了中国人勇敢不服输的风采和气度，增进了西方世界对中国人的了解和同情。

民国时期，足球运动由南到北，逐渐形成了三大区域：以香港为中心的穗港足球圈；以上海为中心的江南足球圈以及北方的平津足球圈，南方水平整体上高于北方地区。这三大区域不仅代表了民国时期足球运动的水平，而且以此为依托，形成了举办慈善足球赛的良好氛围，带动了民国体

---

[1] 崔泽峰主编：《足球运动》，天津大学出版社 2022 年版，第 12 页。

[2] 崔泽峰主编：《足球运动》，天津大学出版社 2022 年版，第 12 页。

[3] 蔡向阳：《足球运动有问必答》，东北大学出版社 2003 年版，第 22-23 页。

育慈善事业的发展。足球慈善赛正是本书论述的重点内容。

2. 篮球

篮球运动最早出现在美国。1891 年,美国马萨诸塞州斯普林菲尔德(又译"春田")市基督教青年会训练学校体育教师詹姆斯·奈史密斯博士发明了篮球,其初衷是为了解决学生们在冬季上体育课的难题。[1]这一项目后来逐渐发展完善,形成了如今世人皆知的篮球运动。

篮球问世不久即传入中国。1895 年 9 月,美国人来会里博士(Dr. Lyon,中国名为"李昂"),受北美青年会的派遣来中国天津筹建城市青年会。同年 12 月 8 日,天津中华基督教青年会在医学堂成立,据当时的英文版《京津泰晤士报》报道,会前与会后都表演了篮球游戏。[2]

1910 年,在南京南洋劝业场举行的"全国学校区分队第一届体育同盟会"(辛亥革命后被追认为中国第一届全运会),会后进行了篮球表演,让国人认识了篮球运动。1914 年 5 月,中国第二届全运会上,开始把篮球运动列为比赛项目[3]。从此以后,篮球运动在我国进入了一个新阶段。篮球运动逐渐扩展至华北、华东、华南等地,随后华中区、西南区(四川和西康两省),包括一些少数民族地区也慢慢流行起来。从事篮球运动的团体由一开始的少数学校逐步向社会团体、机关、工矿、实业界以及军队蔓延。

学校是最早和最集中培养篮球人才的地方,如天津的新学书院、南开中学,北京通州的潞河中学,杭州的惠兰中学,上海的昌世中学,广州的培正中学和香港的香岛中学等,都是篮球运动开展较好的学校。工矿、机关、军队中,如当时的开滦矿务局,其开展篮球运动的热情和力度在全国都是少有的。上海华东公司于 1931 年前后组建篮球队,有些队员曾是参加过几届远东运动会的国家选手。军队中,由商震将军率领的第 23 军很重视篮球运动,每个团都有篮球队。少数民族地区,如西宁地区是蒙、回、藏等少数民族居住的地方,篮球运动也得到一定程度的开展。[4]

---

〔1〕 王振涛:《篮球教学理论与应用研究》,中国书籍出版社 2017 年版,第 1 页。
〔2〕 李辅材等:《中国篮球运动史》,武汉出版社 1991 年版,第 4 页、第 8-10 页。
〔3〕 叶国雄、陈树华主编:《篮球运动研究必读》,人民体育出版社 1998 年版,第 24 页。
〔4〕 叶国雄、陈树华主编:《篮球运动研究必读》,人民体育出版社 1998 年版,第 25 页。

随着篮球运动的不断普及，国内开始出现篮球单项竞赛。1924 年，天津举行第一届华北篮球竞赛会，参加的单位都是华北地区的高等学校。南方的上海也组织了篮球联合会，举办了第一届篮球联赛[1]。同时，由于西方在华人士众多，其中不乏篮球高手，篮球比赛也相应将他们覆盖。1918 年，上海最早举行"万国篮球赛"，参加队伍有西方商人队、西人划船队和美国学校队，中国参加的则是基督教青年会体育学校队，这开启了国内大城市举办万国篮球赛的先例。1925 年，中华全国体育协进会组织了上海"万国篮球赛"，驻上海的外国人员以国家为单位组队参加比赛，当时英、朝、葡、加拿大和中国队均参加比赛，结果美国队获得冠军。1926 年、1927 年在上海举行的"万国篮球赛"中，上海中华篮球队获得两届冠军。天津、北京也举办了类似的万国篮球赛[2]。抗战时期，篮球运动整体上陷入低潮，但并未停止，尤其在国民党统治区、西南大后方、中共领导的革命根据地，在战火纷飞、艰苦奋战的环境中，篮球运动既是人们排解苦闷、鼓舞士气的方式，也是为济难救胞、团结抗战筹募资金的工具。

3. 其他球类运动

民国时期，除足球、篮球外，排球、棒球、网球运动也开始起步，尽管专业运动员人数较少，相应地观众也少，总体规模不大，远无法和足球、篮球相比，但它们共同构成了民国时期体育事业不可或缺的部分。

排球起源于美国，和篮球出现的时间十分接近。1895 年，美国马萨诸塞州霍利沃克城的基督教青年会体育干事威廉·摩根发明了世界上第一个排球。大约在 1905 年，排球随着传教士的足迹进入中国，最早在广州南武中学、香港皇仁书院等学校兴起，不久传入上海。民国时期，广州、香港、上海成为排球运动最为发达的城市。排球的发展速度较快，短短几十年已经达到相当的发展水平。同样以全国运动会和远东运动会为例，1910—1948 年的七届全运会中，除了第一届之外，其余六届均有排球比赛。1913 年开始的远东运动会上，中国男子排球队在第二、三、五、八、九届赛事中获得排球冠军，即在十届赛事中获得了五次排球冠军。另外，从第六届开始，远

---

〔1〕　吴谋等编著：《高校篮球教学与训练》，复旦大学出版社 1997 年版，第 9–11 页。
〔2〕　潘志贤、李犀：《中外篮球文化》，吉林大学出版社 2006 年版，第 30–31 页。

东运动会增设女子排球表演赛，中国派女子队员参加，可惜未能折桂。[1]

一般认为，棒球起源于英国，发展于美国。棒球首先起源于英国的板球。1845年，美国人亚历山大·乔伊·卡特莱德为统一名称和打法，制定了历史上第一部棒球竞赛规则，从此，"棒球"的名称被固定下来，规则中确定的场地图形、尺寸和部分比赛规则沿用至今。据考证，1873年以后，棒球经美国、日本的归国华侨和留学生带入中国，这是棒球进入中国的最早记载。1895年，北京汇文书院成立了棒球队。1907年，汇文书院队与通县协和书院队进行了一场棒球比赛，这是中国历史上最早的棒球比赛。1910年起，全国运动会和远东运动会均将棒球列为比赛项目，但中国队能够参与远东比赛的人数不多，水平也不高，国内全运会的参赛队伍和人员也不容乐观，整体水平较低。[2]

现代网球起源于法国，发展完善于英国。12—13世纪，法国传教士发明了两人之间互相击球的"掌球戏"。14世纪，这种游戏传入英国。直到19世纪，现代网球的球拍、场地和比赛规则才逐步成型。1873年，英国菲茨德尔少校改进了早期的网球打法，规范了网球大小和球网高低。1876年，英国一些网球俱乐部经过协商，制定出一系列规则，网球运动由此成为规则明确的运动和比赛项目。1877年，英国举行了第一届温布尔登草地网球公开赛，网球运动逐渐成为欧美十分流行的室外体育运动。在1885年左右，网球运动经传教士、驻外官员之手传入中国的广州、上海、北京、天津、香港等城市，和其他球类运动的传播过程类似，先由教会学校开设课程，带动青年学生打网球的热情，然后逐步推广到其他大中学校和各种社会团体。[3]1899年，上海圣约翰大学举办网球比赛。上海网拍总会、华侨总会等每年举办网球比赛，但只有外侨才能参加。1905年，北京汇文书院队与通县协和书院队举行网球比赛，这是中国人最早主办的网球比赛，随后，清华大学队加入，成为三足鼎立的校际比赛。1910—1948年的七届

---

〔1〕 史友宽、屈东华、周屹嵩：《中国排球运动发展研究》，河南大学出版社2014年版，第3—6页。

〔2〕 叶鸣、陈蕴霞、徐金山：《高校体育欣赏教程》，同济大学出版社2008年版，第194—195页。

〔3〕 傅文生主编：《体育与健康》，重庆大学出版社2014年版，第77页。

全国运动会，每次都设有网球比赛，并且，自第三届开始设有女子网球比赛。和足球一样，中国网球队也远赴国外参加国际比赛，包括远东运动会、澳洲戴维斯杯等等。[1]

（二）其他竞技体育项目

1. 游泳

人类社会的游泳活动历史悠久。以中国而言，在五千多年前的中国古代陶器上，已出现人类潜入水中猎取水鸟及类似爬泳的图案。《诗经·邶风·谷风》记载："就其深矣，方之舟之；就其浅矣，泳之游之"，说明那时人们已有了"游泳"的说法。古人游泳可以概括为三种方式：涉，在浅水中行走；浮，在水中漂浮；没，在水下潜泳。[2]

游泳包括竞技游泳和实用游泳。作为一种竞技方式的现代游泳运动形成于19世纪末。1896年，第一届奥运会在希腊举行，游泳被列为竞赛项目之一，主要为男子100米、500米、1200米自由泳项目。第二届增设了仰泳、障碍泳和潜泳项目。1908年版，第四届奥运会于英国伦敦举行期间，成立了国际业余游泳联合会（简称国际泳联），制定了国际游泳比赛规则。1912年的第五届奥运会，将女子游泳纳入比赛项目。1952年的第十五届奥运会，国际泳联决定增设蝶泳项目。发展至1996年时，游泳比赛项目已达32项。[3]

西方现代游泳运动自出现不久即由欧美传入中国，遵循着近代西方体育运动在中国的传播路径，先是在广东、香港、福建、上海、青岛等地落地，然后由沿海各省逐步推展到内地。1924年，第三届全国运动会开始设置游泳比赛项目，[4]推动了游泳项目在各地的开展，但总体上发展较为缓慢，水平有限。

2. 田径

田径是体育运动中最为古老的项目，有"运动之母"的美称。古代社

---

[1] 刘晓树：《体力与意志的结合：网球》，二十一世纪出版社2015年版，第21-24页。
[2] 周国霞、周斌：《游泳健身与球类训练》，吉林美术出版社2018年版，第26-27页。
[3] 周国霞、周斌：《游泳健身与球类训练》，吉林美术出版社2018年版，第26-27页。
[4] 郭永慎编著：《国防体育》，军事科学出版社2003年版，第53页。

会，人们为了获取生活资料而需要走跑各种距离、跨越各种障碍、投掷各种器械，这是田径运动的雏形。经过长期的沉淀和完善，慢慢形成了现代的田径运动。现代田径运动由田赛、径赛、公路跑、竞走和越野组成，最早出现于英国。田赛和径赛必须在体育场内进行，田赛分为跳跃、投掷两类项目，包括跳高、跳远、投掷铅球、铁饼、链球、标枪等；径赛分为短跑、中跑、长跑和接力、跨栏、障碍跑。公路跑必须在公路上进行，包括各种接力跑、半程和全程马拉松。竞走在体育场内或场外均可进行。越野跑则须在原野、草地等自然环境中进行。此外，还有以部分田赛和径赛项目组成的全能运动。田径运动的特点是比速度、比高度、比远度和比耐力，是人类对于自身局限的挑战。

1850 年以后，英国一些大学相继展开业余田径竞赛。1896 年，第一届奥运会上设立了仅限男子参加的田径比赛项目，标志着现代田径运动的开端。1912 年，国际业余田径联合会成立，并做出了设立田径竞赛项目世界纪录的决定。现代田径运动于 19 世纪后期进入中国，当时在教会学校的体育课中出现了田径运动教材，教会学校内部和教会学校相互之间还举行田径项目比赛和田径运动会，此后田径运动逐渐推广至各私立、公办学校。1910 年 10 月，在南京召开的第一届全运会上引入了田径项目，田径运动由学校进一步向社会扩展。[1]

3. 拳击

和田径运动相似，拳击起源亦较早，它最早可追溯至远古时期，当时人类为了狩猎食物和保护自己，必须同双拳和自身体力作为防卫手段来抵御野兽或敌人的袭击，这就是拳击运动的雏形。公元前 688 年，第 23 届古代奥运会上，拳击首次作为比赛项目登场。[2]中国古代拳击目前发现最早的记载出现于殷商时期，名为"斗"，是贵族阶层用以训练战士的科目。到了汉朝，名称改为"弁"，成为军人必考的军事科目。南北朝时期，拳击选手已经在比赛中用护具保护自己。经过长期的发展，至明清，已经形成各类拳法，并形成各自的流派和风格，清代所盛行的较大拳系就有几十

---

〔1〕 杨凯：《田径教学训练与竞赛》，北京工业大学出版社 2023 年版，第 8—9 页。

〔2〕 ［日］永松英吉：《拳击》，刘玉林译，山东科学技术出版社 1988 年版，第 1—2 页。

个，[1]各家不仅门派化，还理论化、套路化，拳种以拳为主体，包括了踢、打、跌、拿等各种技法，内容更加丰富多彩。

19 世纪末，西方拳击运动流传至中国，被称为"西洋拳"。西方军人、传教士、商人和侨民等在租界建起各种体育俱乐部，组织各项体育比赛，西方拳击借此为中国人民所熟悉。二十世纪二三十年代，上海已经有职业拳击比赛，参加比赛的选手包括归国华侨、本土中国人和西方人。中国职业拳击名手中，有"小雷雨"之称的新加坡华侨冯慰红、上海的林氏三兄弟（林中正、林中民、林中孚）以及广东拳击家陈汉强及其弟子郑吉常等。此外，还有业余拳击选手。民国时期，拳击很流行，教会学校（中学和大学）普遍把拳击列为体育课的内容之一。1936 年，德国柏林的第十一届现代奥运会上，中国派出了 69 人参加，其中就有两名拳击选手靳贵第和王润兰。1948 年，全国运动会上开设了拳击项目。[2]

值得一提的是，中国共产党领导的抗日革命根据地和解放区十分重视开展体育运动。毛泽东、周恩来、朱德、贺龙等领导人十分喜爱体育活动，毛泽东喜欢游泳，周恩来早年在南开读书时即爱好体育运动，擅长打网球和排球，是班里"勇"字排球队的主力队员。朱德常利用空闲时间和战士们一起上场打球。他们有意识地将强健身体和革命事业的要求结合在一起，不仅自己常常锻炼身体，还在延安开展形形色色的体育活动和体育比赛。1940 年，根据中共中央青年工作委员会的提议成立了延安体育会，除了在节日期间举办大型运动会，还利用业余时间组织小型的竞赛活动。在延安北门外文化活动中心"文化沟"体育会的球场上，几乎每天傍晚都有篮球、排球比赛。1941 年，延安举办"朱德杯"排球比赛，参赛队伍有延安地区各学校、机关、部队，最终鲁迅艺术学院获得冠军。[3]

---

〔1〕 孙大利：《当代运动与艺术潮流：拳击和空手道的技术与训练》，吉林出版集团有限责任公司 2015 年版，第 26 页。

〔2〕 王德新、樊庆敏主编：《现代拳击运动教程》，复旦大学出版社 2012 年版，第 16-18 页。

〔3〕 史友宽、屈东华、周屹嵩：《中国排球运动发展研究》，河南大学出版社 2014 年版，第 6 页。

总体而言，近代以来，西方现代体育运动项目纷至沓来，逐渐为中国人所了解和接受，促成中国现代体育事业的生成和发展，一些项目如足球、篮球等持续风靡，不仅球员多、观众多、比赛多，而且达到相当高的发展水平。各种体育运动项目的传入、开展和推广为民国时期义赛与体育慈善的出现奠定了技术、群众基础。

二、近代中西慈善文化的碰撞与交融

中国古代有着极为丰厚的慈善思想资源和实践传统，慈善的思想资源包括儒家的仁爱观、民本思想和大同思想、道家的善恶报应观、佛教的修善功德观、墨家的"兼爱"观等，它们共同造就了中国人扶危济困、乐善好施、救孤恤贫的优良品质。[1]实践层面，自西周至两汉，历经唐宋，至明清时，慈善活动已经相当发达。这一历史时期，民间慈善的形态多种多样，包括宗教团体的慈善活动、宗族家族的救济活动以及乡绅富民救助贫户的个体慈善活动等，绵延不绝。明末，各种民间慈善组织纷纷涌现，如放生会、掩骼会、一命浮屠会以及同善会等，清代更是善堂林立，普济堂、育婴堂、恤嫠会、清节堂等善会善堂分别救助着鳏寡孤独、妇女、儿童、流民等社会弱势群体。[2]清代不仅善堂善会数量众多，规模日益扩大，而且管理运营日益规范化、制度化。这些善会善堂和宗教团体、宗族家族、个体救助等相互支撑，构筑起民间社会救助的保障网。

近代以来，西方慈善文化通过多种方式被中国人了解，并与中国社会慈善传统碰撞和交融，这一过程促使传统慈善事业进入了近代化的轨道。周秋光列举了西方慈善文化进入中国的三个主要途径：西方传教士从事的慈善医疗、慈幼、慈善教育和赈灾等慈善活动；西学报刊对于西方慈善事业的介绍；国人海外见闻的记载。[3]这三个途径从思想观念和行动层面对传统慈善事业形成了双重冲击。

具体而言，其一，鸦片战争之后，西方教会和传教士凭借条约特权在

---

[1] 周秋光：《近代中国慈善论稿》，人民出版社 2010 年版，第 1-23 页。
[2] ［日］夫马进：《中国善会善堂史研究》，商务印书馆 2005 年版，第 2-5 页。
[3] 周秋光：《近代中国慈善论稿》，人民出版社 2010 年版，第 31-33 页。

通商口岸和东南沿海地区开办了最早一批具有近代意义的慈善机构，涵盖育婴堂、孤儿院和慈善性质的诊所、医院，并伴随着基督教势力的不断扩大，由沿海向内地延伸。

其二，西方国家的慈善事业经当时颇具影响力的西学报刊以及先进知识分子的介绍为社会各界人士所了解，尤其引起热心慈善人士的极大关注。近代以来，西方在华人士在宁波、上海、广州等通商口岸开设印书馆，设立翻译机构，刊印和编译西学书刊。洋务派也先后在上海、北京常设江南制造局、同文馆等，以中西合作的方式翻译西书。通过这些机构和艾约瑟、傅兰雅、林乐知等西方人士，以及西人所办的多种报刊，西方各国特别是欧美主要国家的史地政情、民俗民风得以进入中国人的视野，其中也包含西方各国在慈善事业方面的记载。[1]

其三，魏源、冯桂芬、郑观应、郭嵩焘等人对于欧美各国的社会福利和慈善事业做了细致而全面的介绍，他们观察到西方慈善不同于中国传统慈善的诸多方面，如，各国善堂数量众多、功能各异，既有为穷人提供衣物、生活救助和养病的恤穷院、养病院，也有专门针对聋哑人等残疾人群的聋哑院；欧洲各国因基督教的缘故，民众普遍喜好施舍；政府亦将扶持慈善事业当作职责之一，通过特殊税收的形式保持对慈善机构的资金投入，故各国慈善机构普遍资金充裕，救助能力出众。而且，各国善堂对贫民的救助不仅仅局限于提供衣食和住所，还会教给他们谋生技能，通过"养教结合"来帮助贫民自食其力。[2]

在对旧的慈善机构的改造方面，以善会善堂为例，其救济范围越来越广，逐渐出现了功能更多元、救助更全面的综合性善堂。这些综合性善堂的增加速度远超传统单一功能的善堂，其功能涵盖济贫、育婴、赠药、施棺、设桥、义学等多个方面，救助内容从生活救助向慈善医疗、慈善教育扩展。另一方面，新型慈善团体不断涌现，如借钱局、洗心局、迁善所、济良所、工艺局、习艺所、教养局等，不仅数量众多，而且救助方式从物

---

〔1〕　周秋光：《近代中国慈善论稿》，人民出版社 2010 年版，第 31-33 页。
〔2〕　周秋光主编：《中国近代慈善事业研究》（上），天津古籍出版社 2013 年版，第 66-68 页。

质生活向精神层面、人的解放延伸；在慈善理念和救助方式上，晚清广泛成立的工艺局、习艺所代表着从以"养"为主向"养教结合"的转变[1]。而一些影响较大的善堂从单纯的慈善机构逐渐演变为担负起一定地方社会管理职能的民间机构，进而参与城市近代化的进程中，功能定位变得越发灵活。典型的如上海同仁辅元堂（原名同仁堂），从嘉庆九年（1804年）创建开始，历经清朝灭亡、民国时期直至中华人民共和国成立，它的活动内容从早期的恤嫠、赡老、施棺、掩埋到建义学、劝惜字纸以及水龙、放生、代葬、济急、栖流、救生、资助流民，再到接受地方政府授权负责社区"路尸"殓埋等。太平天国运动之后，它接管了上海育婴堂的养老事务，并合并一些运营困难的慈善机构，社会功能得到进一步拓展，从社会救济、慈善工作到地方社会公益、公共事务，如清道、路灯、筑桥修路、修建祠庙、疏浚护城河乃至举办团防等，并密切参与了作为近代城市自治机构的"上海总工程局"的产生和运作。新中国成立初期，同仁辅元堂和上海其他善堂一起协助政府殡葬机关承担了上海露尸的处理工作。[2]

此外，中西慈善文化融合之下，还孕育出近代慈善家群体的活跃、中西合作慈善机构的涌现（中国红十字会、华洋义赈会等）、新型大众慈善活动的开展（义演、义赛、义卖、义展）等新现象。

三、近代"体育强国"与"体育救国"思潮的影响

近代以来，西方体育运动的渐次传入和中国近代体育运动的发展，以及在此基础上出现的通过义务体育比赛的方式投入慈善事业的做法，还和近代中国国家命运的兴衰紧密相连。

回溯百余年近代历史，两次鸦片战争的失败使朝野上下意识到必须求"变"以图存，然而，先后进行的自强运动、戊戌变法和清末新政等着眼于器物、制度层面的改革措施因种种原因或成效有限，或直接归于失败，重新思考中国的富强之道成为摆在20世纪初有识之士面前的严峻任务。在

---

〔1〕 参见王卫平、黄鸿山、曾桂林：《中国慈善史纲》，中国劳动社会保障出版社2011年版。
〔2〕 ［日］夫马进：《中国善会善堂史研究》，商务印书馆2005年版，第536-556页、第592页。

这种情况下，国民身心的改造成为新的关注焦点。[1]清末民国时期的各种国民改造工程，如军国民、新民、新文化和公民运动等鳞次栉比，令人眼花缭乱。以强国强种为号召、以富国强兵为旨归的国民身心改造有两个维度：身体和心灵，既有强健的体魄又有健全的心灵成为新的追求。

梁启超着力批判国民性涣散与抵抗力丧失的问题，《新民说》开宗明义，提出建构个人（国民）和国家新的关系，并把二者比喻为身体与四肢的连接，即国要富强，非要有"新民"不可：

> 国也者，积民而成。国之有民，犹身之有四肢五脏、筋脉血轮也。未有四肢已断、五脏已瘵、筋脉已伤、血轮已涸，而身犹能存者；则亦未有民愚陋怯弱、涣散浑浊，而国犹能立者。故欲其身之长生久视，则摄生之术不可不明；欲其国之安富尊荣，则新民之道不可不讲。[2]

他认为国要富强，须诉诸四万万人的德智力提升，其"国家有机体"论将国民身体素质的优劣提高到爱国主义的高度。

作为近代教育重要组成部分的体育，因其具有强身健体、自保卫国的直观特性和改造国民性的深层功能引起有识之士的注意，"体育强国""体育救国"思潮渐渐浮出水面。

"体育强国"与"体育救国"思潮都具有以体育来提升国民身体素质和精神气质的思想内核，但又略有差别，前者重在"强"，后者重在"救"。大致以"九一八"事变为分界点，"体育强国"思潮开始向"体育救国"转变。

"体育强国"思潮的最初表现是以"尚武"精神为内核的军国民教育。1902年，由蔡锷在日本首先发动的军国民运动，使得"尚武"成为当时最有力的符号。军国民运动提倡由学校、社会和家庭三方面相结合来教育和训练每个个体，在学校教育中，除了智育与德育，对过去重文轻武的传统思想里一向偏废的体育活动要加以重视，举凡各种体育运动和游戏项目，

---

〔1〕　黄金麟：《历史、身体和国家：近代中国的身体形成（1895—1937）》，新星出版社2006年版，第16-17页。

〔2〕　梁启超：《新民说》，商务印书馆2016年版，第3页。

如体操、射击、击剑、游泳、跑步行军、登山等活动，均应按照学生年龄和智识水平予以安排。[1]

从新文化运动开始，军国民体育思潮日渐褪色，"体育强国"思潮由"尚武救国"转向"强种强国"。陈独秀对"手无缚鸡之力，心无一夫之雄，白面纤腰，妩媚如赤子；畏寒怯热，柔弱如病夫"的青年形象给予猛烈批评。[2]张伯苓疾呼，"强国必先强种，强种必先强身"[3]"强我种族，体育为先，平均男女，促进健全。"![4]

孙中山十分看重体育运动和体育精神。他围绕"振兴中华"的口号，多次提出"强国保种，强民自卫"的问题，主张国人加强体育锻炼，强身健体，提升国民身体素质，才能保家卫国、强壮后代，永葆国家长盛不衰。他说：如今"处竞争激烈之时代，不知求自卫之道，则不适于生存"，因此，"今日提倡体魄之修养，此与强种保国有莫大关系"，即把体育运动提高到强国保种、救亡图存的认识高度上。[5]不仅如此，他还注意到体育运动在改造国民性方面的作用，指出比强身健体更为重要的是运动精神，体育应注重养成国民守法、合作、牺牲、忍耐、勇敢、进取、向上、服从、自治、自制、信实、公平等优良德性，惟其如此，方能从思想和精神层面塑造新国民的气质。[6]

"九一八"事变之后，"体育救国"逐渐成为当时诸多救国主张的其中之一，强调体育运动除能强健身体之外，越来越看重其对塑造强健心灵、鼓舞国民团结合作、抗击外侮的锤炼作用。正如时人所言，救国之道很多，而提倡体育也是救国之道的一种，原因很简单，救国是一项艰巨的工

　　[1]　黄金麟：《历史、身体和国家：近代中国的身体形成（1895—1937）》，新星出版社2006年版，第47-48页。

　　[2]　陈独秀：《今日之教育方针》，载《独秀文存》（第一卷），第26页，转引自黄金麟：《历史、身体和国家：近代中国的身体形成（1895—1937）》，新星出版社2006年版，第56页。

　　[3]　张伯苓：《复两江女子体育师范学校函》，载梁吉生、张兰普编：《张伯苓私档全宗》（上卷），中国档案出版社2009年版，第100页。

　　[4]　崔乐泉、杨向东主编：《中国体育思想史（近代卷）》，首都师范大学出版社2008年版，第149页。

　　[5]　黄莉编著：《中华体育精神和体育强国梦》，北京出版社2021年版，第209页。

　　[6]　《运动精神》，载《大公报（桂林）》1941年5月17日，第4版。

作，需要坚强的体格与坚毅的意志，而体育就是锤炼坚强体魄与陶冶刚毅意志的工具。拿英国来说，人称英国的政治是一种足球的政治，这是很恰当的比喻，足球不仅锻炼了英国人的坚强体魄，而且训练了英国人的协同动作以及果敢意志。[1]

抗战时期，体育与德性、文明、国民性改造之间的互联关系渐成社会共识。1941 年 5 月 17 日，《大公报》的一篇社评记载，健全的国民，首先需要有强健的体魄，"东亚病夫"是无法在强权世界立足的；其次要有文明的头脑，要具备现代观念，了解和掌握现代文明规则；最后，还需有优良的德性。这三个条件缺一不可，尤其以第三个条件最为重要。因为若单具第一个条件，可能会成为一个盲从盲动的暴徒；若兼具第二个条件，可能因利用规则而成为一个为非作恶、甚而祸国祸家的劣民；只有同时持有优良的德性，才能成为身心健全的新国民。体育运动员以及热爱体育运动的社会人士，首要在德性的训练，摒弃涣散失信、鲁莽粗暴、胜骄败馁、蔑视规则等劣习，养成守时信实、文明比赛、戒骄戒躁、遵守规则等优习，如此方能促进国民体育运动之光明前途，进而"造成一个优秀的中华民族"。[2]

近代"体育强国""体育救国"思潮具有发展体育运动、增强国民身体素质、提升国民精神气质、促进国家强盛等多重涵义，其所提倡的将体育运动服务于社会发展、国家需要的意蕴，为民国义赛与体育慈善的出现做好了思想铺垫。

四、中华全国体育协进会的成立和促动

19 世纪后期至 20 世纪初，西方体育运动项目大量传进中国的同时，由西方人建立的体育组织也陆续面世。在体育重镇城市——上海，最早于 1901 年成立了西人草地网球联合会，最活跃的则是紧接着于 1902 年建立的西人足球联合会（西联会）。此外，还有 1904 年组建的西人田径协会

---

〔1〕《体育救国》，载《抗战（半月刊）》第 45 号合刊，1941 年 12 月 16 日，第 4 页。
〔2〕《运动精神》，载《大公报（桂林）》1941 年 5 月 17 日，第 4 版。

等。[1]这些西方体育组织主导上海的各种杯赛、联赛和万国赛，且早期普遍有排斥华人的行径，这对尚处于发展初期的中国体育界造成极大的心理刺激。

全国范围内，在1922年反对基督教和收回教育权的爱国运动以前，中国主要的体育组织及体育赛事的管理权依然大多掌握在外国人手中，经由教会学校、基督教青年会创办的体育学校、体育训练班、各公立学校以及派遣留学生等培养起来的大量中国体育人才大多处于协助地位，基本无用武之地。[2]

面对这种困境，中国人渐渐产生自办体育组织的需求。尤其是1919年、1923年中国两次参加第四届、第六届远东运动会，因组织混乱且战绩不佳，越发使这一问题迫在眉睫。1921年，"全国运动联盟"利用第五届远东运动会在上海召开的契机，会议代表们一致同意成立一个筹建全国性体育组织的筹备会，成立了张伯苓任会长、郭秉文任副会长的九人筹备委员会，拟定了组织章程。先是据此组建了"中华业余运动联合会"，到1924年7月，赴南京参加中华教育改进社年会的来自10个省的65名体育联合会代表集会，正式成立"中华全国体育协进会"（以下简称中华体协），取"大家同心协力，以求进步"之意，决定该会总部设于上海，并向北洋政府内务部备案。大会推举王正廷为名誉会长，张伯苓为主席董事，聘任沈嗣良（圣约翰大学副校长兼教务主任）为名誉主任干事，蒋湘青为干事。[3]

中华体协的成立，使得全国社会体育事业有了一个统一的、正式的、由中国人自己管理的领导中心。它是中国近代体育史的一个里程碑，基本终结了过去体育竞赛由西方人占据主导地位的局面。

作为全国性的民间体育总组织，中华体协致力于推动全国的体育事

---

[1] 吴汉民主编：《20世纪上海文史资料文库》第8辑《教育科技》，上海书店出版社1999年版，第329-330页。

[2] 陈明辉：《中华全国体育协进会研究（1924—1949）》，武汉大学出版社2019年版，第19-20页。

[3] 陈明辉：《中华全国体育协进会研究（1924—1949）》，武汉大学出版社2019年版，第22-26页。

业，至 1937 年全面抗战爆发前，工作成绩斐然，其要者：在各地成立体育协进会 19 处；协助南京国民政府举办第五届、第六届全运会；协助各地举办各种运动会数十次，包括华北运动会，华中运动会，华南运动会，上海、南京、北平、汉口等城市运动会以及河北、江苏、山西、山东、广东、福建、湖南、湖北等省运动会；分别举办多次华北、华中、华南、华东、华西五区的足球、篮球比赛；主办暑期讲习会、夏令训练营；发行权威体育刊物《体育季刊》；编印发行《裁判员手册》；成立运动规则审定委员会；等等。[1] 除了这些国内体育事务之外，还选拔、筹组中华代表队出席远东运动会、奥运会（1936 年柏林、1948 年伦敦）等国际比赛。1931年，它被国际奥委会承认为中国国家奥委会组织。全面抗战时期，中华体协迁往重庆，会务陷于半停顿状态。1949 年 10 月，中华体协解散，改组为"中华全国体育总会"。[2]

中华体协的成立为中国体育慈善的兴起提供了组织准备，民国时期体育慈善活动的开展是它的一大成就。该体育组织通过举办义赛（慈善赛）、体育慈善拍卖、设立体育基金等形式，从事社会救济、同业救济、抗战募捐、赞助卫生、教育事业和体育事业等慈善公益活动。位于上海的中华体协总部于 1926 年联合西人足球联合会促成了中国历史上第一次有中国人全面参与的中西圣诞足球慈善赛，[3] 上海因此成为民国时期国内城市中义赛的首倡地和中心地。同时，中华体协在各个大城市的分会也顺理成章地成为各地举办各项体育赛事以及慈善赛事的重要组织。抗战军兴，中华体协总会跟随国民政府西迁重庆，其总会和广西、贵州分会成为西南地区义赛和体育慈善活动的主要组织力量之一。同时，在香港，中华体协香港分会成长为香港华人慈善赛和体育慈善活动最关键的组织管理机构。

综上，近代以来西方体育运动的传播使得民国义赛和体育慈善具备了技术上的可能性，而中西慈善文化的相遇和交融、政治和社会动荡之中迫

---

〔1〕　陈明辉：《中华全国体育协进会研究（1924—1949）》，武汉大学出版社 2019 年版，第27 页。

〔2〕　唐力行主编：《江南文化百科全书》，上海人民出版社 2021 年版，第 445 页。

〔3〕　《中西足球大比赛预志》，载《申报》1926 年 12 月 17 日，第 8 版。

切的社会救济需求促使人们不断寻找和探索新的慈善形式，伴随着"体育强国""体育救国"思潮的流行，中华体协的成立，种种因素共同影响下，以义赛为核心的体育慈善得以产生和发展，虽历经军阀混战、日本侵略而不辍，成为民国慈善事业不可或缺的部分。

第二章

发源与初兴：民国时期上海的慈善赛之一
（1926—1937）

义赛又称慈善赛，在民国时期的上海，它以慈善赛的名称为人所熟知。自开埠后，上海受欧风美雨浸润颇深，各种来自西方的新鲜事物汇聚至此，各色人物集居在此，造就了上海中西杂糅、新旧并存的都市面貌和城市特质。上海既是民国时期国内体育运动领先的国内城市，同时也是工商业经济极其发达、慈善事业极为兴盛、西化风气相当浓厚、城市文化日益多元的城市，诸多因素共同造就了民国时期慈善赛在上海的首倡和二十世纪二三十年代的兴盛。

一、近代上海的社会、慈善与体育

以慈善赛为主要形式的民国时期体育慈善，需要以体育运动的开展、慈善文化和慈善事业的盛行、较好的经济实力和多样化的城市生活等作为基础，而上海恰好具备了这些条件。

（一）上海的经济实力和慈善事业规模

自 1843 年开埠后，上海取代广州，逐步成长为近代中国经济最为发达的工商业城市，也是最具包容性、最有活力的城市之一。在"西风东渐"的大趋势下，最早的近代资本主义工业和民族工业出现在上海，上海轮船招商局、上海电报局等代表着中国产业技术革命和中国经济近代化的开端。[1]上

---

〔1〕 周秋光主编：《中国近代慈善事业研究》（上），天津古籍出版社 2013 年版，第62-63 页。

海活跃着一批有着多重身份的社会名人，如盛宣怀、周学熙、张謇等，他们既涉足政治，沉浮宦海，又经营或创设铁路、煤矿、纺织、农垦等新式企业，集官、绅、商于一身。同时，上海位居江南慈善圈的核心地带，有着浓厚的慈善氛围，这些社会名人和自"义赈"开始起步的谢家福、郑观应、经元善等一样，既是大商人、企业家，又是大慈善家，他们热心公益，关怀桑梓，屡屡用其实业所得盈余襄助慈善公益，逐渐形成了群星璀璨的慈善家群体。在雄厚的经济实力支撑下，近代上海的慈善规模相当可观，其慈善团体数量、慈善机构规模、慈善活动能力等均居各地之首。据学者考察，上海的慈善组织有官办、民办、中外合办等多种性质。截至1936年，向国民政府机关登记的慈善组织统计数据显示，有公立 21 家、各种民间集资（同乡、同业、同志、私立）共 144 家、宗教集资 6 家、俄侨 2 家、其他 16 家，以民办为绝大多数。[1]

（二）上海的体育运动

上海是民国时期体育非常发达的城市，足球、篮球运动十分流行，还形成了联赛制度，其他如排球、网球、棒球、游泳等也不乏人问津。

上海的现代体育运动兴起与西方影响有关，其中起步较早、最为风行的是现代足球。1860 年代，上海的西侨开始踢起了足球。1880—1890 年代，上海、天津和北京的一些教会学校陆续引入了足球运动。[2]1901 年，上海圣约翰书院（圣约翰大学前身）组建了学生足球队（又称"辫子军"）。1902 年，南洋公学（上海交通大学前身）也成立了足球队。这是近代中国最早成立的两支学生足球队。这两支球队约定每年举行主客场两场比赛，一直持续到 1914 年合组华东大学体育联合会才结束。当时，两队比赛已经不再是两个学校之间的对抗，而是成为上海滩一大盛事。每逢比赛，"观众之盛，动辄万千。在学校临近数里内之居民，固已倾巷以赴"，盛况"无逊于浴佛节之静安寺庙会矣"。[3]

---

〔1〕 李国林：《民国时期上海慈善组织》，立信会计出版社 2018 年版，第 90 页。
〔2〕 路云亭：《球迷人类学——足球观众的行为解读》，上海人民出版社 2020 年版，第 104 页。
〔3〕 洛人：《足球鼻祖之南洋约翰年赛》，载周家骐主编：《上海足球》，业余周报社 1945 年版，第 96 页。

随着大学足球队的增多，上海开始出现大学足球联赛，如华东大学足球联赛，包括圣约翰大学、南洋公学、沪江大学、东吴大学、金陵大学、之江大学等，于 1914—1925 年间举行过 11 次比赛。后发展为江南八大学（"东方八大学"）足球联赛，成员有光华大学、暨南大学、复旦大学、南洋公学、持志大学、南京中大、大夏大学、金陵大学等，于 1926—1936 年间每年举行一次比赛。[1]

社会业余球队方面，1910 年代，上海先后成立了乐群、共和、博爱等足球队。二十年代中期，为振兴中华足球，香港的中国足球球员梁玉堂、刘九、李惠堂等人北上上海加盟助阵，乐群队亦改名乐华队。1927 年，乐华队参加上海的西人足球联合会（西联）甲组联赛和高级杯比赛，打遍申江足坛无敌手，连获"大满贯"，一时风光无两。[2]有"球王"之称的李惠堂正是在上海乐华队担任队长和主力期间，获得了"看戏要看梅兰芳，看球要看李惠堂"的美誉。

上海的足球历史展现出近代以来中外关系的变迁。早在 1863 年，英国人就组织了海关足球队、英美烟草足球队进行过比赛。由于上海的西方人越来越多，足球队和足球比赛也不断增加。1902 年，西方人组成的上海足球联合会成立，由于其排斥华人，故被中国人称为西人足球联合会（"西联会"）。这一组织成立后，开展足球联赛、杯赛和锦标赛，使得上海的足球运动更加普及。[3]

1924 年 7 月，中国人自办的中华体协成立，总部设在上海，由王正廷任首任会长，张伯苓出任主席董事。它的出现结束了西方人长期主导上海体育事业的局面。为了与西方人竞争，中华体协不久即成立了中华足球联合会，自 1924 年成立起，每年在上海举行华人足球比赛，参加的单位包括各大学、社会业余足球队，一直持续至 1937 年抗战全面爆发，共举行 13 次比赛。[4]

---

〔1〕 体育文史资料编审委员会：《体育史料（第四辑）》，人民体育出版社 1981 年版，第 3-5 页。

〔2〕 体育文史资料编审委员会：《体育史料（第四辑）》，人民体育出版社 1981 年版，第 3-5 页。

〔3〕 高福进：《"洋娱乐"的流入——近代上海的文化娱乐业》，上海人民出版社 2003 年版，第 145-146 页。

〔4〕 体育文史资料编审委员会：《体育史料（第四辑）》，人民体育出版社 1981 年版，第 3-5 页。

伴随上海足球运动的发展，不仅西方人、各大学和民间体育组织纷纷举办各种足球联赛和比赛，而且相互交流和切磋日益频繁。华人足球队既可以参与西联会所举办的各种比赛，又常常主动邀请西方足球队进行比赛。例如1918年10月至11月，南洋公学学生足球队与西人足球队就举行了多场比赛。[1]

除了中西球队的对抗之外，上海还有着和香港之间定期举行沪港埠际赛的惯例。沪港杯赛始于1908年，最初是两地外国侨民所办的埠际足球赛。1923年，现代史上第一个华人体育会——香港南华体育会（由华人足球会演变而来）击败西人球队，争得香港足球甲组联赛冠军，并参加沪港杯赛。此后，沪港杯赛在很长一段时间内均是由两地的中西球员共同组队对抗。1937年，杯赛第一次由两地的中国球队对垒，令国人大为振奋。1938—1949年，因抗日战争和解放战争的影响，沪港杯再未举办。自1908年—1947年的近四十年中，沪港埠际赛共举办19届，角逐21场，上海队获胜12场，香港队奏凯9场。[2]

另一个风靡的球类运动是篮球。现代篮球于十九世纪末进入中国后，很快受到人们的追捧，发展迅速。1914年，第二届全国运动会上，篮球就成为正式比赛项目。篮球运动最先自天津出现，后向北京、上海、广州等地传播。1918年，上海举行最早的"万国篮球赛"，参赛队主要以西方人为主，包括西人商会、青年会西人干事、西人划船队和美国学校队等，代表中国参加的仅有青年会体育学校队。1924年，中华体协成立篮球联合会，同时举办了第一届篮球联赛。1925年，中华体协发起上海"万国篮球赛"，驻上海的外国人员以国家为单位组队参加比赛，有美、英、葡、加等国和中国队，结果美国队获得冠军。华人篮球队随后奋起直追，在1926年、1927年的上海"万国篮球赛"中，上海中华篮球队连获两届冠军。[3]

民国时期的上海，几乎各行各业都成立有篮球队。1926年，上海圣约

---

〔1〕《电气期颐》编委会：《电气期颐：上海交通大学电气工程系纪事》，上海交通大学出版社2008年版，第8页。

〔2〕《电气期颐》编委会：《电气期颐：上海交通大学电气工程系纪事》，上海交通大学出版社2008年版，第181-182页。

〔3〕吴谋等：《高校篮球教学与训练》，复旦大学出版社1997年版，第9-11页。

翰学人篮球队访问日本圣保罗大学，同该校进行了友谊比赛，取得 3 战 2 胜的成绩，获得"弗莱谢尔"杯。[1]上海华东公司于 1931 年前后组建篮球队，成员多为沪江大学、圣约翰大学的名手，其中黎宝骏、陆钟思曾是几届远东运动会上中国篮球队的队员。[2]上海电影界著名演员吴永刚、金焰、刘琼、田方、梅熹、陈天国、梁笃生、孙敬、张仲华、胡业培、张良雄等组成"未名"篮球队，这支队伍"系集联华、明星、艺华诸影片公司"明星组合而成，具备相当实力，数次参与沪上各类篮球比赛并屡获佳绩。[3]

民国时期上海的体育氛围十分浓厚，除了足球、篮球运动水平较高之外，排球、网球、棒球、乒乓球等运动亦处于发展之中，不仅建有专门的活动场地，而且成立了如中华全国网球协会、棒球协会等行业组织，并以此为依托，组织开展比赛之余，投入慈善公益事业之中。

（三）作为一种休闲娱乐方式的观球

民国时期，像上海、北平这样的大城市里，市民常见的休闲娱乐方式呈现新旧并存的特点，于传统的看（听）戏之外，跳舞、看电影以及看球等更为"时髦"的活动，成为人们新的追求。

在上海，业余时间观看球类比赛已然成为一种新的娱乐方式。当时的报纸有个有趣的对比，说上海人的"球瘾"堪比北平人的"戏瘾"。北平的戏迷多，上海同样有大量的球迷。可是，上海球迷的运气不如北平戏迷的好，因为京剧的名角儿都在北平，北平戏迷可以随时近水楼台观看到顶尖的演出，可以过足戏瘾。而上海缺少球星，二十世纪二三十年代，足球健将都集中在香港，除非有适当的机会，上海球迷常无法"痛快地欣赏"球赛。一旦遇上高水平的足球比赛，对上海球迷来说，自然是满怀兴奋、"如痴如醉"了。

说到观球的细节，精致的上海人看球，就如北平人看戏一样讲究，"京戏考究唱、做、念、打，足球也有踢、顶、铲、攻。上海人看球，几

---

〔1〕 吴谋等：《高校篮球教学与训练》，复旦大学出版社 1997 年版，第 10-11 页。
〔2〕 吴谋等：《高校篮球教学与训练》，复旦大学出版社 1997 年版，第 9 页。
〔3〕 邵雍等：《社会史视野下的近代上海》，学林出版社 2013 年版，第 239 页。

乎连板眼、身段、台风都很注意"。场上比赛球员的一举一动，都会引起全场观众的叹息、赞美、狂呼。散场以后，仍一路赞美批评，评论不休。

1936年，日本全面侵华的战争阴云已然密布。当时，新组建的"集英才于一队"的中华足球队准备参加柏林世运会（奥运会），出发之前，抱着练兵的目的在上海比赛三场，这成了沪上球迷的一大幸事。4月25日，中华足球队与葡萄牙队于上海申园举行比赛，引起轰动，当时"热烈情况，在上海殊不多见"，有数万人入场观看。报纸生动记载了赛前观众踊跃入场的场景，"去静安寺的公共汽车、电车，据说自上午十二时以后即辆辆满着，'干吗去?'他们对于车的停顿或稍一迟留便发出不满意的表情，已经完全告诉给你他们的目的了"，"从静安寺电车站到申园路上，更是车如水，马如龙，行人如山阴道上的香客。这种热烈的空气，最容易使人兴奋，最容易使人忘掉身心所感受的疲乏"。胶州路上，满是乌泱泱的人群，像"大海一般，一望无际"。

这场球赛之所以引人关注，首先是中华足球队球员水平的高超。以往的全国运动会中，这二十几位球员分别代表各自地方的球队作战，此次则是集合到一起的"英雄大作战"，自然不同凡响。何况球队中的李惠堂、李天生等人已是三十以上的年龄，"再希望他们玩'十年命'，恐怕不是空口说话的事了"，对于球迷来说，此次观赛，机会难得。更为重要的是，这是中国历史上第一次派代表队参加世界运动会，仅是这一消息本身即已引起大家的震撼！上海球迷人多，有钱人的势力又极为雄厚，值此特殊时刻，岂有不支持之理?

比赛定于下午三时开场，二时以前，球场已经座无虚席。由于到场球迷太多，甫一开赛，球场秩序立刻陷入混乱。"雅座"早已满员，观众台上早早前来的观众因为被后来的挡在前面而大声叫喊，拥挤推搡之下，人群越过边界线好几尺，现场的警察向后猛推人群，连女球迷也被推，仍然无济于事，后来增派几十名维护秩序的大汉，牵起一条数十丈的长绳，拦住人群，才不至于失控。但这小小的"混乱"并未影响观众心情。比赛中，两队拼杀激烈，尤其是来自香港南华队的几名球员传递、截击，脚下功夫了得，表现抢眼，引得全场球迷不断响起掌声和喝彩声。观众看得十分尽兴，用记者的话说，这一元门票带来的满足，胜过看一回卓别林的《摩登时代》、听一回京剧名家刘宝全的《华容道》。这样的观球经历甚至"确有令人三月不知肉味的魔力"。[1]

上海球迷对于足球比赛的热衷和追捧既能丰富他们的生活，这样的社会环境和足球生态也十分有利于慈善赛的开展。

二、1926 年的第一次中西圣诞慈善足球赛

在上海，第一次由中国人全面参与的足球慈善赛一旦出现，便呈现一发不可收之势，迅速迎来了繁荣态势，造就了民国上海体育慈善事业的大放异彩。

较早见诸报端并有详尽报道、引起较大社会影响的是 1926 年年底举行的上海中西圣诞慈善足球赛。该年底圣诞节期间，上海西人足球联合会邀请中华体协、中华足球联合会携手举办首届中西足球慈善赛，以替上海专为华人治病的教会医院——仁济医院筹集医疗经费。[2]

这一足球慈善赛意义深远。在此之前的 1910 年代，在华西方人即有举行慈善赛的记载。1917 年 11 月，英文版《中国通讯》报道了西人体育俱乐部之间举行的一次足球义赛。[3]1918 年 9 月，又报道了他们的网球义赛。[4]这两次义赛的举办方、参加球队和筹款目的均与中国无关。1918 年 11 月底，为赈济湖南水灾，上海南洋公学学生团举办协济湘赈游艺会，现场除有中西奏乐、义卖等活动之外，还举行了该校学生足球队与西人足球队的义赛。[5]不过，因其为大学生足球队的比赛，又非专门举办，仅仅是现场诸多筹捐活动的一部分，故并未引起社会广泛关注。一直到 1926 年年底的这次中西圣诞慈善足球赛，中西体育组织相互合作，以中华联队和西

---

〔1〕《万头攒动胶州路，世运代表试锋芒》，载《大公报（上海）》1936 年 4 月 26 日，第 8 版。

〔2〕《中西足球大比赛预志》，载《申报》1926 年 12 月 17 日，第 8 版。

〔3〕Benefit Football Match, *China Press*. Nov 28, 1917. p. 5.

〔4〕Benefit Cricket Thursday, *China Press*. Sep 17, 1918. p. 5.

〔5〕曾桂林、池子华主编：《中国红十字会运动史料选编：湖南专辑》（第 10 辑），合肥工业大学出版社 2018 年版，第 231-232 页。

人联队同场比赛的方式，为面向中国人的医疗慈善事业而举办慈善赛，自此近代中国的体育慈善事业才真正开启。

将中国历史上第一次中西足球慈善赛的举办用来为教会医院——仁济医院筹集医疗经费，中西双方体育组织显然经过了审慎考量。仁济医院创办于 1844 年，由英国传教士雒魏林和麦都思合作开设，是上海第一家教会医院和西医医院，成立伊始即定位为主要服务中国病人，同时通过施舍医药、免费诊疗等方式传教。自 1856 年起，有中国人入院工作，标志着第一代中国西医的产生。新中国建立之后，仁济医院被上海第二医学院接管并改名，1984 年又恢复了"仁济医院"的院名。[1]显然，将首次中西足球慈善赛献给上海的第一家教会医院和西医医院，不失为一个十分恰当的安排。

之所以选择于 1926 年 12 月 27 日开赛，是为了趁着圣诞假期，球员休假和避开西人足球联赛进程，以保证西方球员出场。此次中西足球比赛共安排两场，分别定为 12 月 26 日的友谊赛和 27 日的慈善赛，且是抱着足球练习和赞助公益的双重目的。两场比赛均为训练性质，胜负不甚重要，但第二场因关乎慈善，尤为国人所看重。中华体协和中华足球联合会精心调兵遣将，遍选上海的内地、香港和东南亚华人华侨足球名将。其中，特别由南洋陈虞添、金庆章二人替代 26 日原定出战之李惠堂与黎宣骏之职位，使李、黎二人养足精神，全力应付 27 日的慈善赛。[2]最终，中华队组成确定由李惠堂、陈镇和、梁玉堂、何春辉、彭华兴、毛志恒、黎宣骏、冯运佑、胡仁阶等在内的十一人队伍出战圣诞足球慈善赛。西方联队号称由沪上足球明星组成混合队迎战，Teststall、J. B. Brown、Price、Wilson、Marcal 等球员分别来自上海巡捕队、炮队、工程队、葡萄牙队、上海队和西意队等。为郑重起见，中西足球慈善赛还请来上海中华体协会长兼下届远东运动会（1927 年）会长王正廷行开球礼。[3]

然而，这一历史上第一次中西圣诞足球慈善赛本为缓解近代以来西方

---

〔1〕 唐力行主编：《江南文化百科全书》，上海人民出版社 2021 年版，第 497 页。

〔2〕 《中西大足球比赛昨讯》，载《申报》1926 年 12 月 25 日，第 10 版。

〔3〕 《今日中西足球队空前慈善赛》，载《申报》1926 年 12 月 27 日，第 8 版。

人长期的强势地位所导致的双方时有摩擦的紧张关系，但却事与愿违。正因是第一次，双方均十分看重，尤其对于中国人而言，更是将其与国家竞争、民族自尊关联起来。然而慈善赛中发生的一些事情，使得双方球员和观众的关系不仅未能进一步融洽，反而一度紧张和撕裂。事起于比赛过程中，因西人裁判巴腊克劳（barf claugh）偏袒西人，判罚不公，导致西人队以5∶1战胜华人队，部分中国球迷在冲动之下，于比赛结束后包围攻击裁判，后经中华队员保护，裁判方才脱离险境。冲突发生后，当地某报即以"中西足球界行将破裂"为标题予以解读，引起舆论哗然。应该说，此事之发生，固然和华人球迷"不成熟"有关，诚如《申报》所言，"我人观球"，本应旨在欣赏球艺，胜负次之，如此方能身心愉悦，"深得运动正谊"；反之，徒有看赢之精神，而无看输之气度，一旦败绩，辄跳将叫嚷"厥状如狂""固何谓哉"！这不啻一念之差，"文野系之"，引起"国际无昧之恶感及轻视华人之心理，西报诸多攻击"，呼吁球迷文明观球，摒弃野蛮之气。[1]

但从国人和球迷的心理析之，此一事端实为对西人一贯轻视华人行径的反抗举动，尤其是在此次慈善赛筹备过程中不公平的门票分配计划。按照事先安排，此次足球慈善赛举行之前的十余天，各类报刊对准备工作大肆报道。据载，慈善赛门票分三种：预定券，每张二元，印500张；特别券，每张一元，印2000张；普通券，每张四角。在提前出售的预定券和特别券之中，特别券实际仅有三百个座位，却印发门票2000张，造成哄抢。为此，主办方规定特别券优先预售于西人，如有空余剩位，再酌量售于华人，其理由是华人不守规矩，以往一个人购买五十或一百张门票却很少到场者颇不少见。[2]这样的售票规则公开地发布于报纸上，不能不使国人心理感到不适。观赛过程中，裁判判罚的不公更加剧了国人的受辱感和挫败感，终于引发冲突。

好在这一事端经中西体育组织的共同弥补，幸未进一步恶化，最终共

〔1〕《参观注意》，载《申报》1927年1月1日，第10版；《中西足球界之裂痕》，载《申报》1927年1月5日，第17版。

〔2〕《中西足球大比赛预志》，载《申报》1926年12月17日，第8版。

筹得善款 4100 多元。[1]

三、上海慈善赛的初盛

1926 年底的第一次中西圣诞慈善足球赛正式开启了上海慈善赛的帷幕。此后,各类慈善赛不断增多,至抗战全面爆发、上海沦陷之前,上海俨然成为除香港之外中国慈善赛最为兴盛的城市。

(一) 民间体育组织是慈善赛的主力

1926 年年底的首次中西圣诞慈善足球赛的举办,是由上海西人足球联合会率先向中华体协发出邀请。这一点不能不刺激了沪上各慈善团体和体育组织的民族自尊心,一时间,致函中华体协请求举办慈善赛者不下十余起。经反复商议后,中华体协决定接受上海红十字会总医院之请,为其举行一次义赛。1927 年 1 月,中华体协主动邀约上海西人足球联合会举办了第二次中西足球慈善赛,从此它成为和西方体育组织相抗衡的最主要的慈善赛组织机构。

1926 年起,上海逐渐形成了每年圣诞节假期举办中西足球慈善赛的惯例。这一义举延续多年,中间虽有停顿,但即使是在抗战时期也不曾完全中断 (1941 年 12 月至 1945 年 8 月上海全面沦陷期间除外),一直到 1949 年新旧政权更迭时才彻底消失。一年一度的中西圣诞足球慈善赛,通常由中华体协、中华足球联合会挑选上海各华人球队的球员组成 "中华队" "中联队" 等,与西人足球联合会推选的上海各西方球队球员组成的 "西联队" 进行比赛,有时西人也会派出某支球队参加。

1929 年 12 月 26 日,由中华体协和上海西人足球联合会共同举办的中西圣诞足球慈善赛在中华棒球场举行。[2]1932 年年底的圣诞足球慈善赛因故推迟至 1933 年 4 月方才举行,中华队孙锦顺、李义臣、陈镇和、周贤言等名将上场,西联队则有英国西捕队的勃莱特莱、活金生、轧许、杰克和阿伽尔队的亨脱、郁门、麦太维、韦利等,双方均派出精兵强将,以吸引

---

[1] 《第一次中西慈善赛净获之数目》,载《申报》1927 年 1 月 22 日,第 8 版。

[2] 《今日下午三时,中西足球慈善赛在中华棒球场两队阵线极佳》,载《申报》1929 年 12 月 26 日,第 9 版。

球迷，结果中华队以二比一取胜。[1]1934年年底的圣诞节中西慈善足球赛于上海申园举行，由华联队对西联队，比赛盛况空前，精彩程度被视为当年赛季"不可多见者"，有八千余人到场观看。[2]

一年一度的中西圣诞足球慈善赛是上海慈善赛的"亮眼名片"，但仅靠它显然无法满足日益增长的社会救济需求。为此，中华体协及其他民间体育组织还会时常根据需要临时安排各类慈善赛。例如，1927年9月7日，经由中华体协会长王正廷出面协商，英国队和中华队举行了一次慈善比赛，为上海协和医院及其医学校募集善款，比赛吸引二千余名球迷到场观赛，筹得1860元票款。[3]

在上海的其他民间体育组织也积极行动起来。例如，赫赫有名的上海精武体育会，其前身是霍元甲、农劲荪等人于1909年建立的上海精武体操学校，1916年更名为上海精武体育会。该会崇尚尚武精神，提出"以技击为根本，以武德为皈依"的口号，后来又提倡发扬"大精武主义"精神，以中国传统的武术增强国民体质，培养文武兼备的人才。孙中山十分欣赏霍元甲和精武会，在精武会成立十周年之际，手书"尚武精神"四字赠予。精武会在上海设有三个分会，还在绍兴、汉口、广州、香港、佛山等地成立分会，[4]堪称民国时期最具影响力的中华武术体育会之一，为近代民族革命输送了不少人才，也大力主办和参加各种体育慈善活动。1931年9月，为赈济长江流域水灾灾民，该会先是举行义务表演，筹得千余元后，又发起篮球赈灾慈善赛。[5]

在诸如此类的慈善赛中，中华体协、上海精武体育会等民间体育组织具有多重身份，它们既是慈善赛的发起者、组织者，又是协调者、表演者，因而成为慈善赛的主要组织力量。

---

〔1〕《万人翘望中英慈善赛，本周日下午在逸园举行》，载《申报》1933年4月14日，第11版；《中英慈善足球赛昨天下午举行》，载《申报》1933年5月1日，第16版。

〔2〕启昌摄：《慈善足球赛》，载《摄影画报》1934年第10卷第2期，第25页。

〔3〕《中英足球队慈善赛纪》，载《申报》1927年9月8日，第8版。

〔4〕郭守靖编著：《江南武术文化史论纲》，中国书籍出版社2020年版，第41-43页。

〔5〕《精武会举行慈善篮球赛》，载《申报》1931年9月19日，第12版。

（二）完整的慈善赛流程和顺畅的大众传播

二十世纪二三十年代上海的慈善赛逐渐形成了事先筹划、赛前宣传、赛中报道和赛后总结等完整流程。每一次慈善赛，从开始筹划到比赛完成后的后续跟踪均与各大报刊紧密合作，通过它们的持续报道将整个过程公之于众，以此扩大慈善赛的社会效应。而像《申报》《大公报》这样的著名报纸及《浙江体育月刊》《勤奋体育月报》《摄影画报》等体育、摄影刊物也乐于连载此类消息，彰显自身关心社会、关注慈善的正面形象。报刊的报道常常抓住慈善赛的"主要看点"，为增加比赛的吸引力而不遗余力地大加渲染。譬如重要球员的出场，香港足球运动员、"球王"李惠堂每次出场均成为比赛的宣传重点。1927年1月的中西足球慈善赛，号称上海队有李惠堂、陈镇和等球星，"多系海上有名球家"，吸引中国球迷往观。[1] 1929年12月26日的中西圣诞足球慈善赛，《申报》声称"中华队阵容之整齐为以前所未有"，队长李惠堂"将出其一身神化之技艺，为群雄领率"，一众名将周贤言、冯运佑、陈镇和等悉数出场，鼓动中西男女球迷前往观看，声称既可欣赏球艺，又好善积德，何乐而不为？[2]

上海的慈善赛还常常邀请政要、名流、明星以及西方名士等出席，或担任开球嘉宾、主持义球拍卖，或参加颁奖典礼，以此增加慈善赛的知名度和号召力，以便募集到更多善款。国民党政要、上海市长吴铁城、工商部长孔祥熙、上海滩大佬杜月笙及电影明星、中华体协会长、西人足球联合会会长等名人不止一次亲临现场为比赛助力。1926年年底的第一次中西圣诞足球慈善赛请来中华体协会长王正廷任开球嘉宾。1927年1月23日，中华体协主办的第一次，也是上海第二次中西足球慈善赛决定礼尚往来，延请在上海的西人将军麦构拿登（megnorlon）开球，以示中外合作。[3]

1929年2月2日，李惠堂、周贤言、陈镇和等组成的华东足球队计划北上赴天津参加全国足球锦标赛的分区比赛，临行前，应新普育堂堂主陆

〔1〕 马强、池子华主编，上海市红十字会、红十字运动研究中心编：《红十字在上海，1904—1949》，东方出版中心2014年版，第370页。

〔2〕《今日下午三时，中西足球慈善赛在中华棒球场两队阵线极佳》，载《申报》1929年12月26日，第9版。

〔3〕《万国与慈善足球赛明后日举行》，载《申报》1927年1月21日，第8版。

伯鸿之邀，与在沪西方各国足球运动员组成的上海队做一次慈善比赛，为该善堂筹补经费。陆伯鸿请来孔祥熙为慈善赛开球，由王正廷夫人颁奖，引得"观者云集，数逾五千"，总计门票所得近 2000 元，足球拍卖所得 200 元，亦算圆满。[1]

1934 年年底的圣诞节中西足球慈善赛，特意请来上海市长吴铁城开球，西联足球会长葛立姆夏一并出席观看。[2]比赛甫一结束，吴铁城又主持拍卖足球，当由十元起拍价涨至一百五十元的关键时刻，他对观众高呼："事关善举，希望我们中国人把这球买去。"话音刚落，上海富商马长生挺身而出，以 200 元拍下义球。[3]

为了赈灾而举行的慈善赛，灾情的严重和灾民的苦难也成为打动民众、激发他们的恻隐之心、多多购券观赛的报道重心。为救济 1931 年长江流域大洪水的灾民而举行的慈善赛，报道开篇即有小诗一首："家破人亡，溺子凄声呼将伯；龙骧虎斗，健儿攘臂救灾黎"。[4]场上球员的卖力表演同样值得大书特书，报纸分别以"胜固可喜败何悲？""中西交锋看高低""巨无霸有偶无独""成功秘诀在专心"为题作生动描述，感叹球员的表现令球赛"生色不少"。[5]这些多层次、多角度的报道拉近了社会大众和慈善赛事之间的距离，激发了人们的慈善热情，从而有效保障了慈善赛的劝募效果。

（三）慈善赛的社会功能

慈善的宗旨首要在于济贫纾困，其次是满足其他社会公益事业所需。二十世纪二三十年代上海的慈善赛频频为医疗、慈幼、救济妇女和贫民等中西慈善组织补助经费，也为遭受自然灾害侵袭的灾民募集善款。

1. 为中外慈善组织募集经费

1927 年 1 月，中华体协决定接受上海红十字会总医院之请，为其举行

---

〔1〕《今日中西慈善赛，华东队对上海队》，载《申报》1929 年 2 月 2 日，第 12 版；《华东今晨乘船赴北》，载《申报》1929 年 2 月 3 日，第 19 版。

〔2〕启昌摄：《慈善足球赛》，载《摄影画报》1934 年第 10 卷第 2 期，第 25 页。

〔3〕《中西慈善足球赛记》，载《体育评论》1934 年第 117 期，第 1 页。

〔4〕《各学校之慈善球赛纪略》，载《新时代（上海1931）》第 11 期，第 5-6 页。

〔5〕《今晚篮球赛军校战炮队》，载《申报》1931 年 9 月 6 日，第 16 版。

一次足球慈善赛。红十字会是起源于瑞士的国际性慈善组织，中国红十字会诞生于1904年日俄战争爆发后，以上海万国红十字会的设立为标志。1909年，中国红十字会在上海徐家汇路购地创立总医院。至1917年，总会已有直属医院共五所，全部位于上海，即徐家汇路红十会总医院、南市医院、北市医院、时疫医院和吴淞防疫医院。这五大医院不仅负责上海地区日常慈善医疗和防疫事务，而且是全国各地灾变救护的医疗中坚力量。红十会总医院由沈敦和任首任院长，并延请英国、丹麦、挪威等国医生主持医政。后来，为解决经费紧缺问题，谋求更好发展，红十会总医院曾于1912—1918年和1918—1921年的十年间分别同哈佛大学、美国安息会联合办理。1920年8月，牛惠霖接手主持院务。1921年，红十会正式将总医院收回自办，不再中外联办。[1]

随着病人增多，上海红十会总医院在日常运行中时常面临经费困扰。据报载，"中国红十字会海格路（即徐家汇路）总医院自牛医生（惠霖）接办以来，成绩甚佳，病人日见增多。去年该院曾新建病房一所，足容五十余人。遇有传染病，则用隔离办法，男女日夜看护，甚为周到。今头、二、三等病房均已住满，乃设法将写字间腾出，亦改为病房。近又在大门处建造八上八下洋房为办事处，楼上为医生住宅，不日即可竣工。"[2]作为一间由华人主理的慈善医院，红十会总医院每月由中国红十字会提供经费津贴1000元，而其月支出须三四千元，入不敷出，常由主政的牛惠霖及其兄弟牛惠生奔走捐款，弥补亏空，艰难经营。[3]

这种情况下，中华体协发起为红十会总医院筹款的足球慈善赛，筹备过程却一波三折。起初安排由即将赴港参加沪港埠际赛的上海队与其他球队的华人球员组成的中华队进行比赛，后因故改为以中西混合队与上海队比赛。中西混合队以华东队人马为基础，包括周家骐、梁玉堂等，增加部分西人名将，如Crwfodr Sinclair、Brown等。李惠堂在一月前的中西慈善足

---

〔1〕 周秋光主编：《中国近代慈善事业研究》（中），天津古籍出版社2013年版，第476页、第511-524页。

〔2〕《红会总医院之扩充》，载《申报》1926年2月5日，第8版。

〔3〕《中华与上海队举行慈善大比赛》，载《申报》1927年1月20日，第10版。

球赛中腰部受伤，已卧病多日，但为着慈善事业，仍勉力出战。1927 年 1 月 23 日，慈善赛顺利开赛。[1]

1928 年，李惠堂所在的上海乐华队加入西方人主导的足球甲级联赛的第一个赛季，成绩骄人，隐然居霸，3 月 3 日为最后一场比赛，他们特意与上海西人工程队携手踢了一场慈善赛，为全国道路协会及上海妇女教养院筹集经费。[2]

前已提及的一年一度的上海圣诞中西慈善足球赛，主要是为上海各中西慈善组织募捐经费。1929 年的圣诞中西慈善赛，"每券一元，无分高下"，吸引观众四千余人，门票收入数千元，[3]全部收入捐给救济妇女的上海济良所。[4]1934 年的圣诞足球慈善赛，有报纸表示前往观球者达 8000 余人，收入不下 7000 余元；[5]也有的称该次足球慈善赛现场观众达 1 万余人，收入 6000 余元，而且"上至市长时人，下至贩夫走卒，无不莅场赏光，可谓盛极一时"。比赛进行中，中西球员为了多筹款项、救济穷民竭尽全力。当华联队由败反胜，以四比三结束比赛时，"四座欢声雷动，全场喜气洋洋"。所有收入除必需用途外，全部捐赠给慈善机构，以救助中西贫民。[6]

1937 年，《竞乐画报》用中英文对照的形式公布了来自中华体协的消息：1935 年 12 月 26 日，中西两足球会主办之圣诞慈善足球赛，共得国币 1825.45 元，已由中西两会协同分配给上海各慈善机关，具体数目见表 2-1。[7]

---

〔1〕《万国与慈善足球赛明后日举行》，载《申报》1927 年 1 月 21 日，第 8 版。

〔2〕《今日乐华与工程赛足球，票资充慈善经费》，载《申报》1928 年 3 月 3 日，第 10 版。

〔3〕《慈善赛西人获胜，四比零胜中华》，载《申报》1929 年 12 月 27 日，第 11 版。

〔4〕《下午三时中西足球慈善赛在中华棒球场》，载《申报》1929 年 12 月 26 日，第 9 版。

〔5〕启昌摄：《慈善足球赛》，载《摄影画报》1934 年第 10 卷第 2 期，第 25 页。

〔6〕《中西慈善足球赛记》，载《体育评论》1934 年第 117 期，第 1 页。

〔7〕《中华全国体育协进会消息》，载《竞乐画报》1937 年第 11 卷第 3 期，第 28 页。

表 2-1　1935 年中西圣诞慈善足球赛募集资金分配方案

中华全国体育协进会分配		西人足球联合会分配	
捐予机构名称	捐款数额（元）	捐予机构名称	捐款数额（元）
华洋义赈会	400	失业救济会、俄童学校、圣约瑟院、英商会失业救济会、犹太救济会	每家各 75 元，共 375 元
慈幼会	150	水手教会、英国皇家女子慈善会、贫民妇女救济会、西人妇女会、日本义赈委员会、麦也纪念会、德国救济会、国家联合会	每家各 50 元，共 400 元
儿童施诊所	150	意大利救济会	30
盲童学校	100	圣凡特会、葡萄牙妇女救济会	每家各 37.5 元，共 75 元
妇女节制会	112.72	法国救济会	32.73
计	912.72	计	912.73
合计	1825.45（元）		

资料来源：《中华全国体育协进会消息》，载《竞乐画报》1937 年第 11 卷第 3 期，第 28 页。

由上表的信息可知，上海众多的中西慈善组织和团体普遍存在着救济需求和有限经费之间的矛盾，而中华体协和西人足联会合作，通过慈善赛的方式，为各类中西慈善组织、团体筹集活动经费，体现体育界的慈善情怀和涓滴归慈的公共精神。

2. 赈灾

民国时期，政局剧变、军阀混战、社会动荡等"人祸"叠加频发且越加严重的"天灾"，多重打击之下，社会上大量灾民、贫民生活无着，迁徙逃亡，催生了更多的社会救济需求。上海体育界以"慈善赛"的方式回应和参与对灾贫民的救助之中。

1927 年开始的陕甘旱灾持续数年，至 1929 年最烈，直到 1931 年仍无明显缓解，这一被称为"近代十大灾荒"之一的大旱灾造成灾民数千万人，饿殍当道，死伤无数。为救助陕甘灾民，上海各界专门成立了筹募陕灾急赈会，号召民众以捐款、义卖、义演、义赛等形式献款救灾，并将收支情况公布于报纸。与此同时，1931 年可谓南北大灾同时迸发的年份，陕甘人民依旧苦于旱荒，江淮流域则暴发大洪水，波及沿江数个省份，珠江、黄河也发生特大洪水，造成人民生命财产的巨大损失。

　　1930 年年底的中西圣诞慈善足球赛因故推迟至次年上海足球赛季结束之后的 4 月举行，此时江淮洪水尚不严重，慈善赛的目的是救济陕甘灾民。对阵双方实力旗鼓相当，一方为取得长足进步、参与本届上海万国足球锦标赛夺冠之中华队，另一方则为同样曾获得西人联赛、高级赛冠军的西捕队。中华队强将包括周贤言、陈镇和、陈洪光、李宁、陈家球、冯运佑、陈璞等，西捕队有勃拉特莱、格伯逊以及号称"海上五虎"的喔克莱、杰克、法拉斯、透纳、卫金生等名手，于 4 月 19 日举行的慈善赛，被人们寄予厚望，所得善款和其他社会捐款一起，集腋成裘，为救济灾民尽一份力。[1]

　　此次赈灾义赛活动还包括乒乓球慈善赛。1931 年 8 月，作为"十周年"纪念活动的一部分，无锡晋陵社派旗下乒乓球队赴沪交流比赛，受到上海乒乓联合会代表徐多、中华俭德会会长陆修律等人欢迎接待。该乒乓队于 29 日至 30 日，与上海俭德乒乓球队举行了两场慈善赛，为陕甘灾民筹募救济款，[2]共得 114 元，交予上海筹募陕灾急赈会统一支配。[3]

　　1931 年 9 月，上海举行筹赈江淮大水灾民的慈善篮球、足球赛。慈善篮球赛由中华体协主办，持志、西青、暨南、中央军校、铁队、青光、沪江等中西强队参与其中，因是慈善比赛，并不决出名次。[4]比赛中的一些细节，如持志队中锋、菲律宾华侨杨麟毓，球艺精湛，且善游泳，此次带病上场，第二场比赛发挥出色；西青队右卫尼泊罗人高马大、抢球努力而多跌倒，"令人失笑"，[5]为慈善赛平添了不少感动和趣味。

---

〔1〕《中西慈善足球赛，本星期日在中华棒球场》，载《申报》1931 年 4 月 16 日，第 8 版。
〔2〕《无锡晋陵乒乓队抵申将举行慈善赛》，载《申报》1931 年 8 月 28 日，第 16 版。
〔3〕《上海急赈陕灾收支决算书》，载《申报》1931 年 9 月 23 日，第 6 版。
〔4〕《各学校之慈善球赛纪略》，载《新时代（上海 1931）》第 11 期，第 5-6 页。
〔5〕《今晚篮球赛军校战炮队》，载《申报》1931 年 9 月 6 日，第 16 版。

（四）慈善与体育的相互促进

为扶弱济困、社会公益而举行的慈善赛，本身兼具慈善和体育双重属性。每一次慈善赛，既是慈善之举，又是练习之场、表演之赛。以慈善赛为核心的体育慈善以体育运动的发展为前提和基础，反过来又刺激体育运动水平的提升、体育运动项目社会影响力的扩大，两者之间相辅相成、共同发展。二十世纪二三十年代上海的慈善赛，无论是足球、篮球，还是小众的乒乓球，均含有借机磨炼队伍、提高比赛水平、推广大众体育传播、彰显体育慈善魅力等多种用意，是"多赢"善举。

尤为值得一提的是，1931年9月，上海精武体育会为筹赈长江流域大洪水的男女慈善篮球赛，第一次将女子篮球这项新颖的运动呈现在公众面前。上海的女子篮球于二十世纪二十年代快速发展，当时西方人开设的许多学校中成立了女子篮球队，西方女子、华人女子球员均列其中，此后中国民间体育组织、社会团体陆续跟进，至二十年代后期，上海开始举办中西女子篮球联赛，1929年，还举行了上海万国女子篮球赛。上海的著名女子体育学校如两江女子体育专科学校、东南女子体育专科学校的女子篮球队实力不俗，两江女子篮球队曾获得1929年上海万国女子篮球赛冠军，1931年征战日本，在长崎、神户、东京、大阪、京都等城市连续进行十场比赛，获得九胜一平的佳绩，并两次战胜了日本的主力女队——关西女篮锦标队和关东女篮锦标队。[1]1931年9月的女子篮球慈善赛，就是邀请从日本凯旋归来的两江女篮与精武女队进行比赛。这是上海女子篮球首次亮相慈善赛，[2]因此格外令人瞩目。

通过以上对二十世纪二三十年代上海慈善赛的考察，可以明了民国时期慈善赛（义赛）在上海的产生及初兴状况，也可从中透视中外关系、社会心理、民众素质、体育与慈善关系等。二十世纪二三十年代，上海的慈善赛逐渐形成以民间体育组织为主力的格局，有完整的比赛流程和近代报刊的广泛传播。就社会功能而言，慈善赛一方面为医疗、慈幼、妇女和贫民救济等中西慈善组织和赈济灾民募捐经费，另一方面实现了体育慈善与

---

〔1〕 庄志龄：《学堂春秋》，上海文化出版社2005年版，第45页。
〔2〕《精武会举行慈善篮球赛》，载《申报》1931年9月19日，第12版。

体育事业的相互促进和共同发展，尤以女子体育的崛起和慈善亮相极为醒目。上海首倡的慈善赛开辟了体育界人士进入慈善领域的独特通道，这是中国慈善史上的创举。上海不仅因此成为民国时期慈善赛（义赛）最为发达的国内城市，而且这一新型慈善形式逐渐向各地扩展，成长为民国慈善事业版图不可或缺的部分，并展现了民国慈善事业中极具历史特色的面向。

第三章

战争、政治与慈善：民国时期上海的慈善赛之二
（1937—1949）

　　全面抗战的爆发、日本侵略者的占领改变了上海城市的历史样态，也转变了慈善赛的发展轨迹。全面抗战时期，上海的慈善赛可分为两个阶段：1937 年 8 月至 1941 年 12 月为第一阶段。"八一三"事变后，日本侵略者占领了上海华人居住区，英美（公共）租界和法租界随之成为上海以及周边战区人民的避难所，各地难民大量涌入，在上海十分险恶的政治环境和紧张的战争气氛中，居于相对安全的国际租界的爱国团体、体育人士以及西方在华友好人士想方设法举办各种慈善赛筹集资金，救济战争难民和贫民。

　　第二阶段开始于 1941 年 12 月，止于 1945 年 8 月 15 日日本宣布投降。珍珠港事件发生后，日本侵略者强行进入上海国际租界，上海全面沦陷，"孤岛"时期结束，自此直至抗战胜利，上海被日本侵略者和伪政府控制，正常的慈善赛基本处于停滞状态。表面上，在日伪政府的许可下，也举办了少量慈善赛，但那只是为了掩盖侵略、粉饰太平，并非真正的慈善，和其他社会事务一样，这少数的慈善赛彻底沦为日本侵略统治的工具。

　　抗战胜利后至 1949 年，又可以分为两个时期。1945 年 8 月 15 日至 1949 年 5 月底，为南京国民政府接管上海时期，慈善赛重新得以恢复并取得一定发展。1949 年 5 月 27 日，人民解放军进入上海，上海人民政府正式成立，制定了新的政策、法规来规范和改造义演、义赛，上海的慈善赛从此翻开了新的一页。

一、"孤岛"时期：租界内的"坚守"

1937年8月13日至11月12日长达三个月惨烈的淞沪抗战后，上海除国际租界以外的区域全部被日军占领，进入了长达四年的"孤岛"时期。国际租界（英美租界和法租界）既是大量战争难民的庇护所，也是此一时期上海各种社会经济活动的中心，因此也是体育运动和慈善赛的唯一活动区域。以国际租界为依托的上海慈善赛，迥异于抗战爆发之前的情形。此前在体育运动和慈善赛中起着至关重要的管理职能的中华体协已经随国民政府西迁，上海精武体育会的房屋被日军侵占，其余的华人体育团体、学校也被迫解散或不得不停止活动。华人球员或西迁，或困居"孤岛"，租界之外的华界体育运动和体育慈善陷于停顿。

在租界内，体育运动保持了相当的活力，为了满足大量难民急剧增加的社会救济需求，凭借华人体育人才的坚守、部分西方体育人士的同情理解以及社会各界的支持，慈善赛的比例逐步上升，各类别的慈善赛中，虽然仍以足球、篮球为主，但其举办主体、形式、社会功能和运作模式等已然发生了变化。

虽然由于战时环境的条件限制，租界内的慈善赛比战前规模有所缩小，但频率和次数并未萎缩，反而有一定增长，以足球、篮球慈善赛为例，见表3-1。

表3-1　"孤岛"时期上海的部分慈善赛统计（1937—1941）

时间	名称	比赛队伍	发起主办方	筹款目的	筹款额（元）
1937年12月13日	"申报杯"中美慈善篮球赛	上海华联队对美国篮球队	《申报》、英文版《大美晚报》和西侨联合会	用于上海国际红十字会、上海国际难民救济会救助难民以及西人圣诞中华苦儿同乐会救助贫儿	—
1939年1月30日	中西慈善篮球赛	华人混合队对西人麦令队	上海难民救济协会	难民救助	—

续表

时间	名称	比赛队伍	发起主办方	筹款目的	筹款额（元）
1939 年 4 月 17 日至 22 日	慈善篮球赛	中青篮球队对复旦校友队、崇德队对启秀队	上海难民救济协会和国际救济会	难民救济	—
1939 年 11 月 12 日	中西慈善足球赛	中华联队对英法联军队	—	善款分成三份，分别充英法战事救济和上海难民救济	10,100
1939 年 12 月 26 日	中西圣诞慈善足球赛	华联队对西联队	—	—	—
1940 年 8 月初	篮球和排球义赛、"文滨杯"慈善小球赛	文斌、荧光、三星、健北、三益、震华、联谊、法华等	上海难童教养院	救助难童	—
1940 年 9 月 17 日—10 月 15 日	篮球义赛	百乐门、川联、友联、国光等男子篮球慈善赛；精武对沪星女子篮球慈善赛	川联体育会、百乐门体育会	救助难童	—
1940 年 11 月 12 日	怀德杯足球义赛	东华队对腊克斯队	上海难童教养院	救助难童	—
1941 年 10 月 25 日	助学金篮球慈善赛	电影明星队对伶友队	—	教育救济	—

资料来源：《申报》《大公报》《中报》等。

此时期租界的慈善赛以球类运动最为常见，其中以足球（含小足球）、篮球为最多，其他如乒乓球、排球、网球等慈善赛也时有所见，游泳、溜冰、马拉松、击弹、象棋等慈善赛则较为罕见。[1]

---

[1] 胡水玉：《上海"孤岛"时期的体育慈善赛述论》，载《社会史研究》2022 年第 1 期，第 125 页。

身处租界之地，华人主要通过以下几个途径发起或促成慈善赛。

（一）借壳外国注册的报刊举办慈善赛

得风气之先的上海是近代中国的社会文化中心之一，华洋杂居的上海有着林林总总、数量众多的中外报刊。开埠之后，西方人将报刊传媒业带入了上海，最早的外国报纸可追溯至 1850 年英国人奚安门创办的《北华捷报》（The North-China Herald）。据不完全统计，1911 年以前上海的外文报刊已达 54 种，中文报刊达 460 种。民国时期，中外报刊呈井喷之势，1912—1949 年，上海先后出版的中文报纸多达 1580 种，至 1937 年之前出版的杂志计 320 种。[1]《申报》《新闻报》是上海滩发行量排名前列的外国人（英、美）在华创办的中文报纸。[2]随着时间推移和时局变动，至抗战爆发前，经过多次股权买卖和转让，两报的实际控制权已经落到史量才、秦润卿、何联第、叶琢堂等上海实业家和资本家手中。"孤岛"时期，为了方便行动，《申报》也用美国国籍注册，以躲避日本侵略者的管制。[3]华人充分利用这些大报的影响力，积极举办慈善活动救济战争难民，慈善赛即为其一。

1937 年 11 月，《申报》联合英文《大美晚报》、西侨联合会共同发起中美篮球慈善赛，筹备长达月余，于 12 月 13 日至 15 日在静安寺路西青篮球房开赛。此次慈善赛被命名为"申报杯"，《申报》特别赞助了一个大银杯作为奖杯。慈善赛双方为华联队对美国队，采用三赛两胜制，胜两次者，即可得奖杯并持有一年，然后每年由中美球队比赛一次，争夺此杯。为便于普通球迷购买，门票价格十分低廉，分两种：楼下二元，楼上一元，通过报馆、洋行、俱乐部及运动器具公司等多处场所发售。此项赛事，一切开支由三方发起人承担，承诺将所有门票收入充捐救济难民之

---

〔1〕　姜虹：《社会变迁与近代上海文化产业化发展》，上海财经大学出版社 2018 年版，第 100 页、第 120-121 页。

〔2〕　姜虹：《社会变迁与近代上海文化产业化发展》，上海财经大学出版社 2018 年版，第 121 页。

〔3〕　《申报》和《新闻报》本为英商于 19 世纪后半期创办的商业报纸，为上海滩最著名的两份大报。《申报》创办于 1872 年，《新闻报》创办于 1893 年，后于 1899 年由美商接手，改为美国国籍注册。参见陈细晶：《日军占领下的上海媒体文化的转变（1937—1945）》，载《抗日战争研究》2010 年第 4 期，第 73 页。

用，以其中的大部分捐助上海国际红十字会，其余款项多数捐助给上海国际难民救济会，小部分捐助给西青圣诞节中华苦儿同乐会。以后每年篮球慈善赛的收入，根据情况临时再行决定。[1]1937—1940年年底，"申报杯"中美慈善篮球赛连续举办四届，[2]直到1941年12月租界被日军强占才无奈停止。抗战胜利后，在《申报》主导之下，中美慈善篮球赛得以赓续。[3]

（二）以慈善机构的名义发起慈善赛

"孤岛"时期，为了救济涌入上海的租界及周边地区的数十万至百万难民，租界的中外慈善机构频频展开慈善募捐行动。其中，多次使用慈善赛的形式为救济难民难童募集善款的有上海国际救济会、上海难民救济协会、上海难童教养院等团体。

淞沪会战后，为了应对严峻的难民问题，上海租界当局、工商界、中外慈善团体、同乡团体、宗教团体和其他组织紧急商议成立专门的难民救济机构，有上海救济委员会、上海市慈善团体联合救灾会、上海国际救济会、上海难民救济协会等。上海国际救济会是一个中外慈善团体联合体，就在"八一三"事变当日宣告成立，它由已迁至上海的华洋义赈会发起，中国红十字会总会、上海慈善团体联合救灾会、世界红十字会、中国济生会、中华公教进行会、华洋义赈会、中国佛教会、上海青年会等团体代表合组，并邀请各国驻华使领、各国商会及其他团体参加。名誉会长、会长均由中外政商两界名士担任，常委委员有曾任华洋义赈会会长、时任国民政府在中国红十字会所设的上海国际委员会副主席的法国神父饶家驹等7名外国人和王一亭等8名中国人。该会在英美租界、法国租界设有六个难民收容所，还在淞沪会战主要区域的上海南市建立了难民区，[4]做了大量的难民救助工作。

上海难民救济协会成立于1938年10月18日，是应"上海居民救济上

---

〔1〕《本报、英文大美晚报、西侨青年会联合发起中美慈善篮球赛》，载《申报》1937年12月9日，第4版；《中国红十字会月刊》1938年第31期，第72-73页转载。

〔2〕《中美篮球义赛，中华队产生》，载《新闻报》1940年12月12日，第13版。

〔3〕《中美篮球义赛揭幕，华联中青迎战美军》，载《前线日报（1945.9—1949.4）》1945年12月15日，第4版。

〔4〕苏智良主编：《饶家驹与战时平民保护》，广西师范大学出版社2015年版，第320-323页。

海难民"的强烈社会呼声而设的，[1]由上海商界、政界、中西名流15人构成董事会成员，虞洽卿任协会理事长兼劝募委员会总主任，和秘书长袁履登一起驻会主持难民救济日常事务。其定位是"以采取适宜方法在上海及其他各地筹募捐款，协助上海各难民救济团体及理事会认为合宜之其他方法，办理中国因战事遭难人民之救济与善后为宗旨"。难民救济协会通过创设收容所、创办难民医院以及进行难民教育、培训、职业介绍与生产等方式救济难民，还开设难童学校解决学生的教育问题。[2]

对这些难民救济机构来说，筹募善款是当务之急，他们采用灵活多样的方式募集善款。

1939年1月底2月初，上海难民救济协会发起中西篮球慈善赛，共计两场，由华人混合队对西人麦令队，在第二场还安排了西联队对"孤岛"女子篮球表演赛，分别以华人男子落败、女子获胜落幕。[3]

上海难民救济协会还与上海国际救济会协商主办春节慈善足球赛，经多方磋商，除了定于农历新年即公历1939年2月20日至21日举行一场外，再于3月初举行两场，以便安排"球王"李惠堂从香港前来参赛。三场慈善赛声势浩大，比赛地点均设在亚尔培路逸园球场，门票收入全部用作难民救济。为吸引球迷，组织方提前在报刊上宣布将邀请已两年多不出场之李惠堂加入华联队任中锋。[4]

2月20日，第一场华联队对西联队的比赛，因事关慈善，现场人头攒动，热闹非凡，"亚尔培路只见红男绿女闻风而来，车水马龙，万头攒动，盛况空前，为废历年第一件精彩开场戏""华联健儿白衣蓝裤，杀气腾腾；西联各将黄黑相夹，风头甚健"。新闻报道以"逸园一幕血战，西联华联火并"为题，大做文章，上海难民救济协会理事长虞洽卿亲临开球，以示

---

〔1〕　游子华、崔龙建主编：《中国红十字运动史料选编（第七辑）》，合肥工业大学出版社2017年版，第249页。

〔2〕　陶水木：《上海商界与民国灾荒救济研究》，浙江大学出版社2020年版，第225-230页。

〔3〕　《混合队调度失当，三分之差败于麦令》，载《文汇报（上海）》1939年2月3日，第8版

〔4〕　《春节慈善足球赛，华联西联再度对垒》，载《文汇报（上海）》1939年1月29日，第8版。

隆重。比赛结果，西联队以 3∶2 小胜华联队。华人球迷气得大骂华联名将陆忠恩踢得不漂亮。赛毕的拍卖比赛用球环节，丽都队队长高怀德以 400元代价购得。有趣的是，在该版的体育报道中间，还登有一幅名为"黩武者的末路"的抗战漫画，为抗日爱国鼓与呼。[1]不久，还于当月 26 日、28 日、30 日三天追加两场足球慈善赛，门票一律两元，收入用作救济难民。[2]3 月 5 日，第二场足球慈善赛顺利进行，由丽都队与陆军联队进行中西比拼，以丽都队取胜完赛。[3]3 月 12 日，由东华队对葡萄牙队为最后一场，[4]春节中西慈善足球赛完美闭幕。

1940 年 3 月，虞洽卿发起篮球慈善赛，为上海难民救济协会筹措工作经费。[5]

难童是难民中的特殊群体。"八一三"事变后，大量儿童流落街头，他们年龄小、独立生活能力差，对难童的社会救助成为难民救济的重中之重。上海难童教养院是上海规模最大、影响最深远的难童救助机构。该院集儿童收容养育与学校教育于一体，"难童教养院里的养，是替苦难儿童创造了一个大家庭。里面的职员，或为儿童们的母姊和保姆。但是，孩子们还需要精神上的食粮、智识上的启发和道德上的训练。因此，难童教养院又成为一座学府，教务处是上海难童教养院教育工作的最高领导组织，包括男女教员十五位，劳工合作，进行教导事务，将二百数十名难童编为六级"。[6]

1940 年 11 月，上海难童教养院主办的慈善篮球、小球（小足球）赛开幕，赛前特举行了授球典礼，由参赛球员于球上签名，然后将义球拍卖，[7]所得善款作为慈善球赛收入一并捐出。第一幕是上海著名沪剧（申

〔1〕《逸园一幕血战，西联华联血拼》，载《每日译报》1939 年春节增刊第 3 期，第 5 页。

〔2〕《慈善篮球赛今日揭幕启战》，载《艺府》1939 年第 4 期，第 9 页。

〔3〕《慈善足球欢声震天，丽都 3∶2 击败陆军联》，载《文汇报（上海）》1939 年 3 月 6日，第 8 版。

〔4〕《慈善足球大赛，东华今战葡萄牙》，载《文汇报（上海）》1939 年 3 月 12 日，第 8 版。

〔5〕《虞洽卿主办篮球义赛》，载《新闻报》1940 年 3 月 20 日，第 4 版。

〔6〕《规模最大的难童教养机关（一）上海难童教养院》，载《申报》1944 年 3 月 5 日，第3 版。

〔7〕《慈善篮球赛昨行授球典礼》，载《申报》1940 年 11 月 11 日，第 7 版。

曲）演员、"文滨剧团"创办人、热爱运动的筱文滨[1]率领的文滨队和荧光队的小球表演赛，观众席上拥挤了七八百人。原定由上海难民协会秘书长袁履登行开球礼，因他有事未能赶到，由难童教养院潘总干事代理。最终文滨队以4：2大胜荧光队。[2]随后，三星队、健北队、三益队、震华队、联谊队、法华队等沪上名队纷纷登场比赛。压轴戏为震华队对三益队，前者为小球界后起之秀，曾一度以2：0击败沪上名队联谊队，因此声名鹊起；后者集中华队健将沈颂若、费春华、刘志泉等于囊中，实力异常雄厚。公证人吹哨开始，由袁履登行开球礼。比赛中，双方"一时你来我往，你杀我截，倍见精彩，看得球迷们兴奋异常，鼓掌助威，连连叫好不迭"。比赛结果，三星队力克健北队，三益队轻取震华队。[3]

1940年11月，上海难童教养院发起"怀德杯"足球义赛，由东华队对腊克斯队，虞洽卿亲临义赛并主持义球拍卖，使义球拍出了2700元的高价。[4]

此外，还有上海贫儿教养院为筹募救济经费于1941年7月举办的足球慈善赛，由演艺明星组成的影星队对猛狮队（猛狮体育会）。[5]9月，上海灾童教养所公布了其举办的四场慈善篮球赛、排球赛的收入，包括门票收入和拍卖义球在内共计7356元，全部划拨该院经费。[6]

（三）华人体育会主办及与西方体育组织合办的慈善赛

"八一三"事变后，华界被日本侵略者占领，原有的华人体育机构遭到损毁破坏，人们在租界内成立了一些新的华人体育会，一些遭破坏的华人体育会也在租界内得以复建，加上租界内的西方体育组织和中西合作的国际体育机构，它们都积极展开体育运动和体育比赛，并热衷于举办众多的慈善赛为难民募捐。据统计，"孤岛"时期举办过慈善赛的就有百乐门

---

〔1〕 周太彤、胡炜主编：《黄埔区志》，上海社会科学院出版社1996年，第1427页。

〔2〕《慈善小球赛大厮杀中，文滨队压倒荧光》，载《申曲画报》1940年第124期，第2页。

〔3〕《文滨杯慈善小球赛，三星力克健北，三益轻取震华》，载《申曲画报》1940年第130期，第1页。

〔4〕《足球义赛东华腊克斯二对二成和局》，载《神州日报》1940年11月13日，第5版。

〔5〕《艺人为贫儿造福》，载《申报》1941年7月5日，第14版。

〔6〕《体育不忘救难，义赛账目公布》，载《新闻报》1941年9月10日，第11版。

体育会、丽都体育会、猛狮体育会、精武体育会、粤光体育会、川联体育会、健北体育会、上海网球会、上海乒乓联合会、文华乒乓球会、华星篮球会、大千拳社等，还有国际乒乓协进会、西侨青年会以及战前就已在慈善赛中发挥过重要作用的西联足球会等。[1]

上海商人、慈善家顾联承对体育很感兴趣，他建立了百乐门体育会和东华足球会。他的两个儿子顾利康、顾森康热爱篮球和网球，多次组队参加比赛，屡屡取得好成绩。1937 年，他们联合其他球员成立合众篮球队，参加第十届"西青杯"赛，大出风头，并代表中华队参加了第一届"申报杯"中美慈善篮球赛。[2]百乐门的篮球队实力超群，"水准之高，人才之盛"，为人所共知。1940 年 8 月，为救济难民，该篮球队应沪上的四川籍银行界商人组成的川联体育会之邀，与对方举行篮球慈善赛。百乐门体育会还自行发起"合众杯"慈善篮球赛，为难民筹集资金。[3]

华人体育会举办的慈善赛注重动员社会各界共同参与。以娱乐界为例，1941 年 10 月，百乐门体育会主办多场上海助学金篮球慈善赛，广邀沪上各中外强队参加之余，在第五场蓝白队对百乐门队的比赛中，还邀请上海影星队参加，与戏剧、话剧明星组成的伶友队对阵。这次篮球慈善赛因明星云集，事先在报刊上大作宣传，号称不仅有周璇、韩兰根、李红、殷胖子（秀岑）等行开球礼，影星队的刘琼、梅熹、舒适等大明星均悉数出战，呼吁影迷们、戏迷们前往观看，还称赞道，影星们能在拍摄繁忙工作之余，参加慈善性质的球赛，略尽救济之责，"这是一个好现象，但愿其他影星亦群起尽一份力吧！"[4]可惜，最终实际到场开球、颁奖的明星仅林树森、殷胖子（秀岑）、金素雯、于素莲等人，名气更大的周璇并未出现。[5]此次篮球慈善赛所有收入用于拨充《申报》助学金、《新闻报》

〔1〕 胡水玉：《上海"孤岛"时期的体育慈善赛述论》，载《社会史研究》2022 年第 1 期辑刊，第 127 页。

〔2〕 陈永昊、陶水木主编：《中国近代最大的丝商群体：湖州南浔的"四象八牛"》，浙江人民出版社 2001 年版，第 93-94 页。

〔3〕 《百乐门与混合作篮球义赛》，载《新闻报》1940 年 8 月 22 日，第 11 版。

〔4〕 《助学金慈善篮球赛，影星队大败伶友队记》，载《影迷周报》1941 年第 3 期，第 4 页。

〔5〕 《上海助学金慈善篮球赛剪影》，载《永安月刊》1941 年第 32 期，第 28 页。

贷学金和上海难民教养院升学储金等教育救济。[1]

11月的另一次益中慈善足球赛也增加了表演赛，同样以影星队和伶友队的出现为宣传噱头。影星队领队的是武侠明星张惠冲。另一明星韩兰根，外表瘦削，人送外号"瘦猴"，本身擅长踢球，此前在上海难民教养院举办的慈善小球赛中充任球票推销员，此次他主动请缨，利用自己的名气，不出一天，即将手中分配的门票统统售完。[2]足球慈善赛大战一小时，结果"一对二影星小挫"。赛毕，由明星影片公司的影星龚秋霞主持拍卖义球时，观众群纷纷出高价竞争，最后由一徐姓男子以1000元拍去。[3]

上海精武体育会原址被日军侵占后，移至租界"重起炉灶"，在南京路慈淑大楼三楼设立活动阵地。虽然战争环境下人们的生活沉闷滞塞，但上海精武体育会会员数不减反增，从战前的两千名增至六千余名，他们每日参加各种户内外活动。1939年4月9日，精武会联合中华武术会、上海市摔角促进会、华联同乐会、益友社、银钱业联谊会、慕尔堂、忠义拳术社、郝氏太极拳社等体育团体、工商、宗教、民间团体在静安寺上海中学操场举办了上海国术运动大会，设置拳击、器械、团体操、射箭、摔角、举重等项目。大会由上海难民救济协会秘书长袁履登担任会长，参赛运动员171人，来宾达四千余人，堪称当时沪上规模最大的国术运动会。门票收入926元，全部捐赠用作善举。大会筹备费用236元，由发起团体量力承担。[4]7月，精武会为协助上海难民救济协会劝募夏令卫生经费，趁着第二届"精武杯"全沪公开乒乓球个人团体锦标赛刚刚结束的热度，发起乒乓球慈善赛，由精武队和全沪团体乒乓球冠军青云甲携手表演。青云甲的实力自不待言，精武队则拥有前全沪个人冠军容德能，季军欧阳维，老将卢仲球、陈兆文、张英以及张连生等，亦不示弱，两队强强对抗，吸引力十足。精武会为准备此次乒乓慈善赛，特意提前进行参赛选手选拔、赛

---

〔1〕《助学金慈善篮球今展幕》，载《申报》1941年10月4日，第7版。

〔2〕《韩兰根热心于善举，推销慈善足球赛票》，载《电影新闻（上海1941）》1941年第120期，第479页。

〔3〕《益中慈善足球赛，影星伶友初次对垒》，载《中国影讯》1941年第2卷第36期，第699页。

〔4〕上海精武体育总会编：《精武志》，文汇出版社2021年版，第56页。

前认真训练，并诚邀上海难民救济协会的虞洽卿、江一平（虞的女婿）等出席决赛予以助兴[1]，还事先将印制好的 5 元、1 元和 5 角三种门票共计 1700 张全数送交会计师事务所盖章，以表公信。[2] 门票收入全部拨充上海难民救济协会。[3]

在租界内令人眼花缭乱的慈善赛中，曾经是上海慈善赛"重头戏"的一年一度的圣诞中西慈善足球赛，西人足球联合会成为主要组织方，缺少了中华体协的配合，由各华人体育会取而代之，通力协作，促成此事。1937 年年末的圣诞足球慈善赛在战火纷飞之中勉强举行，但中华队无法成功组队，只好由上海当季足球赛冠军西人法商队与西联队决战，这样两支西方足球队之间的慈善球赛，四千余名观赛球迷中自然以外国人居多。赛毕，西人足联会长葛林姆旭将所戴丝巾以 5 元拍出，与门票收入一起捐予慈善机关，以赈济淞沪会战的难民。[4] 1938 年的圣诞足球慈善赛，华人球员重新集结，以中华队的名义与西联队对阵，筹得善款 5724 元。1939 年起，华联对西联的圣诞中西慈善足球赛改名为"麦令工程司杯"（又称"麦令工程师杯"），[5] 坚持到 1940 年年底又举行了一次。[6] 但是，正如前述，这项慈善赛已泯然于租界的众多慈善赛事之中，重要性大大下降，已不复往日的"辉煌"。

除以上几种形式外，社会团体中的业余体育力量也涉足慈善赛。例如，1938 年冬，上海理发业公会举办同业篮球慈善赛，新闻报道称，"本市理发业同人，急公好义，向不后人"，时值冬日，难民缺少衣被，理发

---

[1] 《上海精武体育会游艺科关于乒乓球队参加慈善义赛进行训练的通知》（1939 年 6 月 26 日），上海市档案馆藏，档案号：Q401-10-124-65。《上海精武体育会游艺科关于李润存、林典华等 6 人参加乒乓球慈善义赛的函》（1939 年 7 月 4 日），上海市档案馆藏，档案号：Q401-10-124-66。《上海精武体育会关于邀请江一平、虞洽卿等人出席乒乓球慈善义赛决赛的函》（1939 年 7 月），上海市档案馆藏，档案号：Q401-10-124-76。

[2] 《上海精武体育会关于乒乓球慈善义赛入场卷审核盖章的函》（1939 年 7 月），上海市档案馆藏，档案号：Q401-10-124-70。

[3] 《精武杯乒乓慈善赛门票开始预售》，载《时报》1939 年 7 月 16 日，第 5 版。

[4] 《耶诞慈善足球赛记》，载《上海人》1938 年第 1 卷第 1 期，第 9 页。

[5] 《耶诞慈善足球赛，华联对抗西联队》，载《申报》1939 年 12 月 12 日，第 7 版。

[6] 《本届麦令工程师杯华联西联慈善足球，一月二日举行》，载《申报》1940 年 12 月 24 日，第 13 版。

业特举办同业篮球赛，所售门票共计 150 元，均充善举，交与中国红十字会上海分会专作难民冬衣之用。为此，中国红十字会刊物专门登载致谢。[1]理发业公会的慈善活动运作良好，熬过了最为艰难的岁月。抗战胜利后的1946 年 8 月，理发业公会向上海市社会局申准，为了扩大福利事业而筹募福利基金，特举办义演、义赛活动向社会筹资，其中篮球义赛的筹款目标为二千万元，用作救济难民。[2]1947 年，他们又于端午节期间举办慈善篮球、足球赛，以增筹善款救济贫难民。[3]

总之，在"孤岛"时期的上海国际租界，以救济战争难民为主的各种慈善募捐活动中，慈善赛无疑是其中的重要组成部分，在救助穷困、稳定社会秩序方面功不可没。

二、日伪时期：侵略的"点缀"

1941 年 12 月 8 日，太平洋战事爆发，日寇强行进入国际租界，上海全面沦陷，"孤岛"时期结束。在日伪政府严密控制之下，正常的社会事务和民间慈善活动基本无法开展。为了实现长久统治的目标和粉饰太平，日伪政府也非常重视慈善事务，但是，只有得到他们认可的机构和个人才能够举办，慈善赛同样如此。

1943 年 10 月，伪上海体育协进会理事会第六次会议决议，每年的各类慈善赛，不仅民间团体不能擅自举行，必须报请核准，由体育会统一规定慈善赛的次数，而且慈善赛募集的收入也必须全部统一收归慈善机关，不许自行分配。除此之外的其他筹款申请或慈善事件，原则上一律不予许可。[4]此规定报经上海市伪政府审核通过，自十一月一日起正式实行，上海足球联合会正式通告各会员遵守之。[5]据此，上海足球联合理事会决定在

---

〔1〕《理发业举行慈善篮球赛》，载《中国红十字会月刊》1938 年第 42 期，第 24 页。

〔2〕《上海市社会局关于理发业篮球义赛文件》（1946 年 5 月），上海市档案馆藏，档案号：Q6-9-693。

〔3〕《理发业劳资球类义赛》，载《新闻报》1946 年 6 月 5 日，第 4 版。

〔4〕《市体育会限制运动义赛》，载《新闻报》1943 年 10 月 27 日，第 3 版。

〔5〕《市体育会限制运动义赛》，载《新闻报》1943 年 10 月 27 日，第 3 版。

下个赛季（1944年）的二百余场联赛场次中，只进行三场足球义赛。[1]

日伪政权有意接续此前的教育贷助学金募捐活动作为慈善赛的重点，尤其是《申报》和《新闻报》主办的系列助学金慈善赛。

教育贷助学金活动是20世纪40年代的上海开展的教育救济活动的一部分。上海的教育救济活动包含助学行动和尊师运动两种形式，教育贷助学金活动即属于助学行动的一种。20世纪40年代初，圣约翰大学校长沈嗣良、工部局华人教育处处长陈青生等5人组成上海助学金委员会，对全市大、中、小学的申请者进行审核并发放通过社会募捐而来的善款，[2]贷助学金募捐活动自此开启。与以往的做法类似，贷助学金活动采取捐献、义演、义赛、义卖、义展等多种方式募集经费，慈善赛（义赛）再一次成为必不可少的方式。

其中特别值得一提的是沪上大报发起和组织的系列募捐慈善赛。1941年10月，《新闻报》联合《申报》共同发起贷助学金篮球义赛，除了蓝白、百乐门等沪上篮球名队之外，还增加伶友对影星的表演赛，以增加号召力。[3]该两报的慈善赛活动声势浩大，他们动用人脉，请体育界、商界名流、政界要人和社会名人等出席和为慈善赛大力宣传。该项募捐活动维持了数年之久，成为上海滩一项大型慈善活动。1941年12月，上海华义银行旗下的华义乒乓球队（曾获沪上中西杯乒乓球甲组锦标赛和新六杯、宗敬杯等杯赛冠军）筹划邀请混合队、西人联合队进行义赛，为《新闻报》《申报》二报贷助学金运动筹募善款。[4]

太平洋战争发生后，随着英美对日宣战，日军强行进入上海国际租界，以《申报》和《新闻报》两报为美国国籍注册为由，对其予以查封和接管，并委任已投靠日本的陈彬龢、吴蕴斋二人分任《申报》社长、《新闻报》理事长。这一举动，意味着在中国传媒史上，中国最大的两家上海

〔1〕《足联理事会通过义赛三场》，载《新闻报》1943年11月28日，第3版。
〔2〕熊月之主编，罗苏文、宋钻友著：《上海通史》第9卷《民国社会》，上海人民出版社1999年版，第91页。
〔3〕《贷学金慈篮赛展期明日交锋》，载《新闻报》1941年10月24日，第11版。
〔4〕《华义乒乓队筹组乒乓义赛》，载《新闻报》1941年12月2日，第9版。

民营报纸，首次变成了日伪政治势力的喉舌。[1]

　　1943 年 5 月，上海足球、篮球联赛季甫一结束，《申报》即发起系列助学金慈善赛。篮球方面，得到上海市伪政府支持，《申报》将全沪公开篮球甲组总冠军决赛之收入充作贷学基金，由各中西篮球强队组成中青和西青两队进行对抗，此外还主办读者助学金篮球、足球义赛。[2] 足球为东华队挑战侨联队，篮球则为中华和西人的青年篮球对抗赛。12 月，《申报》再邀华联和中北两篮球队以三赛两胜的方式为助学金筹款。[3]

　　1943 年 8 月，为庆祝汪伪政权"名义上"宣布收回上海租界（实际仍由日军控制），上海滩有名的赌徒、汉奸潘三省建立的三省体育会举行支持《新闻报》《申报》二报贷助学金的足球慈善赛，并穿插小型球义赛，他还找来《新闻报》董事长吴蕴斋、《申报》社长陈彬龢亲临现场，为自己摇旗呐喊。[4]

　　1945 年 7 月，中国实业协会下属的中实网球会举行为《新闻报》《申报》二报助学金筹款的网球慈善赛。该会经由上海"三老"之一、同样已投靠日本人的金融界大佬林康侯出面，号称广邀国内外网球顶尖男女好手，如女子朱芝英、罗费诗，男子王文正、陶冠球等，组织一次"豪华配置"的比赛，并声明所有义赛门票、义球拍卖等收入不除开支，全部捐助《新闻报》《申报》二报。[5] 事后统计，网球义赛门票加上义球拍卖共计2150 万元，由二报平均分配，各得一半，充作助学基金。[6]

　　除此之外，1945 年二三月间，伪上海市教育局亦决定邀请上海强队进行五场福利慈善赛，全部收入拨充教育基金资助学生。[7]

　　此外，还批准了少量为中外慈善团体募捐的慈善赛，以示友好。1943

---

　　〔1〕　陈细晶：《日军占领下的上海媒体文化的转变（1937-1945）》，载《抗日战争研究》2010 年第 4 期，第 73 页。

　　〔2〕《助学义赛》，载《力报（1937-1945）》1944 年 6 月 5 日，第 1 版；《申报篮球义赛》，载《力报（1937-1945）》1944 年 6 月 20 日，第 1 版。

　　〔3〕《华联中北决赛，申报要求三赛两胜》，载《繁华报（1943）》1944 年 12 月 9 日，第 1 版。

　　〔4〕《贷学金足球义赛，三省战义海军》，载《新闻报》1943 年 8 月 6 日，第 3 版。

　　〔5〕《网球义赛门票今开始发售》，载《力报（1937-1945）》1945 年 7 月 13 日，第 1 版。

　　〔6〕《中实网球义赛昨公布账目》，载《力报（1937-1945）》1945 年 8 月 5 日，第 4 版。

　　〔7〕《福音！教局办义赛》，载《力报（1937-1945）》1945 年 3 月 20 日，第 1 版。

年3月，上海市徐汇中学获准邀请安华、星队、波队共同进行小型足球义赛，全部收入3500多元，悉数捐助天主教圣母院的育婴堂用于弥补经费。[1]1944年6月，已运行三十余年、先后收养男女老幼贫民11万余人的上海著名善堂——南市新养育堂因经费短缺，联合同样遭此困扰的上海时疫医院邀请华联和西联为其举行足球筹款慈善赛。[2]11月，上海防疫协会、中国麻风救济会、中华卫生协会、中华健康协会、上海市卫生实验区和上海地方医院等六个医学团体鉴于物价疯涨，经费困难，携手举办华联队与德意混合队的中西足球慈善赛，以补充防疫及麻风防治工作经费。[3]

　　为了收买人心，日伪政府还试图保留上海原有的圣诞慈善赛传统。1944年年底，以为上海各公益慈善团体募集经费为借口，伪上海体协会和足球联合会操纵举办圣诞节足球慈善赛，由上海东华队和侨联队出场表演，[4]又举行圣诞篮球慈善赛，以筹款救济贫难民。[5]

　　日本侵略者甚至走到"前台"，运作所谓的"慰劳中国军人"的慈善赛。1944年1月底，虽已是强弩之末，但日军仍授意伪上海市政府宣传处和保安司令部，打着慰劳中国军警的名义，举行国际拳击义赛。日方由东京拳门协会牵头，派出14名日本拳击手前来上海，与意大利、波兰等国选手分成七组展开对决。[6]此外，日寇又联合伪上海市政府、市体育会、市足球联合会策划"中日献机"足球义赛；[7]还打着维持上海治安的幌子，由伪上海市警察办事处保甲委员会出面举办系列足球义赛，并计划将其定期化、正规化，为侵略者提供长期的经费补助。[8]这样的慈善赛真是讽刺！

---

〔1〕《徐汇中学足球义赛》，载《圣心报》1943年第57卷第4期，第1页。

〔2〕《又一足球义赛在筹备中》，载《新闻报》1944年6月26日，第2版。

〔3〕《六医团筹募经费举行足球义赛》，载《新闻报》1944年11月26日，第4版。

〔4〕《圣诞节举行足球义赛》，载《新闻报》1944年12月19日，第3版。

〔5〕《圣诞篮球义赛》，载《繁华报（1943）》1944年12月9日，第1版。

〔6〕《本周六举行拳击义赛》，载《新闻报》1944年1月13日，第3版。

〔7〕《日伪上海特别市关于中日献机足球义赛筹备会为举办足球义赛筹款事令上海市第一区公署核议具报的文件》（1944年1月29日），上海市档案馆藏，档案号：R22-1-148-1。

〔8〕《日伪上海特别市政府警察办事处保甲委员会举行足球义赛》（1944年6月27日），上海市档案馆藏，档案号：R2-1-87。《日伪上海特别市保甲委员会关于拟举办足球义赛以补助保甲事业之推行的呈》（1944年6月20日），上海市档案馆藏，档案号：R33-1-259-9。《日伪上海特别市保甲委员会关于汇报保甲杯足球义赛收支情形的呈》（1944年8月10日），上海市档案馆藏，

三、抗战胜利后蒋介石国民政府时期：短暂的重兴

抗战胜利后，蒋介石国民政府接管上海，无力解决种种社会问题。正如中国福利基金会美国委员透纳所言，"中国有千万人民在饥饿线上挣扎，希望吾人拯救；而青年失学，农夫辍耕，亦均须救济"。[1]国民政府上海当局采取宽松放任政策，仅只出台《上海市私立救济设施统一募捐办法》等予以指导，[2]无暇多加干涉，各种慈善活动重新变得活跃。慈善赛也得以复兴，并从战时功能逐渐向常态化回归，一方面努力帮助解决战争遗留的清寒师生的教育救济问题；另一方面继续为救灾、医疗以及慈善组织的运营等筹募费用，还加入国民政府的冬令救济计划之中。这一态势一直延续到1949年5月底，共产党军队解放上海，建立了新政权为止。

（一）贷助学金慈善赛

抗战胜利后的上海，严重的通货膨胀不仅没有得到有效控制，各学校学费反而猛涨数倍，导致大批学生面临失学威胁，同时因学校运营费用严重不足，许多教师生活也陷入困境。此种情况下，由政府和民间共同参与的助学行动和尊师运动不得不继续进行，规模和力度亦有所扩大。

1945年年底，国民政府上海当局通过了举办教育贷金的办法，规定由市政府提供低息拨款，依托各大型银行设立教育贷金，用于本市清寒市民筹集子女教育经费所贷，其贷款利息低至月利率1分，可贷6个月。每年于两个学期各开放一次，可资助学生5500名。[3]

无论是助学基金，还是教育贷金，都十分重视通过慈善赛的方式吸纳

（接上页）档案号：R33-1-259-33。《日伪上海特别市保甲委员会关于定期举办保甲杯足球义赛并请饬成都路分局协助场内外秩序及警戒事宜，随时与体育会周文瑞先生洽办给第一警察局的函》（1944年6月20日），上海市档案馆藏，档案号：R33-1-259-5。

〔1〕《华南足球队抵沪后，昨在逸园试练脚头》，载《大公报（上海）》1946年7月19日，第5版。

〔2〕《上海市政府公报》1946年第2卷第6期，1946年1月18日，第151页。

〔3〕熊月之主编，罗苏文、宋钻友著：《上海通史》第9卷《民国社会》，上海人民出版社1999年版，第92页。

社会资金。战后已迁回上海重新运行的上海市体协积极配合，1945 年 12 月，由上海市体协出面组织了两场足球、篮球慈善赛，收入用于补充政府拨款的低息教育贷金以及补贴抗战蒙难同志家庭的生活困难。足球、篮球慈善赛均安排中西球队对抗，参与的球队实力雄厚，足球对阵双方为东华队对英海军"黑王子"号舰足球队；[1]篮球为中美篮球对抗，包括华联队、中青队与美国海军、陆军联队的比赛，共计三天六场。[2]

1946 年 9 月，上海市体协排球委员会邀请苏联队、粤刚队和华严队等球队趁着联赛结束期的空档，举行贷学金排球义赛。[3]

上海的学生组织也行动起来。1946 年 1 月底，由圣约翰、大夏等二十余所学校发起成立了上海市学生助学联合会，以号召全市义卖、市民捐献等方式筹募助学基金。[4]1947 年 8 月，该学生组织为筹募助学基金，向上海市体协申准，举办男女排球慈善赛，分别由沪上女子排球冠军华严队对复华队，男子则为华严队对西侨唯一劲旅苏联队，收入可观。[5]

一些大专院校还利用慈善赛的形式展开自救，为本校学生筹募助学基金。1945 年 12 月，同德医学院和已经更换社长的《申报》共同举办中美篮球义赛，为学校筹募基金。双方非常看重此次比赛，各自组成数支球队参加，中方自不必说，派出华联队、中青队等队伍，美方则有美海青（海军青年队）、奥西纳队等，慈善赛取得良好效果。[6]

二十世纪四十年代，西式拳击运动开始在上海流行起来。1947 年 2 月，同德医学院学生自举办"助学奖券"活动取得良好效果之后，受到鼓舞，为再接再厉增强劝募效果，特意召集全体同学大会公开讨论，百余名到会同学决议发起举办"拳击义赛"。经积极筹备，他们得到上海精武体育会、中国摔角（跤）社以及沪上拳击名将蒋维廉、林忠孚等协助支

---

〔1〕《足球对抗，东华战英军》，载《大公报（上海）》1945 年 12 月 25 日，第 3 版。

〔2〕《中美篮球义赛排定秩序》，载《新闻报》1945 年 12 月 13 日，第 3 版。

〔3〕《排球委员会筹备贷学义赛》，载《益世报（上海）》1946 年 9 月 22 日，第 6 版。

〔4〕熊月之主编：《老上海名人名事名物大观》，上海人民出版社 2005 年版，第 206 页。

〔5〕《助学排球义赛，华严男女双胜》，载《和平日报》1947 年 8 月 19 日，第 4 版。

〔6〕《中美义赛最后一幕》，载《前线日报（1945—1949）》1945 年 12 月 18 日，第 4 版。

持。[1]3月，西洋拳击和中国国术（武术）义赛如期举行，林忠孚、蒋维廉以及国术家佟忠义等亮相比赛，精武、强华两体育会还现场表演双棍、滚钉板等中华功夫，以飨观众。比赛收入全部用作该校清寒同学助学金。[2]

面对各方频频以慈善赛来助学的热烈氛围，国民政府上海党政机构亦不得不有所表态。1947年5月，上海市党部社会服务处举办包括中、苏、韩、菲、意、葡、犹、西班牙等八国好手在内的国际拳击义赛，为清寒贷学金基金筹集经费。[3]1948年9月初，上海市教育局本着同样目的，举办由华联、大公、联青、辐汽和回力等沪上强队参加的篮球义赛。[4]

（二）尊师慈善赛

与资助学生的教育贷金运动接续启动的是以教师为对象的尊师运动。1946年2月，在助学运动的基础上，敬师运动筹备会成立。5月，上海市教育局、上海市学生总会、上海市学生团体联合会等正式发起尊师运动，旨在通过筹款帮助改善教师经济和生活困难。[5]由上海市体协足球委员会主办、为尊师运动筹募基金的足球慈善赛于1946年四五月间举行，分为业余和专业两组共三场。业余队比赛为市体协足球委员会对裁判队的表演赛，足球委员会队主要由上海地方党政军要人组成，上海市钱市长、吴绍澍副市长以及李及阑、李崇诗将军等人均表示要上场"试试脚头"。[6]虽然比赛只安排上下半场各三十分钟，但这样的比赛足够"别开生面"，结果反倒无足轻重，它更多体现了地方大员对尊师行动的支持。专业组则分为东华与英海军、华联[7]对西联队两场比赛。[8]5月初，国民党三民主

---

　　[1]《同德募助学金举办拳击义赛》，载《中华时报》1947年3月3日，第2版。

　　[2]《筹募清寒助学，今晚拳击义赛》，载《益世报（上海）》1947年3月3日，第5版。

　　[3]《市党部主办八国拳击义赛》，载《新闻报》1947年5月11日，第10版。

　　[4]《助学篮球义赛定周末举行》，载《前线日报（1945.9—1949.4）》1948年9月2日，第2版。

　　[5]熊月之主编：《老上海名人名事名物大观》，上海人民出版社2005年版，第445页。

　　[6]《青年四分团举行拳击义赛》，载《民国日报》1946年4月24日，第2版。

　　[7]《尊师足球义赛，东华今再逢西联》，华联原本取青白、东华两队精华组成，后因青白队赴无锡参加赈济湘灾义赛未归，改由东华队单独出马，参见《大公报（上海）》1946年5月19日，第4版。

　　[8]《上海鳞爪》，载《大公报（上海）》1946年4月25日，第4版；《足球义赛尚有两次尊师之战》，载《大公报（上海）》1946年4月29日，第4版。

义青年团也主办了尊师拳击义赛，有中、苏等好手参加。[1]不过，尊师运动的声势整体上远不及助学行动。

各类上海的慈善赛中，不仅在沪的中西球队义务参与成了约定俗成的惯例，甚至来沪交流或路经的国内外球队，遇有急需，也热心出场助阵。其中尤以东南亚华侨为最。1946年8月，菲律宾华侨群声篮球队访问厦门并作四场慈善赛，然后北上赶赴上海交流球艺，[2]不料遇到船期延误、改换飞机等周折，直到9月14日方才抵沪。上海市体协篮球委员会随即遵照事先安排，组织其与东方、华联、灿队等华人球队和巨人、恩卡斯等西方强队进行多场友谊比赛，[3]其中含两场与巨人队的慈善赛，第一场为弥补上海市体育馆场馆建筑费用（篮球馆地板建设费），第二场则为补充上海市教育贷学金。在第二场群声队与巨人队的慈善赛中，虽然观众人数不及第一场，但仍然卖出近两千张门票，连义球拍卖收入，一并获得1300多万元。[4]国内其他地区的球队亦常有表现。1946年10月，恰逢天津篮球好手组建的华胜篮球队来沪交流，上海市体协篮球委员会主办了华胜与华联、北方队对南方队的两场慈善赛。北方队是以来访的华胜队为主体，吸收在沪之天津球人李震中、包松圆、唐宝堃等组成；南方队则以上海华联队为主干，辅以其他各队好手。南北篮球队的对抗成功吸引上海球迷的兴趣，许多观众到场观看。[5]

（三）赈灾慈善赛

抗战胜利后，为赈灾而举行的慈善赛，影响较大的是1946—1947年的长江、珠江流域特大水灾系列义赛。

1946年夏，长江流域连续降水酿成大水灾，下游的江苏、浙江、安徽等省许多地区竟成泽国。在江苏北部，三百余万民众丧失家园，或煎熬度日，或流离失所，亟待救济。中游的湖南省同样受灾严重。灾民的悲惨境况经报刊报道后，引起国内民众的极大同情，纷纷以各种方式筹款救济灾

---

〔1〕《拳击义赛林爱选手打和局》，载《立报》1946年5月6日，第4版。

〔2〕《群声篮球队月杪可抵沪》，载《大公报（上海）》1946年8月20日，第5版。

〔3〕《群声战程》，载《大公报（上海）》1946年9月17日，第5版。

〔4〕《群声所向披靡，昨复胜巨人》，载《大公报（上海）》1946年10月2日，第7版。

〔5〕《华胜在沪比赛七场》，载《大公报（上海）》1946年10月17日，第7版。

民。在上海，政、商、文化各界名流共一百二十余人发起成立湘灾急赈会，决定以义演、义赛等方式筹集赈灾善款。不久，面对大量涌进上海寻求救济的苏北难民，吴稚晖、杜月笙等又发起成立苏北难民救济协会上海募捐委员会，江苏省主席王懋功亦加入其中。[1]苏北难民救济协会上海筹募委员会成立后，拟在两个月内筹募20亿元，并拟定各界筹款分摊比例，具体为：金融界3亿元，实业界5亿元，商界3亿元，妇女界1亿元，工界2亿元，市民2亿元，义演戏剧3亿元，球类义赛1亿元。针对这八类捐款，分八个劝募总队展开工作。这一劝募计划中，义演、义赛不仅名列其中，而且筹款额和社会各界基本相当，义演还和金融界、商界等同居前列，[2]足可见义演、义赛在慈善募捐中的地位。

慈善赛方面，1946年6月26日，由杜月笙发起，联合吴开先（上海市社会局局长）、章士钊、范绍曾等知名人士，邀请到访的香港星东足球队和上海市足球联赛冠军——青白足球队于逸园举行足球慈善赛，将门票和义球拍卖的收入捐赠给湖南灾民和苏北难民。杜月笙为此事呼吁上海民众"多购一张门票，多救一条性命"，待比赛举行时，还亲临现场开球。[3]

另一场世人瞩目的为赈济湘灾、苏北难民而举行的慈善赛，是由时任中国福利基金会主席的宋庆龄出面发起和斡旋，邀请"球王"李惠堂率领的香港南华足球队赴沪的足球义赛。惜乎，此次慈善赛因国共两党的政治争斗而功败垂成，最终以已抵沪的李惠堂无奈率队返港而黯然收场，从而成为民国体育慈善史上的一个典型案例。[4]

1947年六七月间，因连绵大雨，珠江流域河水暴涨，水位达到自1915年来的最高，广东、广西两地境内各条河流亦漫溢四出，酿成特大水灾。

---

〔1〕《赈灾救难，平剧义卖、足球义赛》，载《前线日报（1945.9—1949.4）》1946年6月21日，第4版。

〔2〕《沪市认募二十亿元，救济百万苏北难民》，载《大公报（上海）》1946年7月2日，第5版。

〔3〕独家春秋：《闲话民国》，上海人民出版社2015年版，第264页；《明日振灾足球赛，星东再战青白》，载《大公报（上海）》1946年6月25日，第5版。

〔4〕姜荣泉：《宋庆龄发起足球义赛震动上海滩》，载《体育文史》1991年第5期，第43—46、72页；

两广地区灾害损失十分惨重。广东省受灾 73 县、683 个乡镇，受灾耕地面积 1000 万亩，农业经济损失 4 万亿元，难民 400 余万人，死亡 2 万余人。广西灾情为民国以来所未见，受灾县份达 56 个，农田损失 300 万亩，灾民数达 150 万人，死亡 2 万余人。[1]

　　尽管解放战争正激烈进行，两广水灾依然引起了国内社会广泛关注，各地掀起形式多样的赈灾募捐活动。1947 年 7 月 15 日，南京国民政府国防部长白崇禧、监察部副部长黄绍竑等人倡议南京、上海两地筹赈两广水灾，邀请两地政商、文体界人士至黄绍竑官邸以"茶叙"的形式商议办法。[2]上海市体协王微君、钱旭沧和赵敏恒等受邀前往，当时议定除了全面发行赈灾债券、劝捐等征募方式之外，于体育界而言，将举办各类慈善球赛，首先是慈善篮球赛以募捐救灾费用。[3]

　　为了赈济两广水灾，上海的篮球、足球、网球、排球、乒乓球等慈善赛不断举行。

　　1947 年 7 月，上海市体协趁着香港网球单打冠军叶观雄来沪，邀其与沪上高手王文正、余田光和西人卡逊（沪市冠军）、史规亚等举行赈灾网球义赛。[4]此次网球义赛，门票收入为法币 6000 余万元，加之义球拍卖及叶观雄将自己作战的球拍义卖所得共 1600 万元，扣除少量开支后，捐给两广水灾筹赈委员会共计 7500 万元。[5]黄绍竑还特意制作"两广水灾网球义赛"字样的纪念章分发给两组选手叶观雄、王文正和卡逊、史规亚。[6]

　　9 月初，受两广水灾筹赈委员会之委托，上海东华体育会主办中西足

〔1〕 高建国、夏明方、蔡勤禹主编：《中国灾害志·断代卷（民国卷）》，中国社会出版社 2019 年版，第 91-92 页。

〔2〕《筹赈两广水灾，黄绍竑等昨邀沪各界茶叙》，载《大公报（上海）》1947 年 7 月 15 日，第 4 版。

〔3〕《振救两广灾民，白部长等发起慈善球赛》，载《大公报（上海）》1947 年 7 月 15 日，第 5 版。

〔4〕《赈灾网球义赛，今起预售门券》，载《大公报（上海）》1947 年 7 月 21 日，第 4 版。

〔5〕《网球义赛账目公布》，载《前线日报（1945.9—1949.4）》1947 年 8 月 8 日，第 6 版。

〔6〕《赈灾球赛详情》，载《大公报（上海）》1947 年 7 月 24 日，第 5 版。

球慈善赛，由东华队对英海军赛塞克斯（法塞斯）号舰队。[1]赛塞克斯号刚由香港来上海数天，麾下诸球员年轻力壮，奔跑迅速，实力强劲。这一场由本届上海足球联赛冠军对阵英海军强队的慈善赛，号称由时任上海市长吴铁城行开球礼（后由他的代表出席），吸引四千余热心观众到场观战。[2]

　　不久之后的排球慈善赛由上海市体协排球委员会与市体育馆联合举办，参赛队伍为来沪征战的北平振亚排球队和上海市本年"国祯杯"排球赛冠军——永纱队。北平振亚队此次来沪，本计划比赛四场，为赈济两广水灾，临时增加慈善赛一场，以表同舟共济之情。此次慈善赛的特别之处在于，特意安排女子复华队对华严队进行赛前表演赛，既推广女子排球运动，又增添趣味。慈善赛的举行，不仅使得永纱队一雪此前败给振亚队的"耻辱"，而且筹款数目颇为可观，门票、义球拍卖等收入扣除各项开支外，净得善款法币2300余万元，悉数拨充两广水灾救济金。[3]接踵而来的乒乓球慈善赛，由上海市体协乒乓球委员会与市体育馆合办，为赈济两广及苏北水灾筹募经费，在沪交流作战结束、即将南归之香港孔圣乒乓队与沪联队打了一场十分精彩的比赛，共收获善款553万余元。[4]10月，上海市体协又举办自洛阳来沪的征轮队对汕队的篮球慈善赛，筹得赈款1280万元。[5]

　　（四）为慈善团体募捐的义赛

　　为医疗救济、慈幼、济贫等慈善组织募集善款是上海体育界的重要职责。

　　抗战胜利后，中西圣诞慈善赛重新步入正轨。圣诞慈善赛是上海中西体育界合作的一项传统慈善活动，自二十世纪二十年代起，历经"孤岛"、日伪统治时期，虽间有波折、停顿，但一直未完全中断。1946年12月，

　　[1]《赈灾足球义赛，东华明战英海军》，载《和平日报》1947年8月31日，第4版。
　　[2]《英舰访问上海，赛塞克斯号今抵沪》，载《大公报（上海）》1947年8月28日，第5版；《足球义赛东华获胜，收入救济两广水灾》，载《大公报（上海）》1947年9月2日，第5版。
　　[3]《永纱苦战雪前耻，振亚队首遭挫败》，载《大公报（上海）》1947年9月5日，第5版。
　　[4]《振灾乒乓义赛，沪联再克孔圣》，载《大公报（上海）》1947年9月11日，第5版。
　　[5]《昨晚篮球义赛，征轮大胜汕队》，载《大公报（上海）》1947年10月16日，第8版。

上海市西侨青年会征得上海体协批准，为筹募圣诞节苦儿救济基金举办两次慈善篮球赛。他们计划于圣诞节招待 350 名贫苦儿童以共度佳节，需筹募 500 万元作为招待费用。此次慈善赛由华人任余队、华联队对西人恩卡斯队、巨人队，一众中外好手如任余队的陈渭源、沈鹏举、姚文彝，华联队的孔广毅、李震中、包松圆，恩卡斯队的却利勃脱，巨人队的陶勃林基、沙司金等悉数出战。[1]可惜的是，因各种慈善赛太过密集、每次篮球赛主要是这几支顶尖球队对抗，以及两个月前的菲律宾群声队在沪的几场比赛水准太高，造成球迷观赛"胃口"吊高，对于上海本地球队的比赛已提不起兴趣，加之经济状况糟糕等因素，本场义赛"观众寥寥可数，球场冷落异常"，门票只售出 400 多张，收入仅 130 多万，不及预定目标一半，孰为可叹！[2]

1946 年七八月间，由张法尧、浦贤元、杜维垣等社会名士出面发起、得到上海市体协支持，先后举办两场国际拳击义赛，第一场由来自中、美、意、韩四国的拳击高手对决，目的是给中国红十字会时疫医院筹募经费。[3]第二场除了前述四国，又增加苏联、泰国好手，中国名将蒋孝廉与林忠孚，美国好手安诺浮、史屈莱力基，意大利配捷，泰国曼谷利史和朝鲜金春吉等共 16 人，分成八组，激烈过招，为添助龙华孤儿院基金出力。[4]如此规模的国际拳击义赛在上海尚属罕见，不失为沪上国际义赛一大盛事。

1946 年 10 月，上海市体协篮球委员会趁着天津华胜队、洛阳征轮队两支篮球队在沪，邀请他们举办一场慈善赛，所得门票收入 237 万元及义球拍卖 300 万元，全部捐助国际救济医院、南市平民医院、保厘医金和同德医学院作施诊给药经费。[5]

---

〔1〕《为苦儿欢渡圣诞，华联巨人作义赛》，载《大公报（上海）》1946 年 12 月 15 日，第 7 版；《中西篮球义赛》，载《新闻报》1946 年 12 月 16 日，第 10 版。

〔2〕《中西慈善篮球赛，华联任余均获胜利》，载《大公报（上海）》1946 年 12 月 16 日，第 7 版。

〔3〕《今夕举行拳击义赛》，载《东南日报》1946 年 7 月 28 日，第 8 版。

〔4〕《国际拳击义赛周末假逸园举行》，载《益世报（上海）》1946 年 8 月 7 日，第 4 版；《今晚逸园内举行国际拳击义赛》，载《中华时报》1946 年 8 月 11 日，第 2 版。

〔5〕《征轮与华胜昨战成平手》，载《大公报（上海）》1946 年 10 月 24 日，第 7 版。

1947 年 7 月，虹口青光医院为筹集夏令时疫施诊经费，经上海市体协备案审核，请到铁路、苏联、祖恩和恒联等队举行小型足球义赛。[1]

其他为上海各慈善团体筹集经费而举行的慈善赛还有：1946 年 5 月，上海市体协足球委员会举办数场足球义赛，全部收入扣除场地费后得法币 372 万元，拨给各慈善团体充作经费。[2]1947 年 1 月，上海市体协足球委员会举办足球慈善赛，由东华队对中西混合队，事先言明扣除必要开支外，剩余收入拨捐各慈善团体。事后，将净余数 1553 万元拨捐。[3]1949 年 4 月，上海孤儿工读院为筹集办院经费，举行足球义赛，由青白队对志超队，门票加拍卖义球共筹得善款 1.0056 亿元，[4]等等。

（五）冬赈慈善赛

"冬赈"即冬令救济计划，是抗战时期在国统区、大后方由国民政府主导的社会救济活动。1942 年 10 月，国民政府社会部结合各地冬赈的实践情况，颁布《冬令救济实施办法》，要求各省统一进行冬令救济工作，主要内容有：

第一，各省、县、市一律成立冬令救济委员会，作为冬令救济的组织和领导机构。各级冬令救济委员会由地方社会行政机关（社会处、民政厅等）发起，联合有关机关团体和当地各界代表共同组成，下设主任、副主任以及委员若干人。

第二，各级冬令救济委员会的职责为酌量地方情形，以多种方式展开冬令救济。具体救济措施：以工代赈、小本贷款、平粜或施放米谷、开办平价食堂或粥厂、发售或施放衣被、设置庇寒所（或冬令临时收容所）、发放代金等，为贫难民提供食物、寒衣、住所或其他生活补助。

第三，冬令救济的救助对象，分为贫难民和抗战军人家属两大类，即：本地鳏寡孤独废疾、难民、灾民、抗战军人家属、多子女及五人以上家境赤贫者。

---

〔1〕《筹募施诊经费，举行小球义赛》，载《诚报》1947 年 7 月 8 日，第 4 版。

〔2〕《足球义赛结束，净收三百余万》，载《中华时报》1946 年 5 月 9 日，第 3 版。

〔3〕《足球义赛盈余拨捐慈善团体》，载《民国日报》1947 年 1 月 30 日，第 2 版。

〔4〕《足球义赛精彩，青白力挫志超》，载《新闻报》1949 年 4 月 25 日，第 4 版。

第四，冬令救济委员会工作时限为当年十一二月至次年三月底，基本覆盖整个冬天。

经费是冬令救济委员会工作的重中之重，筹集方式主要有三条途径：动用地方救济经费、地方积谷和特种公集款项等可用公款；向殷实富户、巨商募捐；通过义卖、义演、义赛等活动向社会大众募资。[1]

由此可见，冬令救济委员会的设置从一开始就定位于官民合作，且为一季节性的社会救济机构。

由于受战争影响，这一法规的各地实施情况并不一致。许多地方于1945年抗战胜利后方才将原有的社会救济机构如赈务委员会、赈济会等和社会处合并，专门成立"冬令救济委员会"。大体上，除了国民政府"陪都"重庆的冬令救济委员会于抗战时期一直积极活动，其余省份冬令救济委员会的活跃时期主要是在1945—1949年。

上海市冬令救济委员会成立于1945年12月，由上海市社会局会同有关机关团体和沪上名流组成，成员包括杜月笙、葛克信、秦润卿、王晓籁、董和甫、倪葆春等25人，均为官商两界要人和名流。根据国民政府《冬令救济实施办法》的要求，上海市冬令救济委员会下设事务、查放、筹募、监核四个分委员会，其中，筹募委员会的地位十分重要，由杜月笙任主任委员，王晓籁、董和甫为副主任委员，意图借助这些工商界大亨的力量为冬赈经费筹募提供保障。1946年1月，上海市冬令救济委员会颁布《上海市冬令救济委员会组织规程》。此后，冬令救济委员会于1946—1948年间每年冬天运行，开展了粮食救济、设置庇寒所、工赈等救济活动。1948年，改名为上海市救济委员会。[2]

随着冬令救济事务的日渐繁重，1946年10月，上海市社会局局长兼冬令救济委员会主任吴开先在市政会议上提出三点经费募捐补充建议，以扩展资金筹措渠道，其中第一条为加收赋税，议定在本市各娱乐消费场所加收冬令救济捐，捐税成数将与各公会商量，为顾全商户营业情形，不会

---

〔1〕 社会部社会福利司编印：《社会救济法规辑要》，1946年版，第43-46页。
〔2〕 李婷婷：《上海市冬令救济委员会研究（1945—1948）》，上海师范大学2019年硕士学位论文，第17-18页。

超过娱乐捐惯例数（25%），在 15% 左右。其余两条为发行冬令救济奖券以及在跑马厅为冬令救济举行一次"慈善跑马比赛"。[1]

义演、义赛、义卖等为政府规定的冬令救济社会募捐措施。1946 年 12 月，上海市冬令救济委员会发函市体协，请正征战沪上的原军队辎汽十六团篮球队与本市冠军——华联队开展慈善篮球赛。辎汽十六团在上海的友谊赛已取得三胜一负的好成绩，深得球迷瞩目；华联队则有李震中、孔广益、陈学崇、包松圆等一众名将，这场义赛自然含金量极高，足以吸引众多篮球迷买票入场。为筹得更多善款，组织方还将义赛场馆的楼上、楼下门票每张提高了 3 万元分别由原来楼上 3 万元、楼下 5 万元提高至楼上 5 万元、楼下 7 万元，收入全部充作冬令救济经费。[2]

1946—1947 年，由于战争、自然灾害等影响，仅皖苏鲁等地逃到上海的难民即不下 30 万人，加上上海已有的大量难民和贫民，需要实施冬令救济的贫民人数众多。上海市冬令救济委员会的筹募目标是 600 亿，劝募方式为：广播劝募、足篮球义赛、西片义映、舞厅义卖、糖业劝捐、房屋义卖、剧院义演、赛马以及各界劝募等。截至 1946 年 12 月中旬，共收到捐款 112 亿，地皮、房屋、衣物等若干。已收到的捐款之中，各界捐款 8 亿元，足球义赛 3 亿元，糖业捐款 17 亿，西片义映 15 亿元，等等。各界捐款中，社会名流的个人捐款有：戏剧名角孟小冬捐出 3 亿，工商业界董和甫捐 2 亿，又募捐得到 7 亿。[3] 与其他募捐活动的募捐额相比，足篮球义赛得款并不算多。

1948 年 12 月，上海市体协足球委员会同意市冬令救济委员会的申请，允诺举行一场冬赈慈善赛，[4] 即元旦假期举办的华联对西联的冬赈足球义赛。中西足球组织精心准备，派出强大的阵容出场迎战，并提前于报纸上

　　〔1〕《劝募冬令救济经费，或将举行跑马义赛》，载《大公报（上海）》1947 年 10 月 26 日，第 4 版。

　　〔2〕《辎汽征沪临别一战，今晚出战华联》，载《大公报（上海）》1947 年 12 月 17 日，第 8 版。

　　〔3〕《上海冬令救济问题》，载《大公报（上海）》1947 年 12 月 21 日，第 7 版。

　　〔4〕《下周末举行冬赈足球义赛》，载《东南日报》1948 年 12 月 10 日，第 5 版。

公布队员名单，可谓做足了宣传功夫。[1]据事后公布的账目数，门票收入共 205 990 元金圆券，其开支大头是比赛场地——逸园的费用，高达三成，计 61 797 元金圆券。逸园又以捐助金的形式返还 49 641 元，逸园经理个人捐助 5000 元，其他收入还有义球拍卖 100 000 元，西人体育会捐助 1000 元、军警捐助 2966 元，共计筹款 302 800 元金圆券。[2]

除了为本市的冬赈计划出力，上海球队还辐射周边地区的冬赈义赛。

上海大公报篮球队的义赛经历颇能说明问题。1948 年 1 月，国民政府南京当局、南京市体协、首都记者工会和励志社等六团体邀请大公报篮球队赴南京作冬赈篮球义赛。[3]1 月 8 日至 11 日，四天之内，大公报篮球队和南京中央政治大学队、空军队、体育界人士组成的七雄队连赛四场，取得四连胜的佳绩。大公报篮球队是业余篮球队中的后起之秀，拥有蔡文华、蔡文章、蔡连科和屠文龙等名将，球队过往成绩骄人，此次对阵的几支球队则悉数为首都劲旅，是故义赛引得许多观众蜂拥而至，据称比赛时曾出现无票观众千余人不顾劝阻、两度冲撞场馆大门的失控场景。[4]1 月 11 日的"压轴大戏"兼冬赈大赛闭幕式，由大公队对中央政治大学联队，特意请到南京市长沈怡开球，观战群众达三千余人。[5]国民党政界要人蒋经国、邵力子等亲临现场观看。国民党机关报《中央日报》全程报道，张治中、鲍尔汉（新疆省主席）先后亲自宴请球队，可谓声势浩大，规格颇高。[6]

2 月，杭州市冬令救济委员会为筹集经费，邀大公报篮球队赴杭与本地航空学校的学生篮球队举行义赛，又请沪上篮球盟主华联队与本市名队——钱塘队作篮球义赛。[7]第二场义赛，观众虽有二千余人，但因票价低廉，门票收入微薄。为此，华联队主将李震中于赛后表示：此次华联队

---

〔1〕《冬赈足球义赛，西联阵容发表》，载《和平日报》1948 年 12 月 23 日，第 3 版。

〔2〕《足委会公布冬赈义赛帐》，载《和平日报》1949 年 1 月 8 日，第 3 版。

〔3〕《大公今午晋京出席冬赈义赛》，载《和平日报》1948 年 1 月 7 日，第 5 版。

〔4〕《大公报扬威首都，表演紧凑破七雄》，载《大公晚报》1948 年 1 月 12 日，第 2 版。

〔5〕《首都篮球义赛闭幕，大公演压台大轴》，载《大公晚报》1948 年 1 月 12 日，第 1 版。

〔6〕《大公篮球队应邀抵首都》，载《大公报（天津）》1948 年 1 月 8 日，第 2 版；《大公篮球队又奏捷，在京继续作冬赈义赛》，载《大公报（天津）》1948 年 1 月 11 日，第 2 版。

〔7〕《参加篮球义赛，华联启程赴杭》，载《前线日报（1945.9—1949.4）》1948 年 2 月 21 日，第 6 版。

来杭之全部开支，包括来回路费等，全部由领队钟玉亭负担，绝不动用善
款，以增义赛收入。[1]

国民党政要名人频频光顾义赛，固然增加了比赛看点，有时也会出现
意料之外的趣事。1948 年 1 月 9 日，大公报篮球队在南京进行冬赈义赛的
第二日，与七雄队一役，特邀邵力子行开球礼，记者绘声绘色地描述了开
球细节：邵力子因不懂这"洋玩意儿"，先是请教大公队领队周潜示范开
球动作，接着听到裁判员一声笛响，不待双方球员列阵完毕，即将球往上
一抛，犹如顽童燃放鞭炮动作，扔毕即欲归座，引得现场观众大笑不已。
经裁判指点，重新抛球，奈何因个矮，球抛出不高，依规无效，最终由裁
判再次抛过，方才正式开始比赛。[2]

四、1949 年 5 月中国共产党接管上海后慈善赛的转向

1949 年 5 月 27 日，上海全面解放。28 日，中国共产党领导下的上海
市人民政府正式挂牌成立。解放军和新政府受到上海人民的衷心拥护和欢
迎，上海社会各界很快成立了上海市各界劳军总会，以该会的名义统一领
导、规范和约束民间自发的慈善活动，整合社会资源，掀起慰劳解放军的
"劳军"运动，上海慈善赛随之进入了新的阶段。

1949 年 7 月，在上海市人民政府的指导下，上海市各界劳军总会接连
发布《各团体举办招待解放军各种演出登记办法》《上海市各界劳军总会
劳军义演义赛登记办法》《商品义卖劳军登记办法》《上海市工商界劳军分
会劳军义卖办法》等，号召全市各界以义演、义赛和义卖的方式踊跃参与
"劳军"运动，并规定，任何团体的演出、义卖活动均须向劳军总会办理
登记。[3]《上海市各界劳军总会劳军义演义赛登记办法》共九条，对各团体

〔1〕《杭州篮球义赛，华联初胜钱塘》，载《东南日报》1948 年 2 月 22 日，第 8 版。

〔2〕《为义赛开球，邵力子献丑》，载《小日报》1948 年 1 月 19 日，第 1 版。

〔3〕《各团体举办招待解放军各种演出登记办法》（1949 年 7 月 16 日）、《上海市各界劳军
总会劳军义演义赛登记办法》（1949 年 7 月 16 日），上海市档案馆藏，档案号：C48-2-114-9。
上海市各界劳军总会关于《商品义卖劳军登记办法》（1949 年 7 月），上海市档案馆藏，档案号：
C48-2-114-8。《上海市工商界劳军分会劳军义卖办法》（1949 年 7 月 21 日），上海市档案馆藏，
档案号：C48-2-112-12。

举办义演、义赛的申请、预算、门券格式、收入申报等作了明确规定。[1]办法称，为整治以往义演、义赛诸多乱象，根据人民政府要求，突出了劳军总会对义演、义赛的审批和监督权。这使得劳军总会具有了"准机关"的色彩。

劳军总会的审批权体现在：社会团体若要举办劳军义演、义赛，必须向总会下属的职工界、青年界、妇女界、工商界、自由职业界等二十余个分会提出计划和预算书；如不属于任何分会，则需直接向总会提交申请，待分会或总会同意后方可进行。[2]接下来，进入义演、义赛实施环节，各分会需将各团体义演、义赛的入场券（需列明价目、地点、时间）连同计划及预算书提交总会审核，待总会盖章同意后才准出售。

其监督权表现为：举办义演、义赛后一周内，各分会应负责请主办团体将全部账目结算清楚，连同款项及售票根、剩余入场券、支出单据送交总会，审核无误后，由总会出具证明销案。同时，对于义演、义赛中的核心问题，即收入和开支两项，办法作出非常严格的规定，要求预算书所列开支仅限于场租、道具化装、印刷和宣传四项，且无论收入多少，在决算时，总开支均不应超过总收入的百分之二十。并特别强调，各团体义演、义赛如有违反劳军目的及违反人民利益时，劳军总会有权随时通知其停止举行。[3]

《上海市各界劳军总会劳军义演义赛登记办法》对义演、义赛的举办目的、申请、计划和过程监督均有严格的规定。总体来看，此登记办法对于义演、义赛的规范程度远超以往，显示出中国共产党的城市治理特点和社会动员能力，为新政府进行城市管理、社会治理积累了宝贵的经验，并为后来的社会主义改造铺平了道路。

1949 年 8 月下旬，上海市各界劳军总会下属分会相继举行劳军网球义

---

〔1〕《上海市各界劳军总会劳军义演义赛登记办法》（1949 年 7 月 16 日），上海市档案馆藏，档案号：C48-2-114-9。

〔2〕《上海市各界劳军总会劳军义演义赛登记办法》（1949 年 7 月 16 日），上海市档案馆藏，档案号：C48-2-114-9。

〔3〕《义演义赛登记办法》，载《大公报（上海）》1949 年 7 月 23 日，第 2 版。

赛和游泳义赛。[1]其中，青年界分会举办的游泳义赛列有跳水和水上游艺等项目，并以"渡江""冲破封锁线""克服困难"和"劳资合作"等命名，[2]是慈善赛随着政治而变化的又一表现。

五、影响慈善赛收入的因素

影响上海慈善赛收入的因素十分复杂，球迷逃票、各种开支如参赛球队旅费、杂费、招待费、义赛场地费、工作人员费用等社会因素，政府收费、官员介入等政治原因都会导致慈善赛收入的减少。

（一）社会层面

首先是球迷逃票看球的"揩油之风"。1946年10月，上海足球季拉开帷幕，首场比赛即为意大利侨队对华人混合队的义赛，吸引七八千名球迷到场观战。但是，售票记录显示，五千门券只卖出337张，两千门券5000多张，相加不足6000张，相当于有一两千人"免费"看球。总计门票收入仅1200多万元，除去场地租金和军警车马费、印刷、售票等开支外，净余仅600多万元，这些钱甚至还不够意侨回国的旅费。[3]慈善赛的目的本在于筹集善款，主要依赖于门票收入，所以通常会事先声明所有的长期赠票都停止使用，军警人员也须购票入场。但免费看球的"揩油之风"却由来已久，且屡禁不止，这势必影响慈善赛的募款效果。

其次，慈善赛的各种杂项开支过多的问题。1941年9月，上海贫儿教养院公开了其所主办的华联队和葡萄牙队的国际小型足球慈善赛的收支情况，全部收入总额为1920元，开支却不小，所列细目包括：给葡萄牙队600元、比赛当日开支375元、宴客270元、华联队赔偿信连球衣四套120元和球员球鞋四双共48元、球员受伤医药费50元，此外还有球员沐浴洗衣费用27元，刨除所有开支后，该院所得仅430元，[4]只占总筹经费的22%，这不免令人感到遗憾！

---

〔1〕《昨天网球义赛演出非常精彩》，载《大公报（上海）》1949年8月21日，第2版。

〔2〕《游泳义演今天举行》，载《大公报（上海）》1949年8月21日，第2版。

〔3〕《足球季首次大战，华混净胜义侨三球》，载《大公报（上海）》1946年10月21日，第7版。

〔4〕《体育不忘救难，义赛账目公布》，载《新闻报》1941年9月10日，第11版。

（二）政治生态

抗战胜利后，热热闹闹的"尊师运动"效果到底如何？义赛在其中又占有多大的分量？这或许可从无锡的"尊师运动"筹款所引发的纠纷中管窥。1946 年五六月间，无锡积极推进"尊师运动"，为全县清苦的小学教师筹募救济金，为此特别成立了尊师运动委员会。新任县长徐渊若亲任主任委员，当地政要蒋铺斋和名商钱孙卿任副主委，募捐委员包括钱孙卿、唐星海、荣德生等在内共 25 人，预定筹募目标为 5 亿元。[1]这笔款额貌似数目庞大，但正如报纸记者所指出，无锡经济发达，当地人是很舍得花钱的，譬如农历三月二十八日的迎神赛会即随便花掉二三亿元。按理，由地方主政官员亲自发起、地方大商人钱孙卿等振臂一呼，势必会有一个"美满的结果"，然而事情的走向却使人大跌眼镜，十几天的时间里，各种动员之下，只筹到了 300 余万元。这笔善款教师尚未曾到手，"却先给三位主任委员请客"花去了 30 万元，其中最主要花在为了尊师运动筹款慈善赛特意从上海请来担任开球嘉宾的明星"美人鱼"杨秀琼的游湖招待费上。这件事经报纸报道后引起轩然大波，《大公报》用"教师不及美人鱼"为题予以讥讽。这笔 300 余万元的善款主要来自三部分：经军政广播电台的广播，各界捐款共 30 余万元；慈善篮球赛共获善款 280 余万元；娱乐业贡献一日所得计 113 万余元。慈善篮球赛成绩最好，然而开支也最大。故，参加慈善赛的本地梁溪篮球队去函提出质询，公开质疑该项游湖招待费"是否为误列"？并要求公开支出杂费一项 24 万余元的明细。[2]民情汹涌、社会舆论指责之下，徐渊若县长、地方名人徐赤子等人不得不认捐归还此笔费用。[3]

这一事件可以从三方面解读：第一，尊师运动开展不易，尽管貌似热闹非凡，但其所筹得的资金是有限的，所起作用自然也有限。当然，就其定位而言，社会资金只是帮助改善清贫教师生存困境的途径之一，它不能也无法彻底解决教育资金短缺带来的教师地位低下、经济困乏等问题。正

---

〔1〕《无锡献金尊师目标为五亿元》，载《大公报（上海）》1946 年 5 月 6 日，第 5 版。

〔2〕《教师不及美人鱼》，载《大公报（上海）》1946 年 6 月 14 日，第 7 版。

〔3〕《无锡尊师捐款结果成绩不佳》，载《大公报（上海）》1946 年 6 月 21 日，第 7 版。

如上海市教育贷金会公开回复公众的疑问时所感叹，教育贷金会的工作，乃是一件"变态"的工作，在不合理的社会制度下，才会产生。而此次教育贷金会的工作，又在胜利一年后，社会经济日益凋敝、行将崩溃的前夕发动，如此不利的条件下"逆势而动"，不能满足大众需要自然也在所难免。[1]

第二，慈善赛在教育救济中占有重要的一席之地，相较而言，所募集到的款项还算可观。

第三，此事虽发生在无锡，和上海无关，但地方政府的政治腐败和政治乱象造成的社会救助的低效恐怕绝非孤例，政治上的不利因素使得教育救济运动的形象和经济效果大打折扣。与无锡尊师运动丑闻类似的现象可以说并不罕见。例如，1946 年 10 月，苏州爆出苏北难民救济协会吴县筹募委员会职员喻昌基利用职务之便，贪污挪用义舞、义赛等善款用于吃喝玩乐案。公众质疑，舞弊者应不止一人，因为该筹募委员会的募捐项目是"一笔糊涂账"，许多捐款有头无尾，或未登账册，苏北难民"未受实惠""竟养了一批寡廉鲜耻的捐棍"，希望当局彻查，给公众一个交代。[2]

此外，一些政要、名流"口惠而不实"也对义赛、义演筹款造成困扰。上海市教育贷金委员会曾于报纸上公开披露，某些政要、名人在义演、义赛现场承诺捐出款项，事后却迟迟不予兑现。某报社长在篮球义赛时拍得义球，球带走之后，款却不付，教育贷金会差人一次次去催，回答总以"人不在""过一天吧"搪塞。有几个要人被催促八九次仍不支付义演票款。如此种种，事情虽不大，却使教育贷金会账目一直无法完成并公之于众。[3]

要之，1937—1949 年的上海，历经"孤岛"时期、日伪统治、国民党时期和共产党新政权四个阶段，政治社会环境决定着慈善赛的兴盛与否及基本走向。从"孤岛"时期的异常繁荣到日伪时期的有限举办、经过蒋介

---

〔1〕《上海市教育贷金会来函答复读者疑问》，载《大公报（上海）》1946 年 12 月 15 日，第 11 版。

〔2〕《苏州发救灾财要犯喻昌基被捕》，载《大公报（上海）》1946 年 10 月 23 日，第 9 版。

〔3〕《上海市教育贷金会来函答复读者疑问》，载《大公报（上海）》1946 年 12 月 15 日，第 11 版。

石国民政府统治时期的整体复苏，最后到共产党解放上海、建立新政权后的收紧和规范，上海的慈善赛走过了曲折的历程。从这一个历程可以发现，政治力量对慈善赛的形态和内容具有"形塑"作用。"孤岛"时期，为了救济大量生活陷入困境的难民难童，华人利用国际租界的特殊条件，借由外籍注册的著名报纸、中外慈善机构和体育会等不同的名义，在社会各界支持下，或单独主办，或联合西方友好人士、社会团体共同举办各种慈善赛，造就了慈善赛的兴盛。1941 年年底上海全面沦陷后，日伪政权一边不许民间自发举行各类慈善赛，一边精心操控亲日的极少数人和机构出面组织慈善赛，并特许少量的为中外慈善组织募集善款的慈善赛存在，以作为其侵略行径的"点缀"，慈善赛的"社会属性"大幅消解，"政治属性"日益凸显。

1945 年 8 月抗战胜利后，蒋介石国民政府接管上海，对严重的通货膨胀问题解决乏力，又忙于政治、军事争斗，面对大量学生失学、教师和一般民众生活困苦、慈善组织经费紧缺等问题，不得不采取宽松放任的态度，社会各界迅速行动起来，各类慈善赛重新开始活跃，上海市政府也不得不有所动作。在这个过程中，球迷"揩油"看球、义赛开支过大、政府官员不当干预、名流拖欠义款等因素影响了义赛的收入和慈善救济的效果。

1949 年 5 月底，上海解放，中国共产党新政权对民间慈善赛予以规范管理，将慈善赛的用途统一到"劳军"运动上。"劳军"本为全面抗战时期国统区、大后方慈善赛的重要功能，中国共产党新政权重新将这一目标加以"突出"，彰显了新政府的政策导向和强大的社会动员能力，也体现出大众对中国共产党新政府的政治认同。

第四章

全面抗战时期西南地区的义赛与战时募捐

——以桂林为中心

中国抗日战争是一场全民动员、全民参与的共同抗击日本侵略者的伟大战争。抗战中，国民政府和爱国团体、爱国人士接连不断发起名目繁多的战时募捐活动，号召全国人民"地不分南北，人不分男女老少"，有钱出钱，有力出力，携手挽救民族危亡。这些战时募捐活动既是后方民众支援前线抗战的主要方式，同时也是国民政府战时总动员的重要内容。大型战时募捐运动主要包括劳军和文化劳军运动、捐献寒衣运动、献金运动、民众捐机运动、一元还债运动等。从事慰劳前线抗敌将士和募捐活动的团体和组织众多，影响较大者如各地自发成立的各界抗敌后援会、全国慰劳总会、全国寒衣总会、中国妇女慰劳自卫抗战将士总会、新生活运动促进总会妇女指导委员会以及战时儿童保育会、伤兵之友总社等。战时募捐运动始终贯穿抗战事业始终，且在一定程度上互通声气、互为呼应，十分有利于抗战宣传、凝聚人心和激发士气，而募捐运动本身也成为推动抗战胜利极为重要的物质基础，强化着人们同仇敌忾、抗战必胜的信心。共产党秉承团结抗日的方针政策，利用《新华日报》等报刊媒体大力进行抗日宣传，同样号召社会大众出钱出力、以各种形式支援抗战大业。

一、战时募捐和西南地区义赛概况

在"全民抗敌"的氛围下，大后方流行着各种抗战歌谣，这些歌谣经《大公报》《国民公报》《西南日报》《扫荡报》《中央日报》《新秦日报》

《边声》《奋斗》等不下千余种报刊、书籍大量登载和传播，表达和激励着民众抗战到底的决心。[1]此时期几乎所有的刊物都会或多或少地刊登抗战歌谣，其中相当一部分是为劝募所作。罗敦伟编于1937年的《输捐救国》一书，开篇即载《输捐救国歌谣》：

> 将士献命，大家献钱；有力的出力，有钱的出钱。出钱的还要出力，出力的也要出钱。将士献命，大家献钱；打倒倭寇，共享太平年！[2]

在抗战极为艰难的时刻，民间广为传唱的《募衣歌》里唱道，前方江西、湖南、河北、山东等地战事吃紧，冬天天气寒冷，战士们少衣御寒，战斗力下降，"战场之上实在苦"，号召后方人民效仿古代"孟姜女千里送寒衣"的义举，缝制寒衣送往战区。

> 募寒衣，寒衣募，我来向你募块布。
> 募块布，缝衣裳，缝件衣裳寄战场。
> 赶快募，赶快做，寄到前方刚合度。

前方子弟兵有了棉衣保暖，勇猛作战，等同于保障后方的安全，"你今天，出了钱，保管后方更安全。说安全，就安全，转眼就过太平年"。[3]《捐款歌》则呼吁人人捐出一点钱，给前线将士买枪买炮打击日寇。

> 兵儿到前线，我们要捐款。你也捐，我也捐，全国人人都要捐。一人捐一角，票子成了山；一人捐一元，积一起撑破天。买枪炮，买子弹，打得鬼子满头转。

如果你害怕敌人、不敢捐输，前线无人打鬼子，日寇一旦占领家园，你将无法生存。

---

〔1〕 吕进等：《大后方抗战诗歌研究》，重庆出版社2015年版，第260页。
〔2〕 罗敦伟：《输捐救国》，战争丛刊社1937年版，第1页。
〔3〕 《募衣歌》，载《中央日报》1940年1月12日，第4版。

怕了敌，不肯捐，鬼子打来没人管。不叫你吃，不叫你穿，烧了房子睡露天。占了你的田，占了你的地，看你怎样来吃饭，看你怎样来吃饭！[1]

类似这样的劝募歌还有很多。从这些歌谣里，可以体察当时如火如荼的战时募捐氛围，各种募捐活动在抗战时期的西南地区引发热烈响应，人们踊跃自由捐献，并通过义演、义赛、义卖、义展等形式进行社会动员，整合分散的社会资源，聚沙成塔，集腋成裘，为支持前线抗敌、赈灾救难、教育救济等筹募经费。

（一）战时募捐运动

1. 劳军与文化劳军运动

无论在抗战初期还是战事持续的过程中，在大后方乃至全国，以"劳军"的名义向大众募捐，都是最为常见，也最容易引发公众共鸣的劝募口号。"劳军"一词为简称，并没有精准的含义，泛指各种用于慰劳前线将士、荣誉军人及其家属的活动，其所需经费主要来自面向社会大众的劝募。

抗战时期的劳军运动，既有来自国民政府的指导、支持与协助，也有社会各界的自发自觉，大多以劳军献金、献礼等名义展开。一些大型募捐和慰劳团体，如全国寒衣总会多次发起为前线将士征募冬衣的捐献活动。[2]全国妇女慰劳自卫将士抗战总会（以下简称中国妇女慰劳总会）于1937—1945年间，除积极参与筹划大后方献金、劳军运动之外，还发起六次大型的征募寒衣、军衣、鞋袜、药品等活动。[3]劳军运动形式多样，尤以进入二十世纪四十年代之后的文化劳军为高潮。文化劳军不同于宽泛意义上的劳军运动，它是抗战后期全国慰劳总会进行的又一个重大慰劳活动。发端

---

〔1〕《捐款歌》，载《西南日报晚刊》1940年2月2日，第3版，转引自周勇、任竞主编：《抗战大后方歌谣汇编》，重庆出版社2011年版，第362页。

〔2〕金功辉：《抗战时期的全国寒衣总会》，载《党史研究与教学》2004年第2期，第77-78页。

〔3〕郝小玮：《抗战后方参与献金运动的机关和社团》，载《绵阳师范学院学报》2012年第1期，第85页。

于 1938 年武汉的"七七"献金运动，由武汉主要的党政军机关和社会团体自发组建的"武汉各界慰劳抗战将士委员会"，自武汉沦陷后辗转西迁至重庆，改名为"全国慰劳抗战将士委员会"，简称为"全国慰劳总会"。1940 年 8 月，全国慰劳总会由国民党军事委员会政治部第三厅改隶社会部，从此，它由地方性、自发性的慰劳团体变为全国性、正式的大型慰劳组织，成为全国慰劳运动的领导核心。[1]全国慰劳总会致力于以物质犒劳和精神慰问的方式开展征募慰劳工作，包括抗战前期的春礼劳军运动、征募药品运动、慰劳信运动以及后期的出钱劳军运动、鞋袜劳军运动、文化劳军运动、秋节劳军运动等一系列活动。[2]

1941 年 1 月，全国慰劳总会发起出钱劳军竞赛运动，首先在陪都重庆成立各界出钱劳军竞赛运动委员会，并于各省成立分委员会，计划筹募超过 1000 万元的善款用于劳军。[3]此项运动后来演变为声势浩大的文化劳军运动。

文化劳军与其他劳军运动的区别在于强调"文化"二字。究其缘由，前线将士面对对敌作战的暴烈和残酷，加之长期处于艰苦的战地条件之下，文化活动相当缺乏，导致大批将士身心俱疲，尤其缺少精神慰藉，进而影响到作战信心和战争效果。早在 1939 年，国民政府鉴于抗战初期战事失利的教训，已经意识到精神动员的重要性，颁行《国家精神总动员纲领》，发起国民精神总动员，强调抗战军人应代表国民精神，"救国家救民族之重责大任，全在我军人之肩上，故我全军将士必须首先实行军人总动员"。[4]全国慰劳总会的工作契合了当局和时局的需要，展开为前线将士提供精神食粮的活动。1942 年 10 月，全国慰劳总会联合中国妇女慰劳总会，中美、中英和中苏文化协会，南洋华侨协会等中外民间组织，以及国

---

〔1〕 刘倩：《抗战时期全国慰劳总会研究（1938-1945）》，南京师范大学 2019 年硕士学位论文，绪论第 1 页。

〔2〕 李飞、汪效驷：《慰劳总会与抗战将士的精神动员》，载《学术交流》2016 年第 8 期，第 211-212 页。

〔3〕《出钱劳军运动普遍展开竞赛》，载《扫荡报（桂林）》1941 年 1 月 29 日，第 3 版。

〔4〕 李飞、汪效驷：《慰劳总会与抗战将士的精神动员》，载《学术交流》2016 年第 8 期，第 212 页。

民政府社会部、宣传部、海外部、三民主义青年团中央团部和新生活运动促进会等 30 余家机关团体，发动海内外民众共同进行文化设备捐募劳军运动，简称文化劳军运动。筹募对象，最初出钱劳军竞赛运动阶段时仅限于国内民众，后来逐步扩展至海外，包括"各友邦人士及海外侨胞；归国侨领、金融界、工商界、交通界殷实绅耆及一般社会人士"，意即海内外一切有经济实力且有意愿之人士。文化劳军运动计划筹募国币 2000 万元，用于购置官兵读物、军中简报器材、广播电台、播音机、收音机、电影胶片和放映机以及赴前线演出之话剧队费用等。捐募时间定为 1942 年"双十节"启动，至次年春节止（1943 年 2 月 5 日）。

文化劳军运动是一项由民间组织发起、国民政府支持、官民协作以建设军中文化的规模宏大的精神慰劳活动。全国慰劳总会倡议通过各种方式募捐，要求各地成立以青年和妇女为主的劝募队，"以热烈诚恳之态度、精敬动人之方法，作深入而普遍的募捐"。劝募队在各交通要道、公共场所设立献金柜或献金台，以备社会大众捐献之用，并请各报代收零星捐款。另请各界领袖以私人名义向各方劝捐。除劝募外，还商议邀请艺术团体以义演的方式来响应文化劳军运动，包括演出、放映、展览及歌咏大会等方式，以广筹善款。[1]

为推广和指导海内外各地文化劳军运动，全国慰劳总会成立文化劳军运动委员会，推选包括国民政府政要、"宋氏三姐妹"、驻外大使、社会名流以及包括史迪威在内的一众海内外名人出面，以期推进文化劳军工作。同时，全国慰劳总会文化劳军委员会还制定了《全国慰劳总会文化劳军委员会组织大纲》《全国慰劳总会文化劳军委员会各地文化劳军委员会组织通则》《文化劳军运动宣传工作实施纲要》《文化劳军献金竞赛办法》等文件，以该委员会名义通电全国各省，进一步推动各地文化劳军运动的展开。[2]

原定 1942 年 10 月 10 日至 1943 年 2 月 5 日为期四个月的文化劳军运动

〔1〕　金功辉：《携手援义战：抗战时期国统区民众经济动员概述》，天津社会科学院出版社 2005 年版，第 244—249 页。

〔2〕《文化劳军运动委员会昨通电各省请一致推行》，载《国民公报》1943 年 10 月 16 日，转引自中共重庆市委党史研究室编：《宋庆龄在重庆》，中共党史出版社 2016 年版，第 194 页。

一直延续到 1943 年底方才全部结束。据统计，截至 1944 年 1 月 31 日，国民政府国库及全国慰劳总会代收来自海内外的文化劳军捐款共计 22 338 122 元，虽然时间有所延长，但总算达到了预期目标。[1]

作为一项官民合作的慰劳运动，文化劳军运动首先在重庆轰轰烈烈地进行。西南各大城市中，重庆的文化劳军运动开展得较早，成效也极为显著。1942 年 11 月 1 日，在全国慰劳总会和国民政府的支持下，重庆召开了各界文化劳军运动宣传大会，呼吁国民政府党政机关和团体、个人自由捐献，并决定发动全市商店进行义卖，还根据情形规定义卖的商品种类、义卖时间和义卖价格，将义卖所得全部捐出用于文化劳军工作。不仅如此，重庆全市的七十余镇，每镇均组织文化劳军献金大队，进行劝募。社会各界纷纷响应，其中中国粮食公司、盐业公司等积极捐献数目可观的国币。[2]

重庆市的文化劳军募捐实现了全民总动员。重庆市商会计划动员 2000 人参加 12 月 25 日举行的献金大会，据估计有超过 30 万人参加到此次文化劳军运动中。[3]1942 年 12 月 20 日，重庆组织包括小学生在内参加的"文化劳军列车"游行活动，一天之内即获得捐款 351 729 元。[4]

2. 中国共产党的文化劳军新主张

中国共产党坚持抗日民族统一战线的基本方针，着眼民族大义，对于全国慰劳总会和国民政府发起的文化劳军运动给予积极评价。《新华日报》对重庆"文化劳军列车"活动予以高度评价，以"文化劳军振奋士气"为题发表热情洋溢的社论，并借此回顾抗战以来军中文化"不可泯灭的伟大作用"，指出全民抗战中前后方的歌咏队、演剧队、战地工作队、服务队等，不仅仅使士兵生活得到了调剂，更能因此而懂得"为什么而战"。而只有懂得"为什么而战"，军队才能不气馁不消沉，意志坚定，勇往直前，

---

〔1〕 金功辉：《携手援义战：抗战时期国统区民众经济动员概述》，天津社会科学院出版社 2005 年版，第 247-248 页。

〔2〕《渝市热烈展开文化劳军运动》，载《中央日报》1942 年 12 月 10 日，第 3 版。

〔3〕《渝市热烈展开文化劳军运动》，载《中央日报》1942 年 12 月 10 日，第 3 版。

〔4〕 金功辉：《携手援义战：抗战时期国统区民众经济动员概述》，天津社会科学院出版社 2005 年版，第 245-247 页。

为国牺牲。社论还以苏联红军做对比，强调当时正保卫斯大林格勒的崔可夫将军十分看重意志坚定的重要性，苏联红军即使是在紧张残酷的战斗中，战壕里还是有报纸可看，有留声机可听，可见军中文化的重要性。重庆的"文化劳军列车"劝献活动，仅仅一天时间即筹得35万余元，这个数字总额虽不算多，但充满了后方同胞的热情和希望，这一点极为珍贵。[1]

1942年10月13日，《新华日报》的另一篇社论指出，在全国慰劳总会和各团体在"双十节"这个极具历史意义的一天发动文化劳军运动，举全社会的力量筹集二千万，对我五百万英勇抗战将士提供精神食粮，具有"在抗战最艰苦的阶段强化战斗意志，发扬战斗精神"，以积蓄力量准备大反攻、争取抗战最后胜利的重要作用。军队精神力量的基本源泉，来自军队和民众的亲密合作，以及军队本身对战争的自觉。就现状而言，抗战已经长达十余年，进入了最艰苦阶段，到达胜利之前还需要一个长期的不屈不挠的精神支撑。尽管全国文化界自抗战以来为着强化军民合作、鼓舞官兵士气，尽竭了若干的力量，但是国内战场的文化设备和英美特别是苏军比起来，仍然相差甚远。因此，发起文化劳军运动，为前线将士筹集文化设备费用，建设军中文化，实在是"最适时宜的号召"。

在高度评价文化劳军运动重要性的基础上，社论延伸出中国共产党对此项运动的真正主张，即这项运动的真实意义不单是钱的问题，更为重要的是人的因素。因为"有人无钱，固然工作无法推进；可是有钱无人，军中文化就根本无从作起"。前线作战中，除了军中文化食粮的缺乏之外，还存在军中文化工作干部的训练、培养和补充等问题。故此，在出钱劳军之外，还应再次发起"文化入伍"的全社会总动员，号召广大青年参与军中文化工作，为抗战出力。全面抗战开始之后，在"文化入伍"的号召之下，许多知识青年踊跃参加军队慰问工作，组成如战地服务队、救亡演剧队、抗战歌咏团之类的青年团队，一路随军，足迹遍及后方和前线，为军中文化打下了一个初步的根基。此次应再掀起一轮新的"文化入伍"巨浪，发动更多的青年入伍从事军中文化工作，还应以各战区已有的军中文

〔1〕　吉林师范大学、吉林大学文艺学编写组编：《文艺方针政策学习资料》，吉林人民出版社1961年版，第361页。

化干部为中心，普遍建立军中文化干部训练班，凭借五年来的工作经验，培养大批清新活泼的文化干部。[1]

应该说，围绕文化劳军运动中"钱"和"人"关系的理解，中国共产党显示出重视干部培养、发动青年等的一贯主张，其眼界、立意无疑远超国民党。

3. 献机运动

南京国民政府的空军力量十分薄弱，抗战爆发后，由于缺乏制空优势，加剧了对日作战的困难。国民政府显然难以在短时间内解决此一问题。早在局部抗战时期，中国人民就开始了募捐购机活动。1932年"一·二八"淞沪抗战后，有不少抗日报刊发表社论，指出19路军在作战中被迫后撤，并非陆军不敌，而是由于空军优劣悬殊，于是发出了"航空救国"的呼声。最早的民众捐机行动出现在1933年2月的湖南长沙，由湖南学生抗日救国会发起，长沙各界很快成立了湖南航空救国会，推教育界名流胡庶华等为委员，计划筹款购机救国。此一举动点燃了湖南人民的献机热情。长沙邮政员工集资购捐"邮工号"飞机，湖南省商会、长沙市商会也发起购机募捐。长沙市政府、湖南省政府亦先后跟进，号召湖南各界民众捐款购机，并举行航空宣传周活动。[2]

全面抗战爆发后，国统区、大后方民众展开了更大规模的捐款献机运动，影响最为深远的无疑当数"一元献机"运动。1934年，新疆曾经推行过"一县一机"运动。1940年10月，湖南湘乡县县长袁振基发起"一县一机"运动，号召全县民众每人献出一元钱，全县就可购得飞机一架。这项倡议得到湖南省内各地热烈响应，先后出现"湘商号""湘工号""湘潭号"等征募购机运动。由于民众热情高涨，湖南全省还成立了献机委员会。由湖南掀起的"一县一机"运动后来被称为"一元献机"运动，此项运动声势极为浩大，很快传遍了整个大后方，并流传至沦陷区，进而传播至海外华侨华人之中。据统计，至1943年1月24日，全国各地共捐款

〔1〕 吉林师范大学、吉林大学文艺学编写组编：《文艺方针政策学习资料》，吉林人民出版社1961年版，第359-360页。

〔2〕 金功辉：《抗战时期的民众捐机运动》，载《钟山风雨》2004年第4期，第27-28页。

45 000 万元。其中以中国航空建设协会总会的募捐购机运动成绩最为显著。该机构陆续接收海内外民众捐款达国币数百万元、美元和英镑数十万元，还在重庆举行了"一元献机"首次命名典礼。[1]

在轰轰烈烈的"一元献机"运动进行的同时，大后方还掀起捐献滑翔机运动。这同样是抗战时期民众捐机活动的一部分。为培养空军后备力量，加强空防建设，国民政府十分重视滑翔机运动。1941 年 4 月 5 日，中国滑翔总会在重庆成立。1942 年 3 月，中国滑翔机总会发起号召，拟于当年双十节向全国各界劝募滑翔机 500 架，每架以 3 万元为准。陪都重庆定为 300 架，其他各省为 200 架。到 1942 年 10 月，捐款总数达 490 万元，总计共得滑翔机 750 余架。至双十节，滑翔机劝募行动圆满结束。[2]

（二）西南地区募捐义赛概况

义赛是配合战时劳军、献机、救济难民难童等募捐运动的主要手段之一。抗战爆发后，伴随战争难民西迁大潮，大量体育团体、运动员和体育工作者也来到西南地区各大城市，充实了西南地区相对落后的体育力量，大大提升了西南地区的体育水平，也促使义赛这一新颖的体育慈善活动在西南地区落地生根。

在重庆、贵阳、桂林等西南地区主要城市，各种体育比赛、义赛运动会等不断进行，各类义赛也次第展开。

在重庆，为了赈济河南大旱灾的灾民，宋庆龄于 1943 年 5 月发起组织中、英、韩等国参加的大型国际足球义赛，引起了巨大的国际影响和社会反响（见本书第七章）。

在贵阳，为了救济流亡至贵州的战争难民和沦陷区的受灾民众，以及为劳军、捐机、教育救济、政府冬令救济筹款起见，各体育组织、政府机关、大中学校、报社、同乡会、宗教团体等密集举行足球、篮球、排球、象棋等义赛。

1939 年 2 月，国民党贵州省党部、贵州省新生活运动促进会与中央日报社联合举办为期三天的救济在黔灾民篮球义赛，邀请贵州省体育协进

---

〔1〕 金功辉：《抗战时期的民众捐机运动》，载《钟山风雨》2004 年第 4 期，第 27-28 页。

〔2〕 金功辉：《抗战时期的民众捐机运动》，载《钟山风雨》2004 年第 4 期，第 27-28 页。

会、江苏医学院等四个机构参加，赛毕，门票收入和义球拍卖所得 150 元一并捐出用于难民救助。这是抗战时期贵阳最早记载的篮球义赛。

此后，贵阳每年均有不同机构举办的各类劳军、救济难民的义赛。以 1943 年为例，2 月，为救助浙赣战役期间深受日军侵略和细菌战攻击受苦受难的浙江难民，浙江旅黔同乡会发起篮球义赛，于 2 月 5 日至 7 日连赛三天，共有 14 支本地和外埠球队报名参加，既有男队，又有女队，义赛除邀请贵阳市长、浙江省旅黔同乡会会长等名人于每日义赛亲临开球外，还特邀已西迁至贵州遵义的浙江大学篮球队前来表演。计所有门票和义球拍卖共得善款 4 万余元，全部交由浙江旅黔同乡会救济浙灾筹赈会支配。对于这次义赛，当时报纸和以往一样做连续的跟踪报道，其中一篇提到第三天全部义赛结束后的义球拍卖环节，气氛极其热烈，到场各界名流、社会大众踊跃竞价，拍卖价格由 200 元起始价很快涨至 2000 元，其后又有个人、社会团体等近二十项捐款，义球拍卖、观众捐款、门票收入全部相加，当场收获善款 11 500 元。[1]

6 月，旅黔福建同乡会暨南洋华侨协进会闽省返国侨胞组成闽灾筹赈委员会，在贵阳省立民众教育馆举行救济闽灾球类义赛，比赛同样持续三天，分男女排球、篮球义赛数场，贵州省级政要到场观赛，共得门票、义球拍卖等各类收入 2 万余元。[2]

7 月，西南公路特别党部为发动慰劳鄂西大捷将士，联合该路新运会举办象棋义赛，为增加趣味，特设单人、双人、盲目、循环等赛制，共举行四天，广邀黔中好手参加。[3]

8 月，贵阳基督教青年会组织篮球义赛，共计十余支球队参加[4]。

9 月，贵州省体协、省立民教馆、贵阳市体协等五团体为欢迎来访的桂林东方足球队，组织东方与本地联队、中央日报队、香港华南南队等之

---

[1] 《赈济浙灾举行篮球义赛》，载《革命日报》1943 年 1 月 29 日，第 3 版；《浙振篮球义赛昨日圆满结束》，载《革命日报》1943 年 2 月 8 日，第 3 版。贵阳市志编纂委员会：《贵阳市志·体育志》，贵州人民出版社 1990 年版，第 113-115 页。

[2] 《闽灾球类义赛昨盛况空前并义卖排篮球》，载《革命日报》1943 年 6 月 14 日，第 3 版。

[3] 《劳军象棋义赛今日正式举行》，载《革命日报》1943 年 7 月 3 日，第 3 版。

[4] 贵阳市志编纂委员会编：《贵阳市志·体育志》，贵州人民出版社 1990 年版，第 113-115 页。

间的劳军足球义赛，义赛分三日举行，由于有专业和业余球队对垒，趣味丛生，盛况空前，颇受观众欢迎。[1]

12 月，国立贵阳师范学院、湘雅医学院、贵阳医学院、第四十中学四院校和国民党三民主义青年团贵阳分团部、自治会等发起男女篮排球义赛，为四院校筹募清寒学生奖助学金，义赛共计五日十余场，产生了相当的社会影响。[2]

再如，1944 年 11 月，贵阳市文化界联谊会协济战区来黔文化人，专门举行三场篮球义赛，其中第二场为美军队对励志队，显示出美国对中国慈善事业的友好支持。[3]

1945 年 2 月初，贵州省妇女运动委员会发起十万布鞋劳军篮球义赛，省府杨主席亲自到场开球和观战。[4]

抗战胜利后，贵阳的慈善赛有增无减。到 1946 年，贵阳市有各种类型的男女篮球队 68 支，在参加比赛之余，他们也积极参与义赛。1948 年年初，贵州省体协牵头举办贵阳市冬令救济体育义赛，参加篮球义赛的共有男、女球队 20 支。该年底的冬令救济球类义赛时间长达十余天，共收入 4805 元，全部交予省冬令救济委员会分配使用。[5]

另一义赛频率高、参与群体广、社会影响大且史料记载较详的城市是桂林，本章以桂林为中心，对西南地区城市义赛的形式、功能、运作模式、特点等予以分析。

二、桂林义赛的类别

全面抗战时期的桂林是沦陷区流亡难民的主要聚集地之一。彼时，各类义赛大量举行，以服务抗战、救济难胞为宗旨，在慰劳前线将士、民众

---

〔1〕《筑足球劳军义赛昨在南厂球场举行》，载《中央日报（贵阳）》1943 年 9 月 26 日，第 3 版；《筑足球劳军义赛昨举行两场，盛况空前》，载《中央日报（贵阳）》1943 年 9 月 30 日，第 3 版；《筑足球义赛结束》，载《中央日报（贵阳）》1943 年 10 月 2 日，第 3 版。

〔2〕《贵师等四校院球类义赛，筹募寒生奖金》，载《中央日报（贵阳）》1943 年 12 月 16 日，第 3 版。

〔3〕《篮球义赛美军勇挫励志》，载《中央日报（贵阳）》1944 年 11 月 6 日，第 3 版。

〔4〕《劳军篮球义赛省府队旗开得胜》，载《中央日报（贵阳）》1945 年 2 月 5 日，第 3 版。

〔5〕贵阳市志编纂委员会编：《贵阳市志·体育志》，贵州人民出版社 1990 年版，第 113-115 页。

捐机运动、慈幼、教育救济、难民救济等方面颇有建树。桂林的各类义赛集中于1940—1944年，这是1939年日军侵略广西行动之后，桂林较为安宁、基本无大战事的时期，直至1944年秋，被日军攻陷而结束。

桂林的义赛离不开其体育事业的蓬勃发展。

（一）桂林体育事业的新气象

抗战爆发后，在日本侵略者步步进逼的危境之中，国民政府广西当局和桂系将领为保住这块宝贵的地盘，一面准备武装抵抗，一面推出种种"救国方针"，"体育救国"即为其中之一。《广西建设计划大纲》规定，开展体育运动的宗旨是"适应国防需要，发展国民体育运动，以养成国民强健体格，及使用战斗器械习惯"。[1]也就是说，"体育救国"意味着通过体育运动来提高全民的身体素质，身体好加上掌握作战的本领，才能适应长期抗战的需要。

广西地方政府党政军大员不仅鼓励和支持桂林各项体育运动的开展，经常出席大型体育活动的开幕式，还撰写文章和讲话强调"体育救国"的重要性，尤其是国防体育的必要性。广西省政府主席黄旭初在《国防体育要义》中写道，"什么是国防体育呢？简单说国防体育就是在各种体育运动中具有国防技术的因素，寓演练国防技术于体育运动之中"。当时在桂林出版了《健与力》《汉中体育》《篮球运动法》等体育类刊物和书籍，《广西日报》《救亡日报》《大公报》等综合性报纸也开设专门的体育版面，刊登体育方面的文章，形成了浓厚的体育宣传风潮。[2]广西地方政府还制定了一系列开展民众体育的法规。[3]这些都刺激了桂林体育事业的兴盛。

桂林是广西全省的体育活动中心。除了政府的倡导之外，其体育运动的快速发展还要归因于抗战爆发后国内沦陷区体育人士的西（南）迁来桂及1941年年底香港沦陷后优秀运动员的内迁归集两个因素。

1938年10月，广州、武汉相继被日本侵略军占领。桂林因其在政治、

〔1〕钟文典主编：《广西通史》（第三卷），广西人民出版社1999年版，第443页。
〔2〕梁柱平：《抗战时期桂林的体育宣传》，载《体育文史》1998年第2期，第49页。
〔3〕梁柱平：《抗战时期桂林的体育宣传》，载《体育文史》1998年第2期，第49页。

经济、军事、历史、地理等方面的原因，成为西南大后方的抗日文化活动中心，被称为抗战"文化城"。从上海、南京、湖南、山东、北平、天津等地来桂的运动员、体育爱好者、体育工作者数量不少，得益于此，据报载，1940—1941 年，桂林的篮球足球赛、锦标赛、友谊赛、义赛等不断举行，球队数量大幅增加，足球队有 14 支，篮球队男女合计近 40 支，其他如自由（行）车、越野跑、游泳等比赛亦能配合举行。比赛参加单位也由过去以体育界、学界为主相应扩大到社会各界，总体上国民体育运动呈现普及态势。[1]

　　另一因素则是香港运动员的加入。1941 年 12 月，太平洋战事爆发，随着英国宣布对日作战，日军迅速占领香港，他们采取笼络和威胁并用的手段同社会人士打交道，对体育界亦极尽拉拢之能事，诱惑球员为其侵略粉饰太平，附逆者可以供给一切，不顺服则派人"监视"，施加压力。在此情况下，许多华人爱国球员想方设法逃往内地。香港和澳门的部分西人球员不愿同日本人同流合污，也撤退前往中国内地，他们的去向尤以西南国统区各大城市最为集中。港澳尤其是香港运动员的到来使桂林的体育市场和体育慈善事业出现新的面貌，体育组织化程度进一步提高，各球队实力得以增强，比赛次数明显增加。据统计，1941—1943 年，大型的篮球比赛有 500 多场，足球比赛 130 多场，排球比赛也有 100 多场，比赛形式多为各种杯赛、友谊赛和爱国支前义赛等。[2]

　　全面抗战时期的桂林设立有各种体育组织，其中最有名的四大体育会为健华、侨光两大侨胞体育会和乐群、励志两大官方背景的体育会。（1）健华体育会，组建于 1941 年 12 月 13 日，由在桂的东南亚侨胞、港澳同胞、桂林银光篮球队及一些体育人士组成。健华体育会有足球队、男女篮球队、乒乓球队等。1942 年 7 月，香港东方会谭江柏、许竟成、杨桂生、於洽兴、许文奎、曹秋亭等来到桂林，加入健华队，充实了健华足球队的力量。（2）侨光体育会，为另一侨胞体育组织，成立于 1942 年 8 月，以联合感情、锻炼强健体魄为宗旨，最先组成了由远东运动会健将李福申、钟

---

〔1〕《运动精神》，载《大公报（桂林）》1941 年 5 月 17 日，第 4 版。
〔2〕钟文典主编：《广西通史》（第三卷），广西人民出版社 1999 年版，第 442 页。

华超领衔的男子排球队，和张润兰、关蕴芬任队长的女子篮球队。不久，自香港脱险来桂的"球王"李惠堂加入了该会，又组成了足球队。（3）乐群体育会，是桂系的联谊组织"乐群社"下设的体育部，成立于 1932 年。乐群社的名誉理事长为李宗仁，名誉副理事长为白崇禧、黄旭初。乐群体育会足球、篮球实力雄厚，经常在桂林举办篮球、排球、网球、游泳、国术（武术）等各种体育比赛，曾于 1937—1945 年举行了五届"乐群杯"篮球赛。（4）励志体育会，成立于 1942 年 5 月，以军委会桂林办公厅所属的黄埔军校青年军官为主体，与京、鄂、沪等地流亡来桂的体坛名将及其他体育人士组成。军委会办公厅主任李济深为名誉会长。该会以足球为主，拥有国脚张金海、朱成贵和周北光。它们有红、蓝、白三支足球队和男女篮球队。除上述四个体育会外，桂林还有全国青年体育协会广西分会、中华体协广西分会、央联体育会和国术研究社等多个民间体育会，[1]但他们的影响力无法与四大体育会比肩。

（二）义赛的形式

1. 劳军义赛

1942 年 11 月，随着文化劳军运动的推进，全国慰劳总会文化劳军委员会广西分会成立劝募部，由桂林市长、社会处官员任正副主任，下设总务、保管、交际三股，分别由社会处、银行公会、市党部管理，议定的劝募办法为义演、义赛、义卖、义展、劝献五种[2]。广西文化劳军运动明确将义赛作为劝募手段之一，证明了桂林体育运动的活跃和发达，义赛已是当时普遍流行的社会募捐方式。

桂林的劳军义赛发起和参与主体相当广泛，民间体育组织、学校以及工商、厂矿、铁路、警察、国民党军政机关等纷纷加入，形式上主要以足球、篮球义赛为主。

1940 年 4 月 21 日至 28 日，桂林举行劳军篮球义赛，一周的比赛期内，由体育组织、学校、军区青年、工厂等组成的男女球队共计 17 支参加

---

〔1〕 管学庭：《抗战时期桂林文化城的体育活动》，载《广西师范大学学报（哲学社会科学版）》1990 年第 4 期，第 64-65 页。

〔2〕《文化劳军运动决定劝募方式》，载《大公报（桂林）》1942 年 11 月 17 日，第 3 版。

角逐，经过激烈的比拼，最终军人组成的"五军队"获得冠军，义款收入约 3000 元。[1]

1941 年元旦，由李济深支持、桂林青年会主办、以李济深的字号命名的"任潮杯"（李济深，字任潮）劳军足球义赛，召集到体育界、军校、铁路、工商界等组成的银光、铁鹰、CR、华伶、桂林邮电共 5 支队伍展开角逐。这些队的名将包括江南"铁门"王孚忱、华北宿将鲍士惠、香港"小快车"黄志民、山东"五虎"孔心秋等。[2]李济深还出面邀请欧阳予倩、夏衍领导的剧人队加入其中，与桂林劲旅——乐群队进行比拼，号称广西空前规模之足球义赛。1 月 18 日的义赛开幕式上，他的女儿李筱菊到场行开球礼，筹得义款上千元。各支队伍之间的循环义赛持续月余，至 3 月 1 日才举行颁奖典礼，在李济深私宅举行了颁奖仪式。[3]

1942 年"双十节"，为给前方将士筹募寒衣，桂林八一四篮球队邀请另一劲旅——华队举行篮球义赛。与此同时，八一四排球队还组织了与岭南学校之间的排球义赛。两项义赛共筹得善款 4149 元，支除华队篮球队差旅费之外，净得 3649 元，悉数交与《大公报》代为转送前方将士作添助寒衣之用。[4]

1943 年 5 月，国民党桂林市党部为慰劳抗战荣誉军人再上前线杀敌，特发动"良心献金"运动，呼吁军政要员、公职人员、各商人商号、公司企业、大中学校、社会公众各献其力，捐款捐物，"上自党政军长官，下至难胞贫民、劳工小贩，风起云涌，争先响应"。[5]为扩大"良心献金"运动的效果，特组织足球、篮球义赛募集资金。足球为东方队对桂林警察队。该两队屡次参加各种义赛，此前已在义赛中相遇三次，每次皆万人空巷，轰动全市。此次两队为使球迷耳目一新计，特意打散球队，重新混

〔1〕《桂林劳军篮球赛，第五军荣获冠军》，载《大公报（香港）》1940 年 4 月 30 日，第 7 版。
〔2〕《任潮杯劳军足球义赛》，载《救亡日报》1941 年 1 月 1 日，第 2 版。
〔3〕《足球劳军义赛今日给奖》，载《扫荡报（桂林）》1941 年 3 月 1 日，第 3 版。
〔4〕《蓝排球义赛战来有声有色》，载《大公报（桂林）》1942 年 10 月 11 日，第 3 版；《本报代收捐款》，载《大公报（桂林）》1942 年 10 月 18 日，第 3 版。
〔5〕《良心献金普遍展开》，载《大公报（桂林）》1943 年 5 月 19 日，第 3 版。

合，另组"桂联""林联"两队，加邀人马，以崭新姿态，投身义赛。[1]
两联队除力邀在桂球员参加之外，仍嫌"不够刺激"，又电催曹秋亭、郭英祺、张金海、钟勇森等原东方队球员由柳江来桂助战，[2]吸引球迷千余人到此观赛，门票收入 7190 元。[3]男女篮球义赛方面，由女子东方队对女子桂林警察队表演助兴，然后由桂友、军校、桂林警察三支球队作循环义赛，以飨观众。[4]

6月，桂林各界端午节劳军代表团邀请桂林警察队与励志队举行篮球义赛，所有门票收入作劳军之用[5]。

特别值得一提的是，慰劳抗敌前线将士的义赛还惠及与中国人一同并肩作战的西方援华人士。1942 年 6 月，桂林市体育界发起慰劳空军的义赛，专门慰问美国援华的陈纳德将军和"飞虎队"。美国人陈纳德于抗战初期来到中国，受聘在国民党空军服务，游说蒋介石接受组建一支由美国人驾驶的空军飞行队。1941 年 4 月，罗斯福总统批准从海军和陆军中招聘100 名志愿飞行员到中国加入陈纳德航空队，从此，以他的名字命名的"飞虎队"成立了，其中一支就驻扎在桂林西南近郊的机场。陈纳德和他的"飞虎队"被视为桂林的"空中卫士"，保卫着遭受日军轰炸的桂林人民。1942 年 6 月 12 日，陈纳德的"飞虎队"再次空中作战，回击来犯日机，一举击落敌机六架，迫使其余敌机掉头逃跑。[6]

这一胜利鼓舞了桂林人民。几天后，桂林体育界特别组织了隆重的慰问义赛，由励志足球队和健华足球队两支劲旅同场比拼。健华队的实力自不必说，包括世运选手谭江柏、孔心秋等国内名脚。励志队则同时拥有西班牙、英国等外籍名将及何志光、汪成荣等国内好手。这次有中外球员共

---

〔1〕《良心献金，工厂学校纷起响应，东警足球后日义赛》，载《大公报（桂林）》1943 年 5 月 14 日，第 3 版；《集足球界精英举行良心义赛》，载《大公报（桂林）》1943 年 5 月 15 日，第 3 版。

〔2〕《良心足球义赛改期后日举行》，载《大公报（桂林）》1943 年 5 月 17 日，第 3 版。

〔3〕《献金足球赛桂联林联表演出色》，载《大公报（桂林）》1943 年 5 月 20 日，第 3 版；《桂林市党部欢送出征荣军》，载《大公报（桂林）》1943 年 5 月 21 日，第 3 版。

〔4〕《篮球义赛改三十日举行》，载《大公报（桂林）》1943 年 5 月 22 日，第 3 版。

〔5〕《劳军篮球义赛，今日桂警对励志》，载《大公报（桂林）》1943 年 6 月 7 日，第 3 版。

〔6〕管学庭：《抗战时期桂林文化城的体育活动》，载《广西师范大学学报（哲学社会科学版）》1990 年第 4 期，第 66 页。

同出场的比赛吸引三千余人现场观看，收入计 1348 元。义赛当天，上半场比赛结束后，飞虎队将士还驾驶着九架中型驱逐机在比赛场地——桂林市公共体育场上空进行飞行表演，数次低飞的绝技引得现场观众连连欢呼。义赛在热烈友好的氛围中，以健华队 1∶0 获胜落下帷幕。[1]

后来，陈纳德和"飞虎队"投桃报李，数次与来桂观摩之蓝田国立师范学院篮球队、桂林桂友篮球队等奉上篮球义赛，为宋庆龄领导的儿童保养院、美国鲍威尔慰劳金等中美慈善机构募捐善款，[2]成就一段体坛佳话。

2. 献机义赛

对于桂林而言，虽然有陈纳德和"飞虎队"的空中保护，但仍显势单力薄。为募购滑翔机，帮助青年掌握飞行技术，以补充空军力量，中国滑翔总会广西分会在桂林建起滑翔机站。[3]桂林随之出现捐献滑翔机热潮，"青年号""政工号""商业号""西大员生号""桂中第一号""妇女号""儿童号""体育号"等各行业、群体的捐机义举融入文化体育活动之中。

"西大员生号""桂中第一号"滑翔机分别是广西大学师生和桂林中学所捐。广西大学以义演、义赛的方式筹献"西大员生号"滑翔机。1942 年 4 月，组织本校篮球、排球队分别与军校队、排球冠亚军七七与桂林邮电队进行义赛。[4]成立于 1905 年的老牌学校——桂林中学决定筹购"桂中第一号"滑翔机，于 1942 年 6 月邀请军校、业余两支男女篮球队对阵本校男女篮球队，因请到影星王人美到场助阵，观战者达三千余人，收入近 5000 元，号称观众人数和所筹善款数额双双打破本校历次纪录。[5]

为捐献"妇女号"滑翔机，桂林市妇女委员会、广西新生活运动妇女工作委员会等妇女组织采取多种方式向社会募捐。1941 年 3 月 16 日，乐

〔1〕《今日足球义赛，健华迎战励志队》，载《大公报（桂林）》1942 年 6 月 21 日，第 3 版；《足球义赛健华克励志》，载《大公报（桂林）》1942 年 6 月 22 日，第 3 版。

〔2〕《周末篮球义赛，国师出战飞虎》，载《大公报（桂林）》1942 年 7 月 24 日，第 3 版；《昨日篮球义赛，飞虎演出不凡》，载《大公报（桂林）》1942 年 10 月 24 日，第 3 版。

〔3〕《桂林"三八节"：桂林妇女号滑翔机命名》，载《滑翔》1946 年第 1 期，第 22 页。

〔4〕《西大员生号明日义赛，篮排球各两场》，载《大公报（桂林）》1942 年 4 月 25 日，第 3 版。

〔5〕《桂中第一号明早义赛，男女篮球各一场》，载《大公报（桂林）》1942 年 6 月 5 日，第 3 版；《"桂中号"义赛收获日满》，载《大公报（桂林）》1942 年 6 月 7 日，第 3 版。

群社响应桂林市妇女会的倡议，发起第一次男女篮球献机义赛，男子为军校队对桂林联队，女子为西桂队（广西大学和桂林女中合组）对医乐队（广西医学院和乐群篮球队合组），两队星光熠熠，尤以西桂队的甘亦芳，医乐队的郭璨益、封超群最有人望。男女球员在场上奋力拼搏，比赛异常精彩，但义赛门券售票仅 600 余元，[1] 极不理想。为推动此事，11 月，郭德洁领导的广西新生活运动妇女工作委员会发起并联合广西省、桂林市政府和党务部门、青年团、妇女组织、女中、高等法院、《大公报》等 11 个单位正式组成献机筹备委员会，郭德洁亲任常务委员会主席，筹献桂林"妇女号"滑翔机。筹委会分为总务、宣传、募捐三部门，分别由广西新生活运动妇女工作委员会、青年团、省府负责召集，商议以篮球义赛、游艺和自由乐捐三种形式募捐。[2] 十余天后，郭德洁和广西新生活运动妇女工作委员会又邀请桂林市文艺界、体育界、银行界等举行第二次筹备会议，进一步扩大募捐方式，并明确募捐活动的细节，决定增加义演委员会，并分为总务、宣传、票务、平剧、桂剧、话剧、电影、音乐、杂技、球赛 9 个组，除总务、宣传、票务之外，其余 7 组承担义演、义赛筹款。[3] 义赛方面，男女篮球义赛分别诚邀男子军校、乐群以及女子桂林联队、桂林中学再次比拼；男女排球义赛分别为男子七七与广西大学，女子广西大学与桂林中学四支队伍；男子足球义赛则由银光、励志两强对抗。于 1941 年 12 月 7 日举行的排球、篮球和足球义赛门票收入千余元，[4] 加之名人和社会大众捐资，共筹得 15 000 元。[5] 因筹款额仍未达到预计的三分之二，广西新生活运动妇女工作委员会继续邀请广西大学、挺进、业余勇队、警干等球队举办篮球义赛，连赛三天，获 400 余元收入；又接着续演三日话剧募捐。[6]

〔1〕《集桂市篮球精锐举行募机义赛》，载《扫荡报（桂林）》1941 年 3 月 17 日，第 3 版。

〔2〕《广西滑翔热，妇工会献机定名"桂林妇女"》，载《大公报（香港）》1941 年 11 月 19 日，第 5 版。

〔3〕《桂林妇女筹款献机》，载《大公报（香港）》1941 年 11 月 26 日，第 5 版。

〔4〕《球国昨午义战》，载《大公报（桂林）》1941 年 12 月 8 日，第 3 版。

〔5〕《桂市点滴》，载《大公报（桂林）》1941 年 12 月 14 日，第 3 版。

〔6〕《柳州妇女界为筹献"妇女号"滑翔机发起篮球义赛》，载《大公报（桂林）》1942 年 1 月 29 日，第 4 版；《吉光片羽录》，载《大公报（桂林）》1942 年 2 月 5 日，第 4 版。

1942 年 3 月，趁着纪念"妇女节"宣传周的机会，广西新生活运动妇女工作委员会在郭德洁广播讲话、座谈会、游艺会等系列活动之外，3 月 6 日，再次举行男女篮球义赛，分别为桂中校友队对军校队、桂林中学队对省府队，继续为捐献"妇女号"滑翔机添砖加瓦。[1] 义赛筹款加上义演、义卖及各机关、团体、个人捐款，终于使"妇女号"献机计划成功实现。

桂林体育界除频繁参加上述各界举办的捐机义赛外，还决定自行筹献滑翔机。1941 年 12 月 1 日，广西省、桂林市体育主管官员和名人宋家骐、赵鲁生、原英、周公勇、钮兆斌、陈宝箴、周振球等十余人召开会议，发起筹献广西"体育号"滑翔机，决定成立"桂林体育界捐献滑翔机委员会"，推选钮兆斌、周公勇等人担任委员、常务委员。商议的主要筹款办法为：在桂林，举行球类义赛、体育表演以及游艺会，并向社会各界劝募，同时发动省内各县市学校和机关的体育团体捐献[2]。

在"桂林体育界捐献滑翔机委员会"的倡导和组织下，各学校、机关、社会团体纷纷响应。1941 年 12 月 13 日至 15 日、20 日至 22 日，桂林举行球类义赛和体育表演，球类义赛包括男女篮球、排球义赛和男子足球义赛。由于是体育界举办的义赛，参与球队自然均为该市强队，男子篮球方面，除了参加过"妇女号"捐机义赛的"八桂盟主"军校队、大名鼎鼎的乐群队之外，还增加了实力出众的华队、桂林中学校友两队。女子篮球队伍则有桂林中学、桂林女中、月牙队和中山队等。男女排球分别为男子七七、广西大学，女子桂林中学、桂林联队四支球队。足球义赛集合了银光、广西大学、励志、桂林中学四支劲旅。球类义赛进行的同时，另有单杠、双杠、木马、跳箱及国术等节目表演。为了扩大影响，请各学校通过文字壁板报宣传劝捐，邀请报纸记者担任文字宣传指导，并在各大电影院放映宣传标语。[3]

1942 年 2 月，健华、励志、桂林邮电、大公（大公报足球队）等球队

〔1〕《纪念"妇女节"宣传周开始》，载《大公报（桂林）》1942 年 3 月 2 日，第 3 版。

〔2〕《体育界举办义赛》，载《大公报（桂林）》1942 年 12 月 1 日，第 3 版。

〔3〕《义演义赛捐献滑翔，命名为"广西体育号"，献机会首次会议决定》，载《大公报（桂林）》1941 年 12 月 2 日，第 3 版。

响应号召，再次举行"体育号"滑翔机足球义赛。励志、桂林邮电为成熟球队，健华和大公则均为新近组建，其中健华体育会成立仅二月有余，麾下健华足球队拥有上海东华队沈士彦、吴炳浩，丽都队周麒麟，香港东方队严士鑫等，济济有众，实力最强。大公足球队虽是新兵，但操练甚勤，不可小觑。这样的排列组合也算吸引观众眼球。[1]

3. 教育义赛

抗战军兴，为了躲避战乱来到桂林的人口大增，其中有许多难童、学生、青年，这使得求学人数猛增，而抗战以前的桂林原本只是不足十万人的小城，公立中小学数量不多，高等教育更是"白纸一张"[2]，远远无法满足这样的需求。为解决此矛盾，云集桂林的社会人士纷纷集资办学，政府对此予以支持，将新建和扩建大中小学校、成人学校视作广西文化建设的重要任务，并"奖励私人设立"[3]。体育界也利用义赛的形式加入筹募建校经费的善举之中（见表4-1）。

表4-1　全面抗战时期桂林教育救济义赛情况（1941—1944）

时间	名称	主办方	义赛队伍和场次	筹款目的	善款数额（净得）（元）
1941年9月	篮球义赛	中央各军校毕业生调查处广西通讯处	男子华队、军校等篮球队；女子桂林中学、桂林女中等篮球队	筹募中正学校桂林分校建校基金	3315
1942年10月5日、10日、15日	篮球足球义赛	广西绥靖主任公署步兵第二独立团	篮球：军校、侨光；足球：励志、健华	筹募陆师洲小学经费	2898

---

〔1〕《足球义战捐"体育号"滑翔机，十五日四队厮杀》，载《大公报（桂林）》1942年2月12日，第3版。

〔2〕蒋桂珍：《浅谈桂林抗战教育取得的成就及其原因》，载魏华龄、刘寿保编：《桂林抗战文化研究文集（五）》，广西师范大学出版社1997年版，第418、421页。

〔3〕《广西建设计划大纲》，载广西壮族自治区档案馆：《民国时期西南边疆档案资料汇编（广西卷·目录总集·图文精粹）》，社会科学文献出版社2014年版，第153页。

续表

时间	名称	主办方	义赛队伍和场次	筹款目的	善款数额（净得）（元）
1942 年 10 月 25 日	排球义赛	岭南同学会广西分会	岭南校友、八一四	筹募岭南大学已故校长荣光奖学金	—
1943 年 3 月 21 日、26 日	足球义赛	桂林警察足球队	东方、桂林警察	筹募复兴小学建校基金	—
1943 年 5 月 28 日、6 月 17 日	足球义赛	真光中学	桂林警察、东方、励志	筹建真光中学建校款	—
1943 年 7 月 17 日、7 月 25 日	足球义赛	东吴大学	桂联、东方	筹募东吴大学建校基金	—
1943 年 8 月 11 日	篮球义赛	培英学校	培英、东方	筹募培英中学迁校基金	—
1943 年 11 月 14 日	篮球义赛	桂林中山中学	军校、侨光	筹募学校机械运动场建筑费	—
1944 年 1 月 30 日	足球义赛	桂林阳明小学	东方、励志	筹募学校经费	—
1944 年 6 月 2 日	网球义赛	军政部桂林办事处	李惠堂、刁作谦、戈略尔等	为军人子弟学校筹募经费	—

资料来源:《大公报》桂林版、《扫荡报》桂林版、《民国日报》南宁版、《革命日报》等。

由表 4-1 可见, 1941—1944 年的三年间, 为给东吴大学、岭南大学两所大学, 中正、真光、培英、中山四所中学和阳明、复兴、陆师洲、军人子弟校四所小学修建校舍、办学筹募经费, 各学校、同学会、警察足球队、军政机关等发起邀请桂林体育界合作举办足球、篮球、排球、网球等球类筹款义赛, 比赛达十余场, 桂林的主要球队如励志、健华、桂林警察、东方等足球队; 军校、侨光等篮球队; 八一四排球队以及李惠堂、刁作谦等体育名士都参加了这些比赛。在这当中, 比较特别的是较为小众的网球义赛。1944年6月2日，受军政部桂林办事处的邀请，为了给军人子弟学校筹补办学资金，网球技艺相当高超的足球"球王"李惠堂和刁作谦、英国戈略尔、美国施教官一起，举行了一场精彩的中外网球义赛。[1] 这样的网球义赛既行了义举，又推广了"高端"的网球项目。

劳军、捐机和教育救济是全面抗战时期桂林义赛的主要场域，此外，为了救济归侨、难民难童而举办的义赛也时有所见，兹不赘述。

三、桂林义赛的各方力量

作为一种以义务体育比赛形式进行的慈善活动，桂林义赛的全部程序包含确定筹款用途、成立义赛筹办组织、邀约义赛队伍、邀请名人出面担任开球或义球拍卖嘉宾、正式比赛、公布善款数额、解缴善款、媒体宣传等环节。每个环节都需要社会各界多方配合，同时离不开官方的支持。义赛的相关方横跨官民两界，牵涉面较广，各方职责不同，所起作用也各有差异。

（一）以体育界、学界为主，其他各界团体为辅的义赛基本格局

二十世纪四十年代上半期，桂林的体育运动相当发达，体育组织数量众多且背景不一，尤其是乐群、励志和健华、侨光四个体育会是桂林十分活跃、极具影响力的体育组织，他们各自成立了男女多支球类运动队，其中，男篮、女篮、排球队和男子足球队均为桂林市运动队中的佼佼者。男子足球方面，拥有李惠堂、许竟成等来自香港的著名球星，正因如此，这些体育会组织的义赛常能吸引大量观众往观，取得不俗成绩，获得数量可观的善款收入。

这些体育组织既是场上比赛的主力，也是义赛的主要组织者。例如，在文化劳军运动中，1942年7月中旬，香港东方会许竟成、杨桂生、於洽兴、曹秋亭等名将陆续来到桂林，很快即加入新成立的华侨"健华"队，与同样有来自香港东方、星岛等队的侯澄滔、郭英祺在内的曲江良友队举行劳军义赛数场，每场均吸引数千人到场观赛，票款喜人。[2]

---

〔1〕《网球义赛改定今日举行》，载《大公报（桂林）》1944年6月2日，第3版。

〔2〕《今日劳军义赛良友出战励志》，载《大公报（桂林）》1942年7月15日，第3版。

1942 年 8 月，新组建的侨光体育会趁着香港足球名将——"球王"李惠堂脱险来桂，成功说服他组建了足球队，并组织了一场与健华足球队的义赛，为慰劳前方抗日负伤将士筹集善款。借助李惠堂的名气，8 月 16 日，两队的足球义赛吸引大量观众慕名而至，比赛现场人山人海，热闹非凡。[1]

随着大量迁桂人口的聚集和"体育救国"意识的高涨，桂林的学校、工厂、工商企业、铁路、文化团体乃至国民政府军政机关等纷纷成立足球、篮球或排球队，运动氛围十分浓厚。这些球队是各种义赛不可或缺的角色。以学校（包括军校）为例，全面抗战时期，桂林的大学、中学普遍开设跑步、游泳、打球等体育运动，提高学生身体素质，学生们也积极以体育比赛的方式为募捐活动出一份力。

1944 年 5 月，日军集结数十万重兵发动第四次湘北战役（豫湘桂战役），在战事如火如荼之际，无论国统区还是沦陷区，中国人民都掀起了轰轰烈烈的支援湘北前线抗敌将士的募捐活动，尤其在大后方，社会反应更为强烈。在桂林，各界组成的湘北慰劳团在全市掀起献金慰劳运动，得到社会各界热烈回应，仅月余，即筹集款项超过千万元。[2]桂林市各大中学校纷纷举行筹款义赛。私立培联中学于 1944 年 6 月 11 日，在桂林市公共体育场与美国空军代表队举行垒球义赛，特邀得李济深现场开球，门票收入 3 万余元，全部交由负责劝募工作的桂林市府社会服务处，和社会各界其他捐款一并转交湘北慰劳团，用于慰问前线将士。[3]培联中学是由培正、培道中学组成的联校，两校之间又相互举行篮球义赛，收入将近 4000元。[4]中山中学则组织港沪名手进行乒乓球义赛，比赛每晚一场，持续举行四天。[5]

〔1〕《归侨体育界组侨光体育会，本星期日作足球义赛》，载《大公报（桂林）》1942 年 8 月 13 日，第 3 版；《昨日足球义赛，侨光战和健华，球王号召下盛况空前》，载《大公报（桂林）》1942 年 8 月 17 日，第 3 版；《足球义赛捐款已托本报代转》，载《大公报（桂林）》1942 年 8 月 22 日，第 3 版。

〔2〕《各界献金已逾千万元》，载《大公报（桂林）》1944 年 6 月 21 日，第 3 版。

〔3〕《桂市点滴》，载《大公报（桂林）》1944 年 6 月 12 日，第 3 版；《慰劳湘北将士，今日将续汇二百万元，捐款总数已逾七百万》，载《大公报（桂林）》1944 年 6 月 14 日，第 3 版。

〔4〕《桂市点滴》，载《大公报（桂林）》1944 年 6 月 18 日，第 3 版。

〔5〕《劳军捐款各地纷纷响应》，载《大公报（桂林）》1944 年 6 月 15 日，第 3 版。

前已提及，广西大学、桂林中学、桂林女中等学校的男女足球、篮球、排球队不仅踊跃参加广西"体育号"捐机义赛，还捐献了"西大员生号""桂中第一号"滑翔机。而在教育义赛方面，如表4-1所示，1941—1944年桂林的十余场义赛中，岭南大学校友会、军校、培英学校、中山中学、阳明小学等学校和学生团体发起的义赛占据了过半数量。

其他行业的体育队伍，像桂林警察足球队、桂林邮电篮球队、第四战区司令部华队篮球队等，均实力不俗。这些社会业余球队同样是桂林义赛不可或缺的力量，他们和体育界、学界相互合作，奠定了桂林义赛的格局。

（二）地方政要和社会名流是推动义赛的重要力量

国民党政要、社会名流自身的政治地位和社会名望常常成为促成大型义赛的文化"资本"。

李济深、李惠堂、郭德洁等人对桂林义赛的发展有重要的影响。李济深时任国民党军事委员会桂林办公厅主任（1940年9月至1943年11月任职[1]），是桂林军政界举足轻重的人物。他反对蒋介石消极抵抗和片面抗战路线，力主动员民众、坚决抗战，呼吁前方官兵振奋士气、英勇作战，后方同志应人人努力，"使后方成为安定而繁荣的后方，成为供应前线需要的后方，使前线与后方成为一致的战斗体，击败敌人，建立现代国家!"[2]为此，他全力支持桂林的爱国民主运动、抗战文化和抗日救亡活动，倡议成立"抗战动员宣传会"并发动抗日救亡献金劳军运动，扶持文化、体育界人士举办西南剧展、[3]西南运动会等等，打造和巩固了桂林抗战"文化城"的城市形象。他不仅多次出席桂林的各种义赛，还和广西省

---

〔1〕李济深于1940年6月1日由国民政府任命为国民党军事委员会桂林办公厅主任，9月4日抵桂就职。1943年11月2日，军事委员会桂林办公厅被撤销，李济深调任军事参议院院长，但因为和蒋介石的矛盾，他并未立即赴重庆上任，而是继续留在桂林，一直到1944年6月底才离开，参见桂林市地方志编纂委员会编：《桂林市志》（上），"大事记"，中华书局1997年版，第68页、第71-72页。

〔2〕李济深：《由光明走向胜利》，载《建设研究》1943年8月5日，第66页。

〔3〕冯学龙：《论抗日时期李济深的重要贡献及其抗日思想发展的原因》，载广西中共党史学会编：《前事不忘 后事之师——中南地区党史学界纪念抗日战争胜利50周年学术讨论会论文选》，广西民族出版社1997年版，第265-266页。

主席黄旭初一起担任"桂林体育界捐献滑翔机委员会"的顾问[1]。他曾发起以自己名字命名的"任潮杯"劳军义赛，又担任桂林四大体育会之一、以军事委员会桂林办公厅的黄埔军校青年军官为主体的励志体育会的名誉会长。[2]在他的带领下，励志会成为桂林义赛中极其活跃的体育组织。

社会名流中，顶着"球王"头衔、身为体育界名人的李惠堂自香港沦陷逃出、辗转来到桂林后，利用自身知名度和影响力多次组织、参与足球、网球义赛。

桂系将领李宗仁夫人郭德洁则是另一位义赛活动家。她历任广西抗敌后援会常务理事、广西新生活运动妇女工作委员会主任和第五战区妇女委员会主任等职，[3]非常关注妇女在抗战中的作用，认为抗战中占全国人口半数的妇女"所承担的任务，是和男子一样重大的。例如后方的生产、建设、儿童的保育、慰劳劝募、救护伤兵以及其他战地服务工作，都需要大量妇女的参加"，称赞广西妇女自抗战以来"表现得非常的英勇活跃"。[4]她亲自带领广西妇女界做了大量支援抗敌前线和收抚难童、开办教育等工作，并且善于利用义演、义赛、义卖等手段筹集所需救济工作经费。郭德洁是捐献广西"妇女号"滑翔机的灵魂人物，没有她的不懈坚持，献机义举不可能成功。她也是救济难童义赛的发起者和组织者。为救助从沦陷区来桂的大量难童，她先是于1939年亲自建成了桂林儿童教养院，又开办了德智中学。[5]1942年11月，她和广西新生活运动妇女工作委员会筹办救助难贫童的托儿所，专门收容三个月至一岁半的婴孩，以作为桂林为数不多、只救助几岁以上儿童的教养院的补充。[6]为筹募经费，

〔1〕《体育界举办义赛》，载《大公报（桂林）》1942年12月1日，第3版。

〔2〕管学庭：《抗战时期桂林文化城的体育活动》，载《广西师范大学学报（哲学社会科学版》1990年第4期，第64页。

〔3〕尤小明主编：《广西民国人物》，广西人民出版社2008年版，第194页。

〔4〕李郭德洁：《三八节感言》，载《广西妇女》1941年第11期，第4-5页。

〔5〕政协广西临桂县委员会文史资料委员会编：《临桂文史（第五辑）》，广西临桂县文史资料委员会1992年版，第35-37页。

〔6〕李郭德洁：《抚育我们民族的新生代：新生托儿所三大服务目标》，载《广西妇女》1943年3月7日，第26页。

她牵头召开由广西省政府、机关团体代表和热心婴儿教育之人士六十余人参加的专门会议，成立托儿所筹备委员会，分头进行资金筹募工作，筹募办法分劝募、义演、义赛、政府补助等，总额暂定 25 万元。[1]义赛方面，她邀请乐群体育会、励志体育会、警察会、大中学校等共派出东方、桂林警察、桂林中学、桂林女中、广西省立桂林师范学院、中山中学六支女子篮球队举行义赛，开创了桂林历史上由女性组织发起、女子球员参赛的篮球义赛先河，[2]引起了极大的社会关注。此次篮球义赛共为托儿所筹得款项 2230 元，除各项开支后，净余 1500 元[3]。9 月，广西新生活运动妇女工作委员会又举办中美男子篮球义赛，为托儿所筹款。[4]

1943 年 12 月，在郭德洁的主导下，广西省各界妇女举行元旦慰劳前线将士、荣誉军人、出征军人家属大会，慰问活动所需经费除通过征募队劝募之外，另举办义演、义赛、义卖来筹资。劳军大会邀办的篮球义赛有两场，郭德洁和电影明星胡蝶亲临现场，分别主持义赛颁奖典礼和抽奖活动。[5]

（三）政府是义赛的支持和制约力量

国民政府广西当局对义演、义赛、义卖、义展等战时募捐活动一直持鼓励态度，广西省、桂林市党政机关、军部、政要等大力倡率、主办并参加此类活动，来自官方的支持是 20 世纪 40 年代上半期桂林义赛持续火热的基础和保障。在对这些战时募捐活动的管理中，广西当局遵从国民政府颁布的战时慈善捐赠的相关法律法规。1939 年 7 月 12 日，国民政府公布《统一缴解捐款献金办法》，规定凡是国内外各项捐款献金，如月捐、慈善捐、寒衣捐、义卖献金等，"均需缴解财政部统一经收，分户汇存拨用"。

---

〔1〕《篮球义赛华队又获大胜》，载《大公报（桂林）》1942 年 11 月 22 日，第 3 版。

〔2〕《女子篮球六大劲旅为托儿所募款，后日举行义赛》，载《大公报（桂林）》1943 年 5 月 7 日，第 3 版；《女子篮球义赛，东方显身手一鸣惊人》，载《大公报（桂林）》1943 年 5 月 10 日，第 3 版。

〔3〕《新生托儿所每名减收二百元》，载《大公报（桂林）》1943 年 5 月 25 日，第 3 版。

〔4〕《东方足球队净胜桂联五球，后日举行之篮球义赛，改由侨兴出战美空军》，载《大公报（桂林）》1943 年 9 月 13 日，第 3 版。

〔5〕《元旦劳军，桂市各界妇女昨日开筹备会》，载《大公报（桂林）》1943 年 12 月 9 日，第 3 版。

同时，国内各机关或公私团体如要发起募捐或献金，必须报当地政府或主管部门汇总后转行政院核准，否则不得举办[1]。1943年5月2日，国民政府又颁布《统一捐募运动办法》，基于抗战相持数年，国力难支，需更加依赖于民间社会解决慈善救济的现状，对1939年的缴解办法有所调整和放松。首先对募捐范围作了国内和国外的区分，不再"一刀切"要求所有募捐活动上报行政院，规定凡是发起国内募捐的，事先报经各地社会行政机关（社会部、社会局、社会处等）核准即可；[2]向国外募捐时，仍须呈经行政院核准。其次，确定了捐募方式应遵守的自愿、不得强迫、不得派送、不得自行折扣、节约开支等五项原则，并规定了捐募开支的比例限制，"在实募十万元以内者，以百分之五为限；超过十万元者，其超过数额以百分之二为限，不得支经募报酬"。[3]按照这两部法规，义演、义赛等国内慈善活动必须事先向当地社会行政部门申报（不得自行举办）、善款应解缴国民政府财政部统一管理、募捐活动开支费用上限不超过百分之五等。这些法规规范了民间慈善募捐的行为，保证了政府对募捐善款的管理和监督。

此外，国民政府还明确对义演、义赛等活动征收印花税。这一税收政策经历了从免税到强制征收的转变。义演、义赛属于慈善类演出，根据国民政府于1934年12月8日公布、1935年9月1日起正式实施的《印花税法》，并未对此有明确的征税规定。1936年2月22日，财政部税字第22779号指令"山东印花与酒税局"案例中，有"查印花税率表第二十二目比赛票免贴栏内，并无某种比赛票免贴印花税之规定，是凡慈善赛、香槟赛所用比赛票自应依法缴纳印花税"之语，[4]开始对山东的慈善赛征收印花税。随着战事日久、政府财政日趋紧张，由财政部认可的这一地方性

---

　　[1]《国民政府法规汇编（第十一编）》，国民政府文官处印铸局1939年版，第129-130页。

　　[2]　1940年5月20日颁行的《社会部组织法》，要求依法设立社会部，掌管以前由内政部管辖的各项社会福利事项，自此社会部成为了慈善活动的主管机关，参见《行政院及所属各部会组织法汇编》，行政院秘书处编印1940年版，第91-101页。

　　[3]《公库法规丛编》，财政部国库署编印1946年版，第61-62页。

　　[4]　财政部直接税属编：《印花税法施行例案辑览》，财政部直接税属编印1947年版，第70页。

慈善赛征税规定后来演变为对全国所有的义赛、义演征收印花税。1941年5月，财政部直接税属第22710号法令中，明确"任何性质之公演、义演、义赛，其入门、入场券、入座之票券均须依法贴印花税"，同时强调"所有各机关团体公演、义演、义赛票券不贴印花，实不无违背税章之恶，自应积极弥补，以重国家税法籍资控制而杜取巧"，[1]措辞已是相当之严厉。至于印花税征收办法，1940年六七月间，财政部直接税处致政治部、浙江省政府等公函中声称，任何募捐或者筹款公演，其票券均应比照娱乐业征税标准，门票、入座费等相加满五角，必须在门票上张贴印花税票；不满五角免征。[2]自是，至少从法令层面讲，除非经过特殊审批，义赛、义演均需缴纳印花税。

上述法律法规体现了抗战时期国民政府慈善管理的基本思路，即一面鼓励民间举行各种抗战募捐活动，同时又通过行政手段尽可能集中一切可资利用的财力物力，以实现全面抗战、持久抗战的目标。这些法律法规对义演、义赛活动具有保护和规范的双重作用，虽然在战时环境下，广西当局未必都一一落实，但是，其中的一些规定，如对义演、义赛活动征收印花税等，在具体实践中，难免会引发纷争。

四、桂林义赛的特点与影响

通过对全面抗战时期西南抗战"文化城"——桂林义赛的初步考察，可以体会其"体育救国"意蕴中所呈现的诸多特点，进而理解义赛的广泛社会影响。

（一）桂林义赛的特点

1. 践行"体育救国"，以服务抗战为大目标

在广西当政者看来，为了挽救民族危亡，必须开展体育运动来提高全民的身体素质，再加上掌握作战的本领，才能适应长期抗战的需要。这是"体育救国"的最初要义。而随着华东、华北、香港等地体育团体、体育

---

〔1〕《关于义赛征税，税局函请更正》，载《扫荡报（桂林）》1942年12月25日，第4版。

〔2〕 财政部直接税属编：《印花税法施行例案辑览》，财政部直接税属编印1947年版，第71页。

人士的到来，他们既增强了桂林体育的实力，也带动了义赛的兴起，由此赋予了"体育救国"另一层新的含义，即以体育为媒介进行社会募捐和爱国动员。以此为契机，桂林各界通过劳军义赛、捐机义赛、教育义赛、救济难童义赛等展现了以强身健体、保家卫国、支援抗战、救济难胞为旨趣的"体育救国"的多重内涵。

2. 以体育为纽带，义赛发起和参与主体日益多元化

义赛是一种以体育为手段的慈善活动，依托桂林体育事业的勃兴，以爱国、支援抗敌前线、救济难民难童、挽救民族危亡为号召，义赛成为连接社会各界的桥梁。不同群体、不同阶层借由义赛的举办而空前团结，共同营造出同仇敌忾、抗击侵略的社会氛围。从体育组织、学校到工厂企业、商业、银行、铁路、警察、军队、报纸等，从同学会、同乡会到广西妇女委员会、广西新生活妇女运动委员会等妇女慰劳组织，从社会团体到地方政要、社会名流乃至社会大众，无不踊跃投身其中，发起、组织和参与各类筹款义赛。政府对义赛活动持鼓励、支持态度，并尽到适宜的管理职责，保障义赛的顺利举办，在桂林官民两界的共同努力下，终于使义赛成为桂林抗战"文化城"极具特色的社会动员和募捐活动之一。

3. 女性在义赛中的风采

作为一项体育和慈善合一的运动，义赛表面上似乎很难和女性群体产生关联，但事实并非如此，女性不仅在桂林义赛中从未"缺席"，相反，还占据了相当重要的地位。现代女子体育运动自清末民初出现后，经过二十世纪二三十年代的推广和普及，加之沦陷区女子运动员的到来，在四十年代上半期的桂林，女子体育运动已经有相当大的发展，各体育组织、学校、社会团体、机关等成立了不少女子篮球队、排球队，如乐群、励志、侨光、健华四大体育会及广西大学、桂林中学、桂林女中的女子篮球队、排球队；桂林警察女子篮球队；东方女子篮球队等，其中的著名女子运动员有甘亦芳、郭璨益、封超群、张蕴兰、关蕴芬等，她们的身影时常闪现在各种比赛、义赛之中。郭德洁这样的女性名流不仅多次发动各类义赛，而且首倡桂林历史上第一次真正由女性团体主办、女子球员参加的女子篮球义赛。王人美、胡蝶等电影明星亲临各种义赛担任开球、颁奖嘉宾，精

英女性、普通女性购票观赛。总之，女性群体和义赛之间产生了多种关联。

（二）桂林义赛的社会影响

1. 丰富了桂林抗战募捐的形式，增强了抗战募捐运动的物质基础

作为和劝献、义演、义卖、义展等并行的抗战募捐形式之一，义赛是利用体育比赛来吸引大众购票观看从而达到筹资目的的一种慈善活动。它增强了桂林战时募捐的效果。1940—1944年桂林的义赛呈增加态势，以足球义赛为例，据学者统计，1941—1943年，分别为1场、7场和17场。[1]桂林的许多足球、篮球、排球义赛参与球队较多、规模较大，筹款能力较佳。例如，1941年八九月间，由中央各军校毕业生调查处广西通讯处发起、筹募中央军校附设的中正学校桂林分校建校基金的男女篮球义赛，男子华队、军校、中国银行等篮球队和女子桂林中学、广西医学院等篮球队进行了前后长达9天的多场比赛，筹得国币4566元，扣除球员饮水费、印刷门票款、招待费等1251元外，共净得义款3315元。[2]在捐机义赛中，据估算，1941年年底至1942年8月的短短八个多月内，通过义赛、体育表演、捐献等方式，桂林体育界筹募所得款就可购买八架滑翔机。[3]有些义赛虽只进行一场，但由于比赛双方实力出众或有著名运动员助阵，同样能带来不错的收入。1942年8月16日，由香港归国的李惠堂任队长的侨光足球队和同样以香港足球运动员为主力的健华足球队举行劳军足球义赛，观众坐满了桂林市公共体育场，最终收到剔除开支后的5196元善款，尽数交与《大公报》转送前线负伤将士之用。[4]

桂林义赛的频繁和活跃，还可从另一个侧面予以佐证。当时，在桂林市公共体育场进行义赛是许多义赛发起方的最佳选择，频繁的比赛造成场

---

〔1〕梁宇、荣梅珑：《球王李惠堂与桂林足球运动》，载魏华龄、左超英编：《桂林抗战文化研究文集（六）》，广西师范大学出版社2001年版，第501-502页。

〔2〕《篮球义赛净得三千余元》，载《大公报（桂林）1941年9月23日，第3版。

〔3〕韦善仕：《广西人民支援抗战前线点滴》，载《广西地方志通讯》1985年第4期，转引自管学庭《抗战时期桂林文化城的体育活动》，载《广西师范大学学报（哲学社会科学版）》1990年第4期，第64页。

〔4〕《足球义赛捐款已托本报代转》，载《大公报（桂林）》1942年8月22日，第3版。

地损耗明显，考虑到场地维护和人员经费，一方面，体育场主动举办义赛筹集经费，1943 年 8 月，邀柳州邮政局的邮队篮球队来桂训练比赛，并与桂林市各队名将集合而成的桂友队进行一场篮球义赛。9 月，又邀东方与桂林市各队中港澳球员（包括西人球员）组成的港澳队表演足球义赛。这两场义赛门票收入全部用作补充体育场养护和修理费用。[1]另一方面，1943 年 6 月，桂林市政府市政会议决议，今后凡是借用市公共体育场作球类义赛，一律将票价收入抽 20%作为养场费。[2]这一规定固然有桂林体育场地不足的考量，但也可看出当时义赛之多、之密和收入之可观。

2. 激发人们的体育热情和爱国情感

桂林的募捐义赛既得益于体育事业的发展，又反过来增加了人们对于体育运动项目的了解和兴趣，不仅使得足球、篮球和排球等常见的球类运动更为普及，也使网球、垒球、乒乓球等小众运动进入大众的视野。同时，发起、组织、参与义赛的各体育组织、学校、团体、机关和个人均意识到体育和义赛的精神激励作用。它和义演、义卖、义展、劝献等募捐运动相互配合，有助于提振民心、团结民众，以坚定抗战信心、积极捐资救国。此外，体育和义赛的展开还具有改变国民劣根性、提升国民素质的益处。正如李惠堂所言，体育运动和体育比赛可养成"健全的体魄、服从的美德和团结的精神，这三种不能不说是长期坚持抗战的必备条件"。而且，"循着体育的正义，可以扫除国人的贪婪、自私、妒忌、怠惰、怕死等等劣根性"，因此，"体育与抗战"实是唇齿相连的密切关系[3]。

五、桂林义赛中存在的问题

（一）征税风波

1942 年 10 月，全国慰劳总会发起文化劳军运动，得到全国各地民众的全力配合，"一致为此项工作而努力，情况热烈，简称空前"。由此激发的

---

　　[1]　《柳篮球劲旅邮队来桂，今日对军校补训》，载《大公报（桂林）》1943 年 8 月 26 日，第 3 版；《一面倒的足球赛，东方胜港澳十球》，载《大公报（桂林）》1943 年 9 月 6 日，第 3 版。

　　[2]　《湘购篮球队再战军校，今日仍在乐群》，载《大公报（桂林）》1943 年 6 月 23 日，第 3 版。

　　[3]　李惠堂：《抗战与体育》，载《大公报（香港）》1939 年 1 月 1 日，第 7 版。

民众斗志"足证我人心未死，民气激昂，令人当增抗战必胜之信心[1]"。文化劳军的主要筹募方式为劝献、义演、义赛、义卖等。在桂林，文化劳军筹募活动也热火朝天地进行。1942年12年13日，由《扫荡报》与励志体育会共同发起的文化劳军国际足球义赛在桂林市公共体育场举行，义赛双方球队分别为葡萄牙队对励志队，前者为原港澳各足球队中的西人球员，后者则有原香港东方队的张金海、星岛队的朱成贵等队员，[2]此一番国际球战可谓看点十足！

然而在义赛日当天开赛前，三四位打扮时髦、脚蹬高跟鞋、身着制服的女郎来到售票处门前，她们自称为桂林直接税局职员，为检查印花税而来。按照当时现场旁观者的描述，她们的态度相当骄横，为首的卷发艳丽女郎"声势汹汹，开口税则，闭口法令"，向主持义赛方面的售票人称，"不管劳军不劳军，义赛不义赛，税则上规定贴印花税就得贴花，不贴就不行"，她们的表现"甚合于一个催税索捐者的身份"。经售票人员告以此次文化劳军义赛系由广西文化劳军分会核准举行，有何问题，请向分会交涉等语，此女收税官仍当众大声述说了一番劳军球赛也要贴印花的道理，几人方悻悻而去。[3]

《扫荡报》原为国民党机关党报，出版于1930年代初，是国民党在军队中进行党化教育的舆论宣传工具，1938年武汉沦陷前，分成两部分分别迁往重庆和桂林，桂林的《扫荡报》是当地大报之一。[4]励志体育会则以李济深为名誉会长，其影响力同样不可小觑。[5]

事后，《扫荡报》以一位正好目睹了冲突全过程的"军人读者"的名义，提出了强烈的质疑和抗议，基本上可以反映该报的立场。该文谈及，国民政府依据抗战近六年来前线将士浴血奋战之余的精神需要，适时推出

---

〔1〕《各种劳军义举不应征收印花税》，载《扫荡报（桂林）》，1942年12月16日第4版。

〔2〕《今日国际足球赛，励志会师葡萄牙》，载《大公报（桂林）》，1942年12月13日，第3版。

〔3〕《今日国际足球赛，励志会葡萄牙》，载《大公报（桂林）》，1942年12月13日，第3版。

〔4〕蔡斐、任竞编著：《重庆近代报纸提要》，重庆大学出版社2020年版，第185-187页。

〔5〕管学庭：《抗战时期桂林文化城的体育活动》，载《广西师范大学学报（哲学社会科学版）》1990年第4期，第64-65页。

文化劳军募捐运动，表达了抗战前线和大后方密切配合，相互策应，宣示"抗战中我国家进步之处"，这本是好事一桩，值得提倡和发扬光大。然而桂林的税收机关却欲在此微薄之劳军捐款中，不惜处心积虑，以求获取一部分印花税款，其用心如何？这实质上是对前线将士的"剥削"，因为，劳军义赛券非营业性质，如亦须贴印花，则一，势必减少捐款总数，前方战士无形间蒙受损失，若得知必倍觉痛心；则二，印花之税制为国库开支，劳军捐款也将汇解国库后重为分配，若劳军捐款复收印花税，等于无形浪费国家物资；则三，后方人士热情高涨为文化劳军而出钱出力，若发觉在他们的捐款之中，税收机关竟从中征去一部分，他们心中作何感想？在战时一切工作均应以国家利益为前提的情形下，对劳军义赛门券征收印花税，显然不符合国家利益。[1]

除了主张"劳军义赛不应征收印花税"，作者还进一步质问桂林市直接税局单独对此次劳军义赛征收印花税是否合情合理？谈到桂林近五年来，举行大小球赛不下数百次，其中大部分为发售门券，而桂林市直接税局也已成立多时，但此前各种球赛，从未听说有征税款者，为何此次特殊？[2]若说是桂林市直接税局征收各义演、义赛之印花税是奉"财部三十年九月二十一日法令"，然则此税法之颁布已经一年半有余，过去的一年半中，桂林市大小球赛百余次，多半发售门票，且券额均在应贴印花税则——国币五角之上，论理桂林市直接税局均应每次派员前往征贴花税，"以符法令"，但为何同样未闻之？若以"一时疏忽"为由，断然说不过去，因每次较大球赛，桂林各报必然先行发布消息，大街小巷也会张贴广告。到比赛当日，又会热闹异常，乃至"万人空巷"，桂林市直接税局绝不可能"事前不知"。此次《扫荡报》与励志体育会发起的国际足球义赛，一切手续和之前各次球赛并无不同，而其劳军意义极其重大，奈何却发生桂林市直接税局派员前往收印花税以致开桂林市球赛先河之举？[3]

---

〔1〕《各种劳军义举不应征收印花税》，载《扫荡报（桂林）》1942年12月16日，第4版。

〔2〕《各种劳军义举不应征收印花税》，载《扫荡报（桂林）》1942年12月16日，第4版。

〔3〕《同一法令处理各异，读者再度提出咨询，希望税局迅予改正》，载《扫荡报（桂林）》，1942年12月25日，第4版。

正如前述，国民政府对义演、义赛征收印花税确实出台有相关法令，但是，桂林市直接税局在实际操作中"流于形式""选择性执法"同样也是事实。至于为何独独对此次劳军义赛上门征收印花税？显然另有原因。不过，桂林市直接税局未将内情明言，面对此事引发的公众疑问，该局的态度始终十分强硬。在给扫荡报社的回复中，该局声称对于各类公演、义演、义赛的法令"推行已久，并无例外"，之所以此前各种义演、义赛并未征收印花税，皆因他们多有"请求豁免印花税"，该局每次"分别复知"之故。他们强调，对于劳军义赛应否征收印花税，该局无权私自变更，而应"遵章办理"，而他们的抽查人员一向"态度和平，对不明税则者，莫不详加解释"，矢口否认有强硬骄横的现象。[1]

这件事情最后不了了之。尽管双方各有说辞，但基本可以推测此次风波是国民党内部央地之间、不同派别之间的斗争和博弈，是国民党于特殊时期法令政策的失当和实际操作混乱的一个缩影，预示着国民党最终政治失败的命运。

(二) 其他乱象

毋庸讳言，桂林的义赛也存在一些问题，譬如，有些球队打着义赛的幌子"浑水摸鱼"、试图牟利。据 1943 年 6 月 22 日南宁《民国日报》的一则报道，1942 年，曲江良友队借捐献滑翔机之名来桂义赛，收入达 9000 余元，事后未将善款解缴即翩然离去，影响恶劣，违背体育道德及慈善精神。为此，广西省政府特要求桂林市，今后对于此种假借义赛以图盈利之商业性质的比赛，一律取缔。恰逢曲江某球队来桂，以筹建大游泳池为由邀集桂林各球队举行足球义赛，但却公开表示须以收入十分之七用作球队旅费，仅以十分之三捐出。这一不当要求被接洽的桂林市青年体育委员会拒绝，比赛最终取消了。[2]

要之，全面抗战爆发后，从华东、华南、华北等地来到桂林的体育团体、运动员、体育工作者和体育爱好者促进了桂林体育和义赛的繁荣，义

---

〔1〕《同一法令处理各异，读者再度提出咨询，希望税局迅为改正》，载《扫荡报（桂林）》，1942 年 12 月 25 日，第 4 版。

〔2〕《当局取缔义赛营私》，载《民国日报》1943 年 6 月 22 日，第 4 版。

赛这一新型体育慈善活动受到国民政府、地方政要和社会各界的重视，很快成长为社会动员和抗战募捐的重要手段之一。类似的情形也出现在重庆、贵阳等城市。在和平年代，义赛的功能主要体现在为慈幼、医疗、救济妇女和贫弱等的慈善组织以及因灾害陷入困境的灾民筹募经费。抗战时期，在全民御敌、持久抗战的社会氛围里，义赛的举办也转向支援前线抗敌、救济战争难民。在"体育救国"的感召下，桂林的义赛具有强健体魄、推广体育、宣传抗战、动员民众、捐资救国等特性。同时，义赛并非单纯的义务体育比赛，它集体育竞技、休闲娱乐、慈善活动于一身。1942年11月3日，《贵州日报》一篇时评谈到文化劳军的募捐办法时，列举戏剧公演、举行运动比赛、艺术作品展览等"均可藉高尚的娱乐，筹集相当的捐款"[1]，指出了义演、义赛、义展在塑造国民现代娱乐观、改良社会风俗方面的意义，揭示这些文化慈善活动在开展爱国募捐的同时，赋予大众精神层面的审美价值。

在抗日战争的严酷环境里，义赛和义演一样，在一定程度上缓解了民众苦闷压抑的情绪，给人们带去了短暂的放松，坚定着人们"抗战必胜"的信心，并迎来了最终的胜利。

---

[1] 李微：《文化劳军运动》，载《时论分析》1942年第52期，第27-28页。

第五章

"祖国爱"与"同胞爱"：全面抗战时期香港的
筹赈慈善赛（1937—1941）

　　从"九一八"事变到"七七"事变，当中华大地的广袤国土陷入战火
纷飞、生灵涂炭之时，地处南国一隅的香港却不啻为一方"净土"。日寇
的侵略暴行加诸中国人民的沉重苦难，中国军队和人民的艰难御敌，前所
未有的民族危机，大大激发了香港人民的民族意识和国家认同，"国难严
重至此，刺激太深"，身处"世外桃源"（直到1941年底沦陷之前）的香
港人民无法袖手旁观，掀起了一轮又一轮形式多样的筹赈活动，"有钱出
钱，有力出力，然后对得起国家"。许多爱国团体、爱国人士纷纷捐款，
社会各界还运用义演、义赛、义卖等较为新颖的慈善活动向公众募捐。当
时的报纸总结道，香港各侨团有义演、义卖（小贩、报纸义卖）、义赛、
义舞、义唱（歌坛义唱）、义诊、义租（店业义租）、义剪（美发室义
剪）、义拉（人力车夫义拉）、义捐（各侨校发动一元捐、五元捐）等
"十大义举"，捐资救国之举蔚然成风。[1]

　　在这股风潮之中，香港体育界秉承"体育不忘救国"的精神，以饱满
的热情投身其中。民国时期，港澳体育界参加国内全国运动会、友谊赛、
埠际赛等是比较多的，直到抗战爆发之前，很少中断。这种密切的联结是
港澳体育界不断举行各类义赛以支援祖国抗战的感情基础。

　　早在1932年6月10日，香港华人体育球队——南华足球队就曾和驻

---

〔1〕《十大义举纷起，善士报效麻袋》，载《大公报（上海）》1947年6月25日，第7版。

港英国海军联队举行过一场足球慈善赛，筹募款项以协济上海难民。比赛过程中，在上海"一·二八"抗战中坚守吴淞炮台的谭启秀师长亲临现场开球，博得了观众经久不息的掌声。双方球队卖力表演，精彩连连，最终南华队以 5∶1 大胜对手。此次足球慈善赛，除了出售门票外，还开设了博彩环节，以厚收入。[1]

全面抗战爆发后，香港的义赛更是大量增加。1939 年 1 月，上海《新闻报》以"香港的球类义赛筹赈热"为题，报道了香港体育界以球类义赛来声援祖国抗战的爱国善举。香港人民呼应祖国抗战募捐活动，购债、献金、义卖、还债等运动一件件热心地举行着，体育界也竭力"策进筹赈工作，为受伤将士与被难同胞请命"。数月来，无论篮球、排球、网球、足球、小型（足）球，都在为义赛努力着。其中，以足球最具号召力，像1938 年年底的两场足球义赛，一场是伶星赛——电影明星与戏剧名角参加的义赛，现场还有义卖、游艺活动以及女星唱歌，虽然比赛说不上多么专业，但"一举一动，都是看客的笑料"，全部收入在一千元以上。另一场由"球王"李惠堂参加的圣诞节化妆滑稽足球赛，模拟祖国抗战的情形，两支比赛队伍分别以游击队（由已退役或年长的球员组成）和正规军（由正活跃球坛的球员集结而成）命名，中外球员积极参与，卖力表演，博得观众热烈鼓掌，等等。文章盛赞，香港体育界的种种努力正是"体育救国"的爱国表现。[2]

一、抗战爆发后香港体育事业的新动能

近代以来，香港体育事业迎来快速发展期，体育市场日臻成熟，其中足球运动在各项体育运动中显得格外醒目。现代足球最先于十九世纪五六十年代经英国传入香港，香港皇仁书院、圣约瑟、拔萃三所学校在 1900—1903 年间成立了足球队，和上海的圣约翰大学、南洋公学及北京的通县协和书院、汇文书院等足球队一起，同为近代中国最早一批学校足球队。1904 年，香港学校开启校际足球联赛，至 1921 年，共举行 15 次。香港的

---

〔1〕《香港慈善足球赛，南华会险极》，载《浙江体育半月刊》1932 年第 7 期。

〔2〕《香港的球类义赛筹赈热》，载《新闻报》1939 年 1 月 11 日，第 20 版。

中西体育组织众多，足球实力普遍强于各学校。华人体育组织如南华体育会、东方体育会、星岛体育会等各自的足球队云集了众多明星球员，南华队拥有"球王"李惠堂、冯景祥（人称"左李右冯"）两名前锋及李天生、张荣才、侯榕生、黎兆荣等名将，东方队则有侯澄滔、许竟成、包家平、孙锦顺、许文奎、曹秋亭、钟勇森、宋灵圣等球星。1939年，新成立的星岛体育会的足球队异军突起，大肆招兵买马，从南华、东方"挖人"，南华队的李天生、张荣才、冯景祥以及自东方会转来南华队的宋灵圣等几乎过半球员转投该会，一度造成南华队人心浮动，在华人足球界"老大"的地位受到威胁。所幸靠着李惠堂等人的坚守，最终走出了危机。[1]

西人球队方面，米杜息、海军队、香港会、港陆军联队等实力强劲，拥有屈臣、阜拉、大告山奴小告山奴兄弟、施汉等外籍球星。自1922年起，由南华体育会发起华人足球联赛，以与香港的西人足球联赛相抗衡。[2]中西球队经常同场对抗，足球被视为给华人"争面子"的运动，在和西人的较量中彰显中国人的尊严和骄傲。

香港的足球综合实力本就超过在内地领先的上海。全面抗战爆发后，全国体育运动遭受严重打击，除了上海"孤岛"国际租界区，西南大后方重庆、桂林、贵阳等城市尚能保存部分体育实力之外，能保持体育常态的地方就是香港了。随着大片国土先后沦陷，上海、南京、北平、武汉、天津、广州等地许多体育界人士和足球人才流亡到港，其结果是促使香港的足球运动更上一层楼，迎来了异常繁荣的足球"黄金时代"。同时，也使香港以往较弱的体育项目如篮球、排球、田径等有明显进步，整体体育运动水平有所提高。

仅举几例。香港的篮球运动长期水准低落，篮球场地较少，唯一像样的香港中国青年会篮球馆，场地也极为狭小，容量有限，自然难以吸引球迷的关注和兴趣。相应地，篮球人才也较为匮乏。随着内地篮球运动员的相继到来，1939年年初，东方、星岛两体育会分别成立了篮球队。除了男子篮球队，还出现了女子篮球队，这是香港体育史上的首创。东方体育会

---

〔1〕《南华足球远征队今晨首途南征》，载《大公报（香港）》1941年5月15日，第7版。

〔2〕 体育文史资料编审委员会：《体育史料（第四辑）》，人民体育出版社1981版，第3-5页。

的男子篮球队全队 10 人,以上海西人青年篮球赛冠军队——百乐门队为根基,囊括沪港两地健将如冯念华、徐亨、吴华英、吴华雄、韩仁祥、孙宝庆、劳雄等;[1]其女子队则几乎是原上海女子名队——知行队的"化身",李宝珍、梁宝娴、黄意如、林少屏等均位列其中。[2]

香港的排球运动原本技术水平较为低下,从事人数也较少,基本无甚影响。1938 年广州沦陷后,随着许多体育人士纷纷逃港,香港的排球运动开始有了起色。像圣保罗、培英等中学的排球队名满港岛,有来自内地、曾参加过全国运动会的一些排球运动员的加持,香港还能组织起全港排球公开赛。

对于这种情形,"球王"李惠堂曾公开评论,"因为流亡者的汇聚,人才的源源而来,体育的动态反觉加倍热闹,成了全国的重镇"[3]。借助这一力量,香港体育不仅专业水平有所上升,而且在慈善公益和抗战筹赈活动中的影响力不断增强。

岛上的体育界都是热血之流……都能尽其本身的才干,来做点后方的工作。无论是足球、篮球、网球、小型球、棒球、游泳、国术、田径、乒乓种种运动,都一而再再而三地举行筹赈比赛,收入用以购债、购寒衣及赈济伤兵难民。统计由体育界的心血力汗所筹得的款项,其数也惊人。[4]

二、香港体育团体发起的慈善赛

香港体育团体众多,因其特殊的政治生态,既有中国人成立的体育组织,也有西方人的体育团体;既有大型的中西民间体育管理机构,也有各种小型体育团体。1937—1941 年间,他们各尽所能,纷纷举行各类义赛来为支持祖国抗敌和救济伤病难胞筹集善款。

〔1〕《东方体育会成立篮球队》,载《大公报(香港)》1939 年 1 月 18 日,第 7 版。
〔2〕《男女篮球义赛今晚七时在中青会举行》,载《大公报(香港)》1939 年 2 月 13 日,第 7 版。
〔3〕李惠堂:《抗战与体育》,载《申报(香港)》1939 年 1 月 4 日,第 5 页。
〔4〕李惠堂:《抗战与体育》,载《申报(香港)》1939 年 1 月 4 日,第 5 页。

（一）香港两大中西体育机构主办的足球慈善赛

在香港众多的体育项目中，足球运动最为出色，社会影响力也最为显著。其次是篮球，其他如排球、网球、棒球、乒乓球等球类运动，田径、游泳、国术等非球类运动普及度相对较低。香港最大的两个体育及足球管理机构分别是华人的中华全国体育协进会香港分会（简称香港中华体协会）以及西人的香港足球总会（香港足总会）。这两个机构统辖全港足球的联赛、杯赛、慈善赛等大型比赛事宜。

香港中华体协会是中华全国体育协进会的香港分支机构，成立于1927年之前，[1]南华体育会、东方体育会、星岛体育会、华雄体育会等华人体育会均为其会员，体协会下设多个部门，其中以足球部最为出名。

英人主导的香港足球总会成立于1908年，原为西人足球管理机构，囊括在港西人文员、行政及驻港军人的足球队，如文员队、米杜息队、圣约瑟队、警察队、士葛队、葡萄牙队等，后来也接纳华人体育会加入成为会员，以便于协调、减少中西足球队管理上的不便。香港足总会除每年主办香港的足球联赛之外，还举办督宪杯、国际杯和丽华杯三大颇负盛名的杯赛。[2]

1. 足球义赛的形式

香港体育界有着举行慈善赛的传统。全面抗战时期，香港足总会和香港中华体协会密切合作，多次举行中华球队与英国、葡萄牙等国之间的足球慈善赛。既有定期的节庆日四大中西足球慈善赛，即"双十节"（国民政府国庆节）、"樱花节"（11月12日）、圣诞和新年元旦的义赛（偶尔也会在农历新年时举行），也有临时起意举办的足球慈善赛。

从香港足球慈善赛的发起缘由和筹款用途考察，以1939年9月1日第二次世界大战全面爆发为分界线，大致可分为两个阶段：在此之前，主要

---

[1] 陈明辉：《中华全国体育协进会研究（1924—1949）》，武汉大学出版社2019年版，第134页。

[2] "督宪杯"每年举行一次，原本商议由香港足球总会和香港中华体育协进会轮流主理，所得收入双方均分，但是，只在1932—1933年轮流过一次，此后即由香港足球总会包办。一直到1939年，经香港中华体育协进会抗争，才有所让步，允许轮办，参见《大公报（香港）》1939年12月12日，第7版。

为援助中国抗战、呼应国民政府及民间团体、爱国人士的各种战时募捐活动、救助逃亡至香港的难民、战火之中的内地难民等筹集救济款项；在此之后，则同时为中国和英国的反侵略战争募捐。

中英两大体育组织合作的影响最大的足球比赛莫过于每年四大节庆日的足球慈善赛。每一次比赛，香港足总会和香港中华体协会都会精心挑选各自会员球队中的得力干将，组成"华联"和"港联"（西联）两支球队，进行声势浩大的场上对决，常常吸引大量球迷和观众前往观赏。关于这一方面内容，鉴于身为南华足球队队长的"球王"李惠堂几乎每次都会参加，将在本书第六章中详析。

节假日之外的临时足球慈善赛也不为少见。例如，1940年，香港足总会和香港中华体协会合作举办了六场慈善赛，包括四场节庆日足球慈善赛、国际杯和旭龢杯各一场慈善赛，以至于，当该年年底香港一些社会团体向两组织提出继续举行足球慈善赛的请求时，香港足总会因担心比赛过于稠密、引起球迷"观赛疲劳"而为难。[1]思虑再三，仍旧允诺，12月22日，应香港扶轮会、香港青年救护团和澳门救济会三团体的请求，在铜锣湾海军球场举办两场中西足球义赛，其目的依然是支援祖国浴血抗战的同胞。华联队集结南华、东方、星岛等华人体育会球员；西联队则从海军队、士葛队、香港会、米杜息等西方球队中选拔人才。从社会舆论的角度，香港足总会举办的这两场义赛兼具慈善、展示香港足球发展水平和选拔队员等多重含义。具体而言，应香港社会团体之约作慈善，为其一；集合全港中西好手分庭抗礼，可作本季足球成绩一个总检阅，此其二；可为将来香港足球队出战任何埠际赛预先选拔队员，此其三。[2]

两场义赛，原定第一场为后起之秀的对抗，第二场为好手名将的对决。然而，虽然华联队做了精心安排，社会公众亦十分关注，西联队却显得漫不经心，多数主力缺阵，临时东拉西扯，凑起一支队伍上场。比赛结果自然毫无悬念，两场比赛，华联队均以大比分轻松取胜。李惠堂脚伤初

---

〔1〕《港沪埠际足球赛，沪队中止来港》，载《大公报（香港）》1940年12月24日，第7版。

〔2〕《本星期日足球义赛两场，华联人选已经产生》，载《香港华字日报》1940年12月17日，第3张第2页。《论明日中西两战》，载《大公报（香港）》1940年12月21日，第7版。

愈，依然上阵，表现敬业。共得善款 5000 余元，由香港足总会平均分给上述三团体用作赈济难民。[1]

香港中华体协会除了管理华人体育比赛事宜，还负责东南亚、欧美等地体育机构、个人来港交流比赛事务。1941 年 3 月，缅甸华侨足球队告知香港中华体协会即将来港，体协和香港足总会协商后，安排该队与港联、华联及南华、东方、星岛等队举行四至五场比赛，特指定其中一场为义赛，门券收入全部拨充赈济国内伤兵难民。[2]

2. 足球义赛的收入

1939 年，香港足总会主办的足球慈善赛包括国际杯慈善赛、"樱花节"义赛、英国赈华会香港分会和英国赈济会香港分会的义赛等，总收入 14 000余元。[3]1940 年的足球慈善赛收入亦颇为丰厚。该年的国际杯慈善赛邀请中、英、葡等五国参加，中国队以往在此慈善赛事中表现不俗，曾获得过冠军，引起西人的惊呼和赞叹，[4]此次在决赛中击败苏格兰，再次获得冠军。国际杯慈善赛各场比赛门票收入甚佳，总计 6900 元善款，分配给中外慈善机构，包括：圣云仙、育女工艺院各 200 元，水兵馆及海员传道会250 元，圣约翰救伤队、老人院各 400 元，香港慈善会 600 元，干老逊育人院 300 元，保护儿童会 650 元，儿童游乐会 19 元。[5]加之节庆日义赛和临时举办的其他足球义赛，收入共计亦超过万元。[6]

1941 年 4 月至 5 月，香港足总会和中华体协会联办的督宪杯四场足球赛，最后一场比赛改为慈善赛，收入 5675 元，均分给中国政府战时慈善费和英国政府献机之用。该年"樱花节"足球慈善赛收入 1662 元，拨给英

〔1〕《足球义赛联台，华军两路奏捷》，载《香港华字日报》1940 年 12 月 23 日，第 3 张第 2页。

〔2〕《缅甸华侨足球队电告抵港日期》，载《大公报（香港）》1941 年 3 月 6 日，第 7 版。

〔3〕《足球总会为广集善款，将请求当局豁免征税》，载《大公报（香港）》1940 年 12 月11 日，第 7 版。

〔4〕 "China's amazing recovery to win charity cup". *Hong Kong Telegraph*, Apr. 17. 1933, p. 8.

〔5〕《总会昨举行年会，下届职员产生》，载《大公报（香港）》1940 年 7 月 13 日，第 7 版。

〔6〕《足球总会为广集善款，将请求当局豁免征税》，载《大公报（香港）》1940 年 12 月11 日，第 7 版。

国赈济欧战遗孤基金[1]。国际杯足球慈善赛收获 3300 元,分予中外 21 个慈善团体使用。与上一年相比,此次国际杯慈善赛的收入几乎减半,对于这一结果,人们认为和华联队的比赛失利有关,1940 年,中华队连胜三场,并获得慈善赛冠军,带动门票收入达 6000 余元;而本年的比赛,中华队第一场即遭淘汰,成绩不佳,自然球迷观众不捧场,门票出售款大幅下降。此笔善款依照惯例,分发给香港中外慈善机构,包括育女工艺院、圣约翰救伤队、老人院、盲人院、保护儿童会、南华会义学、新界救济会等救济妇幼老弱和难民的慈善团体[2]。此外,香港足总会主办的其他义赛,所得善款酌情分给中英慈善团体:英赈华分会得 2596 元,英国轰炸机基金和战时救济会各得 949 元,扶轮会获 1772 元,中华青年救护团得 1772 元,香港及澳门赈济会各分得 1597 元。[3]该年总计获得近二万元慈善赛收入。

（二）南华体育会举办的慈善赛

全面抗战爆发后不久,香港颇负盛名的华人体育会——南华体育会即发起成立"港侨体育界非常时期工作服役团"（以下简称港侨体育界服役团）,联合其他华人体育会,以球类义赛为主要形式,兼以体育人书画和物品义卖、水上游艺等,筹集善款,赈济战争难民,又认捐救护车、认销救国公债等,"总算尽了体育界的一点义务"。他们于报纸上公开呼吁,前方将士浴血奋战,身处后方的香港民众更应踊跃筹赈,同心协力,以求最后胜利。[4]考虑到战祸蔓延之下,各地救护人才的急需和缺乏,南华会还免费举办数期男女救伤班,招收男女青年进行训练,聘请医师讲授救伤知识,为青年北上服务提供专业帮助。[5]

南华体育会正式成立于 1920 年,由出身于粤籍买办家族、爱好足球的莫庆一手创办,其前身可追溯自 1908 年在莫庆的组织下、香港英文书院几

---

〔1〕《足球总会周年报告》,载《大公报（香港）》1941 年 7 月 6 日,第 7 版。

〔2〕《总会周年同人会定七月举行,选黄家骏等为修章委员,国际杯赛善款分配完妥》,载《大公报（香港）》1941 年 5 月 15 日,第 7 版。

〔3〕《足球总会周年报告》,载《大公报（香港）》1941 年 7 月 6 日,第 7 版。

〔4〕《南华体育会举办卖物筹赈会》,载《申报（香港）》1938 年 5 月 6 日,第 4 版。《体育服役团筹办足球义赛,为两妇女团体筹款救济伤难》,载《大公报（香港）》1941 年 3 月 28 日,第 7 版。

〔5〕《东南西北》,载《大公报（香港）》1938 年 10 月 14 日,第 7 版。

位学生创建的中国近代史上第一个华人体育组织——华人足球会。1910年，在莫庆的倡议下，华人足球会改称"南华"足球会，取香港岛位于祖国南疆之意，宗旨是"以锻炼体魄，振起雄风，一洗'东亚病夫'耻辱为目的"。1911年，南华球员代表华南地区参加在南京举办的第一届全国运动大会（全运会）足球赛，并获得冠军。此后数年，却因为经费无着而一度被迫停办，球员分两批加入孔圣会或琳琅社。1915年，南华足球会球员重新集结，两个团体合并，更名为"南华游乐会"。1920年，召开会员大会，一致通过正名为"南华体育会"。自此，会务逐渐走上正轨，会员数量日益增多，设施不断改善，逐步自建运动场馆和游泳场等，其足球队在香港、全国乃至国际足球比赛中（作为中华队成员）屡获佳绩，至二十年代末"饱获鼎鼎大名"，[1]在香港一众华人体育会中地位显赫，甚至成为远东地区知名的华人体育机关。

南华体育会主要通过两个途径和慈善赛发生关联：参加香港中华体协会和香港足总会举办的节庆日义赛、各类杯赛中的慈善赛以及其他社团团体、慈善组织邀请参加的各类慈善赛；以南华会或港侨体育界非常时期工作服役团的名义倡办各种义赛。

1. 足球义赛

足球比赛在香港的吸引力最大。时人指出，豪绅显爵、九流三教，均热衷此事，踊跃看球，亦唯有这方面最能赚钱，有钱人亦最肯掏腰包。所以，以足球比赛的门票收入，来赈济祖国伤兵难胞，实在是一个很上乘的办法。

1938年9月，鉴于日寇敌机轰炸广东各地平民，死伤遍地，南华体育会举办水运筹赈会，又举办南华队对全港选手队的足球义赛，"以增收入"，[2]共计筹得港币6500元，会长周文治个人捐款1000元，一并将善款交由港侨体育界服役团统一支配，先是购置救护车一辆，交广州红十字会使用，不久又捐送琼崖救护车两辆、港侨北上青年救护团药品和寒衣若

---

〔1〕 莫凯敏：《近代广东足球文化发展历史研究》，东北大学出版社2021年版，第122-126页。

〔2〕 《南华体育会举办募购救伤车足球赛》，载《香港工商日报》1938年8月30日，第3张第4版。

干。[1]

据南华体育会公布的数据，1938 年 7 月至 1939 年 4 月底，收入进账共 14 万余元，尤其足球部堪称"大丰收"，不仅南华南队（南华会成立了南华南和南华华两支足球队）获得香港足球联赛和特别银牌赛两大冠军，而且在慈善赛的举办和收入方面可圈可点：旭和慈善杯收入 2497 元，港侨体育界服役团足球筹赈赛进款 5802 元，水运筹赈 3008 元，万国田径义赛得 721 元，歌咏献金 181 元，共收入万余元。[2]

1941 年 2 月，香港南华、东方、星岛、光华四个大名鼎鼎的华人体育会，筹组华人足球义赛。这一提议受到社会热议。有人提议，为了平均各会人才和打破界限，应将南华、东方、星岛等体育会球员混合分编成"抗战""必胜""建国""必成"四队，既能给球迷最多的新鲜感，吸引更多球迷慷慨解囊，又能为以后中华队组队比赛提供磨合和合作的机会，弥补中华队本届连失两大锦标的失败。并且，此一比赛可采取单循环制，以一年为一届，一直到祖国抗战胜利为止。这种有意义的伟举，"将替我们体育界辟开一光荣的新页"。[3]

香港和澳门两地体育组织之间有着密切往来。以南华会为代表的华人体育会和澳门球队不止一次举行各种比赛、慈善赛，为祖国抗战出力。例如，1940 年年底至 1941 年 2 月的三个月内，澳门联队与赴澳的香港华人三球队进行了五场足球比赛，其中包含三场足球义赛，他们的对手分别为星岛队、东方队和南华队。[4]

不仅仅在香港、澳门，义赛善举还延伸至东南亚国家和地区。当时，香港的华人体育会在每年足球联赛季过后，会前往东南亚各国与当地华侨华人足球队切磋交流。东南亚侨胞普遍怀着强烈的爱国之情，南华足球队充分利用这一机会，以最高水准的"演出"，想要"尽可能地负起责任，多多在各地举行义赛"，既无愧于"体育救国"的本旨，又争取更多华侨

---

〔1〕《东南西北》，载《大公报（香港）》1938 年 9 月 20 日，第 7 版。

〔2〕《南华同人大会公布进支数目》，载《大公报（香港）》1939 年 9 月 25 日，第 7 版。

〔3〕《四华人体育会筹组足球义演》，载《大公报（香港）》1941 年 2 月 26 日，第 7 版。

〔4〕《三十年老球迷畅论港澳足球》，载《大公报（香港）》1941 年 2 月 18 日，第 7 版。

华人和友好人士的同情和支持。[1]他们不止一次为赈济祖国难胞、筹集抗战经费进行义赛。例如,1939 年 7 月底,南华足球队在南征途中到达吉隆坡,与吉隆坡华联队进行义赛,引起轰动,看客满满,热闹异常,收入颇为可观。[2]1941 年 6 月,南华足球队再次南征,在新加坡与华人联队踢了一场慈善赛。[3]

2. 田径义赛

除了倡举和参加足球义赛,南华体育会本着全面发展香港体育运动和拓宽义赛种类的宗旨,还举办其他体育慈善赛。田径义赛即为其一。

1938 年圣诞节来临前,南华体育会足球部派队员参加中西圣诞慈善足球赛,田径部则筹划香港历史上的首次中西田径义赛,广邀香港中西学校和体育社团参加,募集善款筹济难民。[4]

香港的田径运动和游泳、棒球等一样,从事的运动员不多,基础一直较为薄弱。抗战时期,广东田径界有不少人流亡到港,其中不乏享誉全国的田径名将,如司徒光系三级跳老手,1936 年曾入选柏林奥运会中华代表队;何培根、陈福添、王民显、凌鸿照、余尚英(女)等亦具备相当实力,加上赵陈珊、陈咏琪、邓衍豪、方被甄等四名女子运动员,最终以"广东流亡田径队"的名义,组成男子 27 人、女子 5 人的运动队,报名参加中西田径义赛。[5]田径运动中的竞走项目此前并不被香港华人所熟悉,更谈不上有人从事和训练,属于"弱势中的弱势",故此次中西田径义赛中并无"竞走"一项。然而,此前在南京和上海全运会上,竞走均曾被列为表演项目,颇受观众欢迎,国内竞走好手蔡正义、张造九和丘德昌等相继来港,亦为华人竞走项目储备了人才。又因竞走运动起源于英国,彼时西方"军舰云集"的香港应该也不缺擅长竞走的西人,故由媒体代为出

〔1〕《东星队捷报频传,再胜维多利亚》,载《大公报(香港)》1941 年 6 月 17 日,第 7 版。

〔2〕《南华在吉隆坡义赛,零比零战和华联,收入尽汇返祖国赈济难胞》,载《大公报(香港)》1939 年 7 月 31 日,第 7 版。

〔3〕《南华首次义演,再胜霹雳队》,载《大公报(香港)》1941 年 6 月 12 日,第 7 版。

〔4〕《东南西北》,载《大公报(香港)》1938 年 11 月 2 日,第 7 版。

〔5〕《广东流亡田径队参加公开义赛》,载《大公报(香港)》1938 年 11 月 18 日,第 7 版。

面，呼吁南华体育会在中西田径义赛中增添"竞走"项目[1]，可惜未能协调成功。

1938年12月25日圣诞节，香港首次中西田径义赛如期举行，145名中外运动员参加了跑步、跳高、跳远、铅球、垒球等七大类比赛项目。令人遗憾的是，虽经南华会精心筹备和媒体卖力宣传，但香港人民对此接受程度不高，现场观众人数"十分稀落"。[2]不过，南华体育会并没有为此气馁，次年秋天，再次举办中西田径义赛，[3]奈何观众仍然不多。

1940年，为扩大影响，南华体育会将发动重点放在香港大中学校上，积极联系各校，并将田径义赛改名为"南华体育会主办全港学校运动筹赈大会"，实际上仍以田径比赛为主，以达到筹赈祖国难民和提倡田径运动的双重目标。这一次终于取得了良好效果。1941年5月9日至11日，历经四个多月筹备，全港学界筹赈运动会连续举行三天，岭南大学、广州大学、培英中学、仿林女中、英皇学校等大中学校、女子学校共29所派人参加，学校运动员达570余人，再加上香港社会各界团体百余人，共计700余名运动员参赛，在日寇威胁加剧、战争阴云密布且田径运动每况愈下的香港，实属不易，更意义深远。此次筹赈会所收善款，全部捐给港侨非常时期工作服役团分配管理。[4]

在南华体育会对田径义赛用力推进的同时，香港中华体协会也行动起来。1941年4月，香港中华体协会田径部与英国陆军体育会协商，决定主办中英田径义赛，分别为中、英两国赈济伤兵难民筹款。这一动议自一年前即已出现，因两体育机构人事、组织变动等原因，此时方才得以落实，义赛日期紧随南华会的全港学校运动筹赈会之后。[5]香港中华体协会号召全港华人田径好手，尤其是将各学校、体育会的华人名将集结起来，与英

---

[1]《竞走国手蔡正义等有意出山参加义赛，希望南华会先来提倡》，载《大公报（香港）》1938年11月19日，第7版。

[2]《中西田径义赛各项竞争激烈》，载《大公报（香港）》1938年12月25日，第7版。

[3]《本港田径中坚分子筹办中西田径义赛》，载《香港工商日报》1939年10月19日，第2张第4版。

[4]《学界筹赈运动会今晨九时揭幕》，载《大公报（香港）》1941年5月9日，第7版。

[5]《中英田径慈善赛周末开始举行》，载《大公报（香港）》1941年5月16日，第7版。

国陆军联队比拼，以提倡田径运动，并为华人争光。[1]最终从候选的30人中选出13人参加比赛，在田赛、径赛各六项、共计十二个项目比赛中，英国陆军联队获胜六项，中华队获胜三项。其中，朱福胜于撑杆跳项目获得第一名，实属不易，为中华队收获了荣誉。[2]

（三）其他华人体育机构主办的义赛

香港的足球运动十分发达，除了英人主管的香港足球总会，还有华人所办的小型足球联合会，旗下有九龙小型足球联会。小型足球为足球运动的一种，或称简易足球，是随着现代足球的传入而发展起来的，需要场地、出场队员数均小于普通足球。小型足球有七人制、五人制等，"七人制"足球很早即在香港出现，每年有"会长杯""七人制"小型足球比赛。[3]香港小型足球联合会的创办者为鲍志端，他自"一·二八"上海事变之后来到香港，"素重体育"。二十世纪三四十年代，香港小型足球运动蓬勃发展，不出几年即传播至内地，在广东、广西、上海、湖北等地传播流行，他贡献良多。鲍氏在体育界因办事敏捷、能力出众而颇具地位，先后任香港中华体协会执行委员、怡和体育会总务主任等职。[4]他也致力于推动举办足球慈善赛。1938年8月，香港小型足球联合会为给港侨救护团筹集北上赴祖国参加抗战救援的费用，组织华人的华雄体育会足球队对香港军警队、香港区联队对九龙区联队的足球义赛，四队人马集结了当时名将，尤其在后面两队，侯澄滔、黎兆荣、宋灵圣、李国威、邹文治等东方体育会名将分别加入香港区联队和九龙区联队，增加了两队实力。[5]不久，香港小型足球联合会又派出代表队赴澳门，与澳门联队举行小型足球义赛，以救济战争难胞。[6]

另一个重要的体育机构是香港篮球联会，成立于1920年代初，[7]一

---

〔1〕《中西田径义演下月初开锣》，载《大公报（香港）》1941年4月8日，第7版。

〔2〕《五月份工作报告》，载《大公报（香港）》1941年5月30日，第7版。

〔3〕高宝华编著：《普通高校足球课程教材》，南开大学出版社2010年版，第168页。

〔4〕《港澳小球埠际义赛，港代表队明晨出发》，载《大公报（香港）》1938年9月1日，第7版。

〔5〕《小型足球周末尚有大战》，载《大公报（香港）》1938年8月18日，第7版。

〔6〕《港澳小球义赛，港队胜华南》，载《大公报（香港）》1938年9月4日，第7版。

〔7〕《篮球联会改组章程》，载《香港青年》1933年第1卷第15期，第89页。

直致力于推动香港篮球运动的进步,举办学界篮球赛、女子篮球赛等,又组织男女篮球义赛、扶持体育会举办篮球义赛。[1]1939年2月,香港篮球联会支持东方、星岛两体育会的篮球队举行男女慈善篮球赛,为祖国伤兵难民筹款。[2]

至于华人体育会方面,东方体育会是与南华体育会比肩的老牌体育会,星岛、华雄、光华等则是二十世纪四十年代初后来居上的新兴体育会。这些华人体育会也会单独主办或相互协作举办各种慈善赛。例如,1940年5月,东方足球队与英海军队举行足球义赛,收入一分为二,分别拨归英国赈济会香港分会和香港慈善团体。[3]

1941年夏,华雄体育会主办夏令篮球义赛,虽然票价仅为二毫、四毫两种,但挡不住会员及观众们的热情。所得善款扣除娱乐税外,尚余308银元,一半用作捐助国内"一元献机"运动,一半拨作华雄义学的经营费用。为凑足国币一千元献机资金,还从华雄基金项下划出8元,按市值兑换成国币补齐,将一千元国币献给港九各界响应一元献机运动委员会统一解缴国民政府。[4]一直到1941年11月,香港沦陷的前一个月,华雄体育会还在计划举办全港排球义赛,培英中学、东方、南华等纷纷表态参加,以为祖国伤兵难胞筹集赈济款项。[5]

三、香港社会团体和慈善组织发动的义赛

全面抗战时期,香港各界社会团体和慈善组织的筹款活动络绎不绝。其中,香港记者公会体育特项委员会(以下简称香港记者体特会)、香港文艺团体、华南电影界兵灾筹赈会等为支援祖国抗战和给难民"请命",

---

〔1〕《香港篮球联会今日召开会议,商讨举办学界篮球比赛》,载《大公报(香港)》1940年10月23日,第7版。

〔2〕《男女篮球义赛今晚七时在中青会举行》,载《大公报(香港)》1939年2月13日,第7版。

〔3〕《今日又有一场义赛,东方会再逢洋水兵》,载《香港华字日报》1940年5月12日,第3张第2页。

〔4〕《夏篮义赛数目公布,已缴一千元献机》,载《香港工商日报》1941年11月11日,体育版。

〔5〕《华雄体育会举办全港排球义赛》,载《香港工商日报》1941年11月20日,体育版。

多次发起义演、义赛、义卖筹赈活动。

香港记者公会下设的体育特项委员会自设立以来，不遗余力地提倡记者体育运动，并十分关注体育慈善事业。1938 年 12 月底，香港记者体特会邀请保罗中学、广州大学、培英中学、岭南大学等学校举行"赈难杯"排球义赛。[1]

1939 年，蒋介石和宋美龄号召国内外民众展开"宝剑赠领袖，寒衣送征人"的赠剑、送寒衣募捐运动，香港各团体纷纷响应。10 月，香港记者体特会举办了一次男女筹捐寒衣篮球义赛。第一场为别开生面的男对女篮球义赛，[2]从上海来港的"电影皇帝"金焰、"野猫"王人美到场击鼓助战，义赛由香港远征菲律宾的女子篮球队对阵男子记者队，[3]女子运动员的娇小、勇猛和男子队员的高大、克制让现场笑声不断，充满欢乐。第二场为沪联队对港联队。义赛共筹得善款 119 元。[4]

1940 年 1 月 31 日，应香港记者体特会之邀，为给祖国抗战将士募捐寒衣，在香港第一届陆上运动会结束后，即将于农历新年代表香港前往上海作埠际足球赛、以英国球员为主的埠际队与华南队进行足球义赛。香港记者体特会曾数度举办募捐寒衣球类义赛，募捐数额可圈可点，很有经验。此次得到香港中华体协会和香港足总会的大力支持，派出两支强队参加义赛。[5]埠际队的英国名将麦士咸、施汉、大告山奴、阜拉，华联队主力李惠堂、许竟成、李国威、侯容生等均齐齐出场。[6]正如埠际队的名将大告山奴所言，这次和华联的义赛，"不特给我们一次最良好的练习机会，而且这种募捐寒衣运动，在道德上讲，我们也应该帮忙"。这次义赛是埠际队出发赴沪前最后一次练兵，又为慈善出力，可谓一举两得。此举意味

---

〔1〕《汉英排球队参加义赛，明天约保罗友谊赛》，载《申报（香港）》1938 年 12 月 30 日，第 5 页。

〔2〕《募棉衣篮球义赛，记者队仅胜娘子军》，载《香港华字日报》1939 年 10 月 22 日，第 2 张第 4 页。

〔3〕《昨晚篮球表演，老爷发神威，四十二比四十，娘子走麦城》，载《大公报（香港）》1939 年 10 月 22 日，第 7 版。

〔4〕《篮球义赛收入成绩美满》，载《大公报（香港）》1939 年 10 月 23 日，第 7 版。

〔5〕《筹募寒衣足球定明天排演》，载《大公报（香港）》1940 年 1 月 30 日，第 7 版。

〔6〕《记者足球义演，华联战埠际队》，载《大公报（香港）》1940 年 1 月 25 日，第 7 版。

着国际人士对中国抗战事业的同情和帮助。对中国人而言，"每一个中国人更应该多干一点救国工作，那么才对得住同情于我们的国际人士"。球迷们多买一张门票，"便可多制一件寒衣了"。[1]

1月31日下午的足球义赛，华联队以3∶0战胜合作欠佳的埠际队，李惠堂贡献了一颗进球。中场休息时，前来参加运动会游艺活动的影剧明星吴楚帆、马师曾演唱爱国歌曲。小贩梁秋祺邀集多人到球赛现场义卖生鲜果品，他将个人所得售款23元全部捐献添力。足球抽彩环节由明星璐明小姐主持，共得22元。门票收入498元，总计收获543元，成绩还算"美满"。[2]

民国香港的娱乐业发达，粤剧社、戏剧剧团、电影公司数量不少，有许多成立了自己的篮球、足球队，除了以义演筹赈，还利用义赛、义卖等形式募捐。1938年4月底，粤剧名角薛觉先率领自己的觉先声剧团的演员组成的足球队，与另一粤剧名人马师曾主办的太平剧团（粤剧戏班）[3]足球队举行了一场小型足球筹赈义赛，以赈济祖国伤兵难胞。[4]华南电影界兵灾筹赈会是抗战时期香港电影界成立的慰劳组织。1938年11月至12月间，兵灾筹赈会动员各大电影公司的启明、中南、大观、文化、新月五支足球队于每周六、日连续比赛两场，为祖国抗战募捐，总共举行了十多场足球慈善赛。[5]

香港记者体特会、华南电影界兵灾筹赈会两个组织的足球队还相互对抗，数次进行足球慈善赛，两相比较，由影剧明星组成的伶星队实力稍胜一筹。1938年11月8日的足球义赛，伶星队取胜。[6]1939年1月14日的

〔1〕《今日慈善足球赛》，载《大公报（香港）》1940年1月31日，第7版。
〔2〕《记者足球义赛，华联净胜三球》，载《大公报（香港）》1940年2月1日，第7版。
〔3〕中国戏曲志编辑委员会：《中国戏曲志·广东卷》，中国ISBN中心1993年版，第380页。
〔4〕《伶人小型球义赛，两剧团人选已定》，载《香港工商日报》1938年4月27日，第3张第4版。
〔5〕《华南电影界小球义赛定明日开始》，载《大公报（香港）》1938年11月11日，第7版；《小球义赛，电影界今明两天有战事》，载《申报（香港）》1938年12月18日，第5页。
〔6〕《小型足球义赛，伶星压倒记者》，载《申报（香港）》1938年11月8日，第4页。

足球义赛，两队战和。[1]第二次比赛结束后，主办方别出心裁，将比赛过程、开球仪式、球员信息、场上表现、义赛收入等经由袁成金电影公司录影剪辑成小型纪录片，提供给住宅、商户等自由放映，以扩大宣传。[2]

四、抗战纪念日义赛

抗战时期，香港人民风起云涌的抗战救亡活动，还包含"七七""八一三""九一八"等抗战纪念日的集会，香港各界往往举行隆重的纪念仪式，并展开献金、募捐活动。香港的体育组织、社会团体、慈善机构在抗战纪念日集中举行各种义赛，形成合力，为祖国抗战献金筹款。

1938年9月，围绕"九一八"事变七周年，香港各界举行了一系列盛大的纪念活动，并掀起献金热潮。首先，本年度香港学界排球冠军——圣保罗学校的同学会发起与全港排球公开赛冠军——培英队的排球义赛，筹赈救助祖国难胞。圣保罗排球队中，参加过远东运动会的校友霍伯垣、梁杰堂以及侯约如、欧阳兆业、周永梅等勇将系列戎行；培英队中的丘广燮、黎连泽系远近闻名的国手。[3]9月18日的义赛日，圣保罗学校墙壁上到处贴着"不忘九一八""抗战到底，获最后胜利""予侵略者以打击""体育不忘救国"等抗战标语。义赛开始前，举行庄严的纪念仪式：演奏《义勇军进行曲》、升国旗、静默三分钟。[4]此次义赛请到保罗校友薛觉先、钱广仁、何大等演艺明星、社会名流到场助兴。[5]较为遗憾的是，培英队的两位名手中，黎连泽因故未能出场、丘广燮仅上场数分钟即受伤下场。尽管如此，经最后统计，义赛共筹得款项600余元。[6]

其次，东方体育会邀约西人联队进行足球义赛，善款用于购买国民政府公债。但因西联队阵容一般，观众不甚踊跃，只筹得善款百余元，效果

[1]《足球义赛，记者伶星战和》，载《申报（香港）》1939年1月15日，第7页。
[2]《足球义赛摄成影片一百尺》，载《申报（香港）》1939年1月20日，第5页。
[3]《圣保罗排球义赛，培英战保罗》，载《大公报（香港）》1938年9月16日，第7版。
[4]《培英排球队健将缺席，保罗奋勇克劲旅》，载《大公报（香港）》1938年9月19日，第7版。
[5]《东南西北》，载《大公报（香港）》1938年9月9日，第7版。
[6]《培英排球队健将缺席，保罗奋勇克劲旅》，载《大公报（香港）》1938年9月19日，第7版。

欠佳[1]。东方会邀约西联队再赛一场，却不料计划的比赛日期恰与香港中华体协会早已策划中的协会队和西人米杜息队之间因雨延期后的足球慈善赛日期"撞车"。东方队主力球员宋灵圣、侯澄滔、孙锦顺、许竟成等分身乏术，既要参加东方队的义赛，又必须出场协会队的比赛，酿成一场不大不小的人才"纠纷"。经双方数次协商后，同意将几名球员均匀分配，分别代表东方队和协会队出战，此事才平息。[2]

同时，南华体育会举办水运筹赈会、足球义赛等，将收入善款拨充购置救伤车辆并捐送国民政府。[3]银星音乐社主办乒乓献金义赛，由两支冠军队——孔圣队对银星队，门票加现场卖花所得计 300 余元。钟声慈善社在该社游泳场举办第三次筹赈难民水陆游艺大会，连办三天。红红体育社则发起全九龙区公开乒乓团体义赛。[4]

1940 年 7 月 7 日，南华体育会在其游泳场举办纪念抗战"七七"事变游艺筹赈会，二千余人莅临参观，情形热烈，节目丰富，现场有演唱游艺、白话剧等表演，由吴楚帆、胡美伦、林坤山、白梅等演出的《黄梅时节》异常精彩，受到观众欢迎。首日共计 840 余元，交由港侨体育界服役团转汇重庆中央政府。[5]同时，港九乒乓球界义赛临时比赛会还主办全港乒乓界横直板义赛助兴，由李俊亨、杨鹤龄等正手板选手，刘国柱、黄业成、李志清等负手板选手共 19 位乒乓球运动员参赛，还请来香港名流陈兰芳等行开球礼，以示隆重。[6]

五、女性与香港的义赛

抗战爆发前，香港的女性组织、女性团体并不多。全面抗战爆发后，

---

〔1〕《昨日一幕足球义赛，东方轻取西联》，载《大公报（香港）》1938 年 9 月 19 日，第 7 版。

〔2〕《明日协会足球义赛，人选问题已解决》，载《大公报（香港）》1938 年 9 月 20 日，第 7 版。

〔3〕《东南西北》，载《大公报（香港）》1938 年 9 月 20 日，第 7 版。

〔4〕《东南西北》，载《大公报（香港）》1938 年 9 月 14 日，第 7 版。

〔5〕《七七游艺会成绩甚佳，义款八百余元》，载《香港华字日报》1940 年 7 月 9 日，第 3 张第 2 页。

〔6〕《乒乓义赛今夕七时上演》，载《香港华字日报》1940 年 7 月 9 日，第 3 张第 2 页。

由于日本侵略带来的强烈冲击以及国内难民逃往香港人数的增多，香港的妇女团体、组织如雨后春笋般蓬勃生长，女性在慈善公益、抗战募捐、抗战救亡活动中日益活跃，也开始涉足义赛。

（一）妇女救亡团体、女子学校和女性名人主动发起的义赛

1937年"七七"事变前，香港少数女性团体和组织中，较为知名的是基督教女青年会。它成立于1920年，主要基于宗教慈善开办女子夜校、从事女子教育。抗战军兴，从上海、南京、广州等地来港的一批国民党政要夫人、社会名流夫人和知识女性，借着香港政府对于成立救亡团体的默许态度，成立了许多妇女救亡团体，打破了此前香港妇女运动"沉寂"的局面。这些妇女救亡团体既有香港本地的华人妇女组织，也有内地来港的华人妇女组织。其中影响较大的有中国妇女慰劳自卫抗战将士总会香港分会（以下简称香港妇女慰劳总会）、香港妇女兵灾筹赈会、香港中国妇女会（以下简称香港妇女会）、香港新生活运动促进会妇女工作委员会（以下简称香港新运妇委会）等。

香港妇女慰劳总会成立于1937年9月，由孙科夫人陈淑英及宋子文夫人张乐怡任负责人，"会员多属京沪旅港之知名妇女及港中妇女界领袖"，[1]会员约200人。它是国民党中央指定的在香港征集和接收海外侨胞及国际友好人士援助物资的妇女团体，并持有财政部免税执照。因此，它在香港众多妇女团体中有着独特的地位和优势。

香港妇女兵灾筹赈会成立于1937年8月，由驻港十余位妇女界领袖发起，谭世藩夫人刘庆萱任负责人，到1939年会员已超过2000人。该组织实行会员制，大部分会员为在港中上阶层的家庭妇女，每人每月缴纳会费一元，主要从事缝制衣物、募捐药品、难民赈济等工作。香港妇女兵灾筹赈会的工作比较贴合大众，一般香港市民的零星捐款多半会交给她们。

香港妇女会成立于1938年10月，绝大多数会员为原妇女兵灾筹赈会会员，是因意见分歧而另外成立的妇女救亡团体。

---

[1] 《妇女谈话会工作报告》，1938年，第59页，转引自赵佳佳：《全面抗战时期的香港妇女运动》，载李明舜、刘利群主编：《马克思主义妇女理论中国化与妇女事业发展研究论文集》第二辑，中国妇女出版社2022年版，第161页。

香港新运妇委会则是由新生活运动促进会妇女工作委员会驻港办事处于1939年8月改组而成,隶属于新生活运动促进总会妇女指导委员会,主要工作包括组织训练、文化事业、慰劳工作、儿童保育、战地服务等。[1]

这些妇女救亡团体和香港的女子学校、妇女团体、著名女性纷纷掀起为了支援祖国抗战而进行的募捐活动,体育慈善赛即是其中之一,包括足球、棒球、乒乓球、溜冰等。

1938年8月,香港妇女慰劳总会运作新成立的香港归侨棒球队,将该队首秀献给香港妇女慰劳总会的筹赈义赛。考虑到棒球运动的小众特性,在港的李仲振、汤荣光等棒球高手携手包家平、陈宇钿、朱国伦等足球名将中擅长网球者组成华侨队,邀约印度、英、美等在港军地人员组成的西联队进行比赛,又与香港棒球联赛冠军——中华队交锋,以广收入。[2]

1938年9月底,应国民党第四战区副司令,掌管闽、粤两省军事的余汉谋的夫人上官德贤的邀请,东方体育会和港联队举行了一场为广州儿童保育会筹款的足球义赛。东方体育会会长陈兰芳亲自到场开球,余夫人上官德贤赠送足球一只,并在比赛结束后由陈策夫人梁少芝代其向双方队伍献上锦旗。[3]知行女中数十名女学生在比赛场中手持足球彩票,向观众兜售。赛后统计,义赛门票收入1500元。[4]

该年"双十节"国庆日的足球义赛,是为了筹资救济难民以及购买防毒面具提供给前线将士,香港妇女兵灾筹赈会、香港妇女慰劳总会、香港基督教女青年会、广东新生活运动妇女工作委员会四个大型妇女团体联合南华会主导的港侨体育界非常时期工作服役团,以五团体的名义,早早向香港慈善家、名流推销名誉券门票,为南华队与西人海陆军联队的精彩义

---

〔1〕 以上内容见赵佳佳:《全面抗战时期的香港妇女运动》,载李明舜、刘利群主编:《马克思主义妇女理论中国化与妇女事业发展研究论文集》第二辑,中国妇女出版社2022年版,第159-161页。

〔2〕《棒球义赛日期近,华侨队开始练习》,载《大公报(香港)》1938年8月18日,第7版。

〔3〕《为广州儿童保育会筹款,东方今日战西联》,载《大公报(香港)》1938年9月29日,第7版。

〔4〕《昨日足球义赛,东方会击败西联》,载《大公报(香港)》1938年9月30日,第7版。

赛做宣传。[1]上述四个妇女团体还成立了妇女四联会救国训练宣传服务团，请求全港小型足球协进会与澳门体育球队进行港澳小型足球筹赈义赛，为该服务团北上内地为抗敌将士购买药物之用。[2]经过协商，确定由澳门代表队和香港海军联队、香港代表队三支队伍在香港举行两场义赛，[3]全部收入400余元。[4]

11月，香港妇女慰劳总会为排演英语《西厢记》一剧筹款，除连续在皇后剧院演出三天之外，还请电影界参与足球义赛。[5]电影界很快组织起由伊秋水、白玉堂、吴楚帆、廖梦觉、马师曾等影剧明星组成的伶人队，与李众荣、黎之明等组成的记者队共同表演，文艺界和文化界联手行义举。这些男性明星的出现吸引了许多影迷、同行入场，尤其是女影迷，观众中有许多"乐善好施之姑娘太太"，还有"活泼多姿之男女伶星"，场内有女郎劝销抽彩券，逃亡来港的武汉合唱团还莅临助庆，并请到"球王"李惠堂担任裁判。义赛现场热闹非凡，最后以伶人队压倒记者队结束比赛。[6]香港妇女慰劳总会的胡木兰、高淑志和电影、体育、记者等行业热心人士在筹划、协调比赛、推销义赛门票、组织现场义卖等方面出力尤甚。[7]

12月中旬，香港妇女慰劳总会又发动粤剧和电影界的足球人士参加"伶星足球义赛游艺大会"，由粤剧名角薛觉先、朱剑飞等组成的伶人队与包括吴楚帆、伊秋水等在内的影界队展开足球义赛，为该组织筹集善款。[8]

1939年8月，香港妇女慰劳总会协同东方体育会，举办纪念"八一三"足球义赛，作战双方为东方队和港联队，东方队全为华人球员，港联

---

〔1〕《双十节足球义赛，南华会今夜选兵》，载《大公报（香港）》1938年10月6日，第7版。

〔2〕《港澳埠际小球义赛预定二场》，载《大公报（香港）》1938年10月13日，第7版。

〔3〕《埠际小球轮回义赛，澳队战胜海军》，载《大公报（香港）》1938年10月20日，第7版。

〔4〕《埠际小球结束，澳队昨日班师》，载《大公报（香港）》1938年10月22日，第7版。

〔5〕《"西厢记"义演求续演》，载《申报（香港）》1938年11月5日，第4页。

〔6〕《小型足球义赛，伶星压倒记者》，载《申报（香港）》1938年11月8日，第4页。

〔7〕《伶星足球义赛入场券，影人分四队劝销》，载《申报（香港）》1938年12月9日，第5页。

〔8〕《足球游艺大会串，伶星两队点将录》，载《申报（香港）》1938年12月15日，第5页。

队属中西混合队，以西人球员为主，也有谭均干、黄景聪等华人球员。[1]然因欧战爆发前夕，时局紧张，人心惶惶，到场观众不多，门票仅收入294元，另加抽奖彩票近20元，共计310余元。[2]

9月，香港妇女兵灾筹赈会在南华会加路连山体育场举行棒球义赛，由美国队、香港会等与华联队展开激战，[3]共得善款153元，支出购球、印刷、车费等53元，实得100元，由该会统一购买药品送往抗战前线。[4]

1940年12月，香港妇女慰劳总会主办港澳男女乒乓球义赛。[5]女子选手方面，请到了澳门乒乓球单打冠军郑静轩和被称为南中国"女球王"的杨渭滨对阵，由香港妇女慰劳总会胡木兰主持开球礼。比赛现场还有音乐演奏、女子古装舞表演、小学生国技（武术）表演、女歌星演唱等，观众众多，热闹非凡。[6]

1941年2月，趁着美国二十世纪霍斯电影公司篮球队赴港交流，香港妇女兵灾筹赈会宣布邀其与香港篮球好手做一对决，为本组织筹募经费。[7]

3月，赶在东方体育会的足球队、篮球队南下前往菲律宾征战之前，香港妇女慰劳总会和华雄义学两团体，请东方篮球队与南华、星岛两支篮球队举行两场义赛，为赈济伤兵难民之用。[8]香港新运妇委会为赈济伤难同胞，携手九龙溜冰场，举办全港公开华人溜冰义赛，华人男女滑冰选手十余人参加，获得善款746元。[9]

---

〔1〕《今日足球义赛，东方出马战港联》，载《大公报（香港）》1939年8月27日，第7版。

〔2〕《昨日愉园足球赛，东方大破港联队》，载《大公报（香港）》1939年8月28日，第7版。

〔3〕《今日棒球义赛，华联队出战美利坚》，载《香港工商日报》1939年9月3日，第3张第4版。

〔4〕《棒球义赛收入成绩公布》，载《香港华字日报》1939年9月26日，第2张第4页。

〔5〕《港澳埠际乒乓义赛，各界买券甚踊跃》，载《大公报（香港）》1940年12月11日，第7版。

〔6〕《港澳埠际女乒乓赛，六比一港队大胜》，载《大公报（香港）》1940年12月21日，第7版。

〔7〕《霍斯篮球队犯港，港方准备迎抗》，载《大公报（香港）》1941年2月15日，第7版。

〔8〕《东方征菲篮球队留港义演两场》，载《大公报（香港）》1941年3月22日，第7版。

〔9〕《九龙溜冰场公开义赛为新运会筹款》，载《大公报（香港）》1941年3月27日，第7版；《溜冰热义演全部收入达七百余元》，1941年6月23日，第7版。

　　此外，香港的其他女子团体、女子中学在主办、组织和参加为声援祖国抗战而募捐的义赛方面同样表现积极。例如，1938 年 9 月，从广州迁港的思思女中女子篮球队赴澳门参与献金义赛，共比赛三场。[1]1939 年，中国大陆民众展开为抗敌前线将士和难民募捐寒衣的运动，消息传到香港，民众热烈响应，又一次掀起募捐热潮。其中，香港学界承担了三万元的募捐任务。[2]9 月，成立不足一年的仿林女中以名誉董事长陈济棠（伯南）的名义举办"伯南杯"全港女子公开球类（排球、篮球）义赛，请各界名流担任顾问，体育界名人担任裁判。[3]不久因欧战影响，香港时局动荡而暂停，[4]至 12 月底方才重新开启，于 12 月 30 日、31 日和 1 月 1 日连赛三天，[5]且扩大为男女排、篮球公开义赛，广邀各中学、大学、华人体育会参加。[6]女子篮球有仿林女中、广州大学、思思中学、南华女队四队；排球为仿林、南华两队。男子排球参加者有：仿林校友队对思思中学教职员工队、民大对南华；排球为保罗对培英、南华对中山大学留港校友，比赛一连三天持续进行。[7]门票定价低廉，分一元、五角、二角不等。[8]

　　1940 年 1 月 1 日是比赛最后一天，比赛地点——跑马地凤辉台仿林女中运动场人头攒动，比之前更为拥挤，许多热心人士前来观看男女排球、篮球决赛。最终女子篮球、排球冠军均为仿林女中所得。[9]"伯南杯"球类义赛所筹得的款项为国币 4000 余元，占全港学界捐款额的十分之一，全部款项通过香港中国银行汇缴重庆国民政府。[10]

---

　　[1]《思思女篮球队明日赴澳义赛》，载《大公报（香港）》1938 年 9 月 30 日，第 7 版。

　　[2]《伯南杯义赛得国币四千多》，载《大公报（香港）》1940 年 1 月 15 日，第 7 版。

　　[3]《仿林女中主办伯南杯球类赛，将于下月中旬开始举行》，载《大公报（香港）》1939 年 8 月 21 日，第 7 版。

　　[4]《仿林女中排篮球义赛暂缓举办》，载《大公报（香港）》1939 年 9 月 14 日，第 7 版。

　　[5]《仿林排篮球义赛今日午后揭开战幕》，载《香港工商日报》1939 年 12 月 30 日，第 3 张第 3 版；《东西零碎》，载《大公报（香港）》1939 年 12 月 7 日，第 7 版。

　　[6]《伯南杯球类义赛定月底开锣，男女队参加异常踊跃》，载《大公报（香港）》1939 年 12 月 15 日，第 7 版。

　　[7]《仿林排篮球义赛昨日举行开幕礼》，载《香港华字日报》1939 年 12 月 31 日，第 2 张第 4 页。

　　[8]《排篮球义赛秩序排定》，载《香港工商日报》1939 年 12 月 27 日，第 3 张第 3 版。

　　[9]《伯南杯赛结果，仿中完成霸业》，载《大公报（香港）》1940 年 1 月 4 日，第 7 版。

　　[10]《伯南杯义赛得国币四千多》，载《大公报（香港）》1940 年 1 月 15 日，第 7 版。

1941 年 3 月，香港女学生文艺协会主办男女篮球义赛，共三场，首场为星岛队对南洋商学院的女子比赛，后两场为记者队对伶星队、国民大学对南华会的男子篮球赛。星岛、南洋商学院为港岛女篮劲旅；南华系上届男子篮球公开赛冠军，国民大学则为学界盟主。至于记者队和影剧明星组成的伶星队过去有数次的足球义赛，篮球义赛则为头一遭，故义赛的队伍编排、阵容和比赛形式都充满新意。[1]

（二）女子运动员出场其他社会团体举办的义赛

抗战爆发后，内地沦陷区难民迁港大潮中，女子运动员的到来促进了香港女子体育的进步，像篮球、排球、田径、游泳等项目，女子运动员参加者日渐增多，每每有她们出场的比赛，总能吸引许多观众的关注和热情。

1939 年 6 月 10 日，历经半年多的筹备，由香港篮球协会主办、香港《申报》赞助的"申报杯"女子篮球义赛，经历了篮协换人、比赛场馆阻挠等诸多曲折后，终于得以举行。中华、知行、西南、华雄四支女子篮球队参加，知行、中华两队实力最强，分获义赛冠军、亚军。义赛共获收入 170 元，扣除场租等支出 54 元，实余 115 元，[2]换成国币 266 元，经由中国银行汇缴国民政府财政部，作为一元还债运动之用。[3]

1940 年 10 月下旬，香港青支会举办男女篮球义赛，共三场，女子星岛队对南华队的比赛安排在第二场。星岛女队为香港篮球的后起之秀，伍焕英、陈蕙卿、孙玉明等队员作风稳健、勇于作战；南华女队则为旧日宿将，王棣华、汪惠娴、罗文素等能攻能守、作战卖力，[4]为观众奉上了一次精彩的表演。

12 月，仿林中学校友会与华雄体育会合办男女篮球义赛，女子为南洋商学院队对南华队。两队曾经出席过香港记者公会体育特项会举办的篮球义赛，此次再次对决，在男女篮球义赛中率先出场，表现相当优异。义赛所得

〔1〕《男女篮球联赛，好戏连台上演》，载《大公报（香港）》1941 年 2 月 19 日，第 7 版。

〔2〕《申报杯义赛颁奖定七月八日举行》，载《申报（香港）》1939 年 6 月 23 日，第 5 页。

〔3〕《申报杯义赛款项二百余元已汇送国府》，载《申报（香港）》1939 年 6 月 24 日，第 8页。

〔4〕《篮球义赛各队实力检讨》，载《大公报（香港）》1940 年 10 月 23 日，第 7 版。

收入大部分拨给基督教浸信会华南赈灾会，小部分拨给基督教育女院。[1]

1941年2月，为救济东江难民，成立于1915年的钟声慈善社[2]举办篮球男女义赛，与星岛体育会合作，由星岛女子和男子篮球队分别对阵平正女子篮球队、东方男子篮球队。为增加比赛的趣味性，先由女子队出场比拼，星岛女队比之对手更"棋高一着"，李纯瑜、张润兰、吴瑞心等场上表现十分出彩，平正女队主力队员何德芳、陈齐珍等个人技术虽好，奈何"难挽狂澜"，终致败北。[3]

3月，为表达"热心爱国"之情，澳门的旅澳学校体育教练联合会发动各校健儿组成男女篮球联队，前往香港，与南华、星岛、平正、国民大学、培英学校等男女篮球队作八场篮球义赛，男女赛事各四场，南华、星岛、平正和培道四支女队再一次披挂上阵，以襄善举。[4]

4月，香港玛莉诺美籍神父为给中国战时儿童保育会香港分会募集经费，特举办男女软性垒球义赛。和足球、篮球相比，软性垒球显得"高端"一些，香港虽有软性垒球联赛，但受众较少。此项运动的特殊之处在于，女子垒球队中的西方球员较多，如英、美、葡、印等国女球员，不像篮球、排球等比赛以华人女子为主。为了促成善举，此次义赛的双方，男子为香港联赛冠军——圣约瑟队对美籍神父组成的马学士队；女子为联赛女子冠军——野猫队对港星队，野猫队队员多为檀香山及加拿大的华侨，港星队则为本港垒球联赛中各劲旅之精锐力量，其投手吴玛莉是加拿大女子垒球队的灵魂。这样的比赛自然看点十足，中西观众蜂拥而至，筹资情况甚为理想。[5]

〔1〕《篮球义赛女子南商胜南华，男子华雄克侨星》，载《大公报（香港）》1940年12月12日，第7版。

〔2〕钟声慈善社网页 https://www.chungsing.org.hk/。

〔3〕《钟声慈善篮球赛，星岛男女奏捷，东方平正力拼遭败绩》，载《大公报（香港）》1941年2月4日，第7版。

〔4〕《澳学生篮球队下月犯港，拟作比赛八场》，载《大公报（香港）》1941年3月12日，第7版。

〔5〕《软性垒球义赛，野猫对港星》，载《大公报（香港）》1941年4月14日，第7版；《软性垒球义赛，野猫发雌威，九比五大战港星队》，载《大公报（香港）》1941年4月15日，第7版。

第五章 "祖国爱"与"同胞爱"：全面抗战时期香港的筹赈慈善赛（1937—1941）

整体观之，全面抗战时期，香港社会各界发起的义赛是海外侨胞声援祖国抗战的一部分。海外侨胞一向有着关心和回馈桑梓故国的优良传统，面对祖国同胞抵御外侮的英勇和艰难，他们以各种方式提供支援。正如1940年7月7日，《大公报》香港版一篇专文的总结：有三种"伟大的力量"支撑中国全面抗战建国走过了三年的艰苦历程，不仅粉碎了日本"三个月之内"使中国屈服的妄称，而且逐渐赢得主动权，日渐显现最后胜利的曙光。这三种"伟大的力量"分别是：中国的伟大、领袖的伟大和侨胞的伟大。说到侨胞的伟大之处，文章用"义无反顾地尽自己之所有而献给国家"予以赞扬，并列举种种"祖国爱"和"同胞爱"之表现：随着抗战的进行，侨胞"父诏其子，兄诰其弟，妻勉其夫"，一批一批地回国参与前线和后方的艰苦工作。除此之外，侨胞的最大功绩是利用各种形式展开广泛的募捐，如月捐、长期捐或特别捐等，还有义卖、义演、义赛、节约、献金、赌金助赈等，将筹来的善款购买大量医药、救伤用品、救护车等运送到国内，并且捐助国民政府的募捐寒衣、一元还债、献机运动等。侨胞募集善款的总数目是十分惊人的。随着抗战时间的拉长，海外侨胞还组织回国慰劳团，将"千万侨胞爱国之赤心"，鼓舞前线将士和战争难民。同时，通过回国慰劳团，侨胞还带去对大后方经济建设和垦殖垦荒等事业的投资，可以说巩固了抗战建国的经济基础。侨胞用实际行动推动着"一切救国工作"。[1]

对于香港体育界而言，在热心地举行各种爱国筹赈义赛的同时，坚决不与日伪汉奸为伍，表达了坚定的反抗侵略的立场。1938年7月，香港小型足球协会公开声称应上海小型足球协会之邀，拟赴沪参加港沪足球慈善赛。此时，正值日本人在南京扶持成立傀儡政权"中华民国维新政府"，并勾结汪精卫加紧和谈，准备成立新的国民政府，故一些爱国人士质疑此举是否为汪伪汉奸集团所请。为此，香港小型足球协会特意于报纸发表告侨胞书予以解释，要点有三：第一，此次义赛地点在上海法租界震旦大学球场，日本人即使蛮横，亦不能强行施压。第二，此次相邀香港队北上义

---

〔1〕《从抗战三周年纪念认识中国、领袖、侨胞的伟大》，载《大公报（香港）》1940年7月7日，第6版。

赛者为同业团体——全国小型足球协进会，并非某汉奸（指汪精卫）所请，而全国小型足球协进会领导人亦非"全无国家观念、爱国思想者"。第三，义赛之所以在沪举行，实缘于日本侵略上海战事正酣，伤兵难民众多且亟待救济，义赛置于上海可以就近快速施救，同时，小型足球于上海十分受欢迎，观众比之香港可多出数倍，料想票款收入更为可观，因此，义赛于上海举办，可收事半功倍之效。[1]不过，在当时那样战事激烈、政治局势紧张、抗日情绪高涨的氛围下，这一声明难以彻底打消香港民众的疑虑。几天之后，香港小型足球协会声明为避免各方误会，放弃北上，中止此次慈善赛之行。[2]

---

〔1〕《小型足球协会对于赴沪之解释》，载《申报（香港）》1938 年 7 月 17 日，第 4 页。

〔2〕《小型足球协会中止派队赴沪》，载《申报（香港）》1938 年 7 月 21 日，第 4 页。

第六章
李惠堂与民国时期的义赛

　　李惠堂是民国时期声名远扬的香港地区足球运动员，有"球王""亚洲球王"之称。二十世纪二三十年代，他在上海踢球期间，民间广泛流传着"看戏要看梅兰芳，看球要看李惠堂"的说法，他的球艺、人品获得了大众极高的认可。李惠堂纵横驰骋绿茵25年，足迹遍及亚、欧、澳，4次代表中国队在远东运动会获足球赛冠军，2次率队参加奥林匹克运动会。据统计，其足球生涯中，共计进球千余个，获国内、国际各种奖章约百个，奖杯120多个。[1]这一成绩，即使是与同时期顶尖国际足球运动员相比，也属卓尔不群。1976年，德国一家足球权威杂志《环球足球杂志》评选世界五大球王，李惠堂和巴西的贝利、英国的马修斯、西班牙的史蒂芬奴以及匈牙利的普西卡士一同入选。[2]可以说，他是第一个当之无愧获得世界足坛最高荣誉的中国人。

　　李惠堂不仅有着精湛的球技，还对自己有着严格的道德要求，对祖国深怀拳拳的赤子之心。无论在上海、香港，还是率领球队到东南亚地区交流期间，抑或于1941年年底香港沦陷后回到祖国内地，他都发起、参与了许多慈善赛，以体育的方式投身慈善事业，支援祖国抗战大业，用自己的球艺和德行书写了光辉灿烂的人生篇章，广受尊重和赞誉。

---

　　〔1〕　广东省《梅州市华侨志》编委会、梅州市华侨历史学会编：《梅州市华侨志》，星光印刷（深圳）有限公司2001年版，第185页。
　　〔2〕　刘绍唐编：《民国人物小传》（第4册），上海三联书店2014年版，第118页。

一、李惠堂其人

李惠堂（1905—1979），字光梁，别号鲁卫，1905 年生于我国香港，祖籍广东省五华县锡坑乡老楼，生长于香港大坑村。他从小喜爱踢足球，经常和村中小伙伴于村头一大块空地广场踢球，后来香港最著名的华人体育组织——南华体育会的足球队球员中，有不少出自该村，也算是十分独特了。李惠堂痴迷足球，踢球观赛到了"忘餐废寝"的地步，父亲百般禁止，训斥鞭打，均不能使其改志。

（一）足球经历

1921 年，李惠堂自香港皇仁书院毕业后，作为大坑村队球员之一，参加香港南华体育会为选拔人才而组织的夏令营足球比赛，屡建奇功，崭露头角。次年，以其过人的足球才能被香港南华足球队招为乙组队员，从此开启其辉煌一生的足球生涯。年轻的李惠堂在南华队任前锋，球艺多变，技术高超，经常在比赛中有所建树，因而被称为"球怪"。[1]

20 世纪 20 年代中期，为了提高上海的足球水平，在南华体育会的安排下，李惠堂和几名球员一起赴上海踢球（1925—1930），先是进入上海乐群队，1926 年，以该队为主体组建成立的上海乐华足球队，由李惠堂担任董事兼队长。他率领乐华队在全国的足球比赛中多次获得冠军。当时在上海常有中西之间的足球比赛，1926 年，为参加上海万国足球锦标赛，在中华全国体协会的主导下，成立了中华足球队，李惠堂任队长，率队战胜葡萄牙、苏格兰两个强队。1927 年，李惠堂率乐华队相继斩获上海西人足球联赛甲组冠军、首届高级杯赛和中华足球甲组联赛的冠军。他还率乐华队数次远征东南亚国家，在和菲律宾、越南、印度等国华侨及当地足球队的比赛中屡创奇迹。如此骄人战绩使他的声望达到顶峰，"看戏要看梅兰芳，看球要看李惠堂"的说法正是在此期间由上海滩向外流传并风靡全国。[2]在足球氛围并不浓厚的旧中国，能够和被称为国剧的京剧大师梅兰

---

〔1〕《广东省志》编纂委员会编：《广东省志·人物卷》，方志出版社 2014 年版，第 10 页。

〔2〕 蔡扬武：《球王李惠堂》，载中国人民政治协商会议上海市委员会文史资料委员会、上海市体育运动委员会文史委员会编著：《上海文史资料选辑》第 65 辑《体育专辑·体坛先锋》，上海人民出版社 1990 年版，第 80—86 页。

芳齐名，足可见李惠堂极高的社会声望，他也逐渐由早期香港球迷所赠的
"球怪"称号成长为鼎鼎大名的一代"球王"。

1930 年，李惠堂回到香港，历任香港南华足球队球员、队长。在长期
的足球生涯中，他数次加入国家队出外征战。民国时期，中国足球史上最
辉煌的纪录要算在远东运动会上的佳绩了。远东运动会始于 1913 年，初定
为每两年举行一次，在 1927 年举办第八届后设为每四年一届，但此后仅于
1930 年、1934 年举办两届后就停办了。自 1913 年至 1934 年，共举办 10
届远东运动会。除了 1913 年的第一届外，中国足球代表队连续获得 9 届冠
军[1]。李惠堂分别于 1923 年、1925 年、1930 年和 1934 年代表国家队参
加第 6 届、第 7 届、第 9 届和第 10 届远东运动会足球赛，四度为中国队获
得冠军立下汗马功劳。[2]

他还曾两度以队长和教练身份率领中华足球队参加 1936 年的柏林奥运
会和 1948 年的伦敦奥运会，遗憾的是，中华队并未取得名次。1936 年柏
林奥运会比赛结束后，中华队受邀停留欧洲，与瑞士、德国、法国、英国
等国家的球队比赛，时有胜利，展示了中华队"亚洲一流"的实力。此行
中，李惠堂大放异彩，在与瑞士队的比赛中，连射三球，声名大噪。与法
国强队——红星队一役后，法方不但许以厚薪欲聘其为职业球员，而且法
国政府体育部还赐予其"特等荣誉勋章"。他在德、英等国亦大受欢迎，
一时在华人球星中风头无两。李惠堂在球场上的杰出表现打破了欧美人对
中国体育界素来之成见，提升了中国人的国际形象，西方媒体因此赞其
"予各国人士以良好形象，其功力实远胜其他国际宣传工作也"。[3]

1941 年年底香港沦陷后，他回到祖国，奔走于广东、广西、湖南、四
川等省大城市，坚持足球运动并举办、出场各种慈善赛。抗战胜利后，他
再次回到香港，仍效力于香港南华足球队。1947 年他正式退役，并声明此
后只参加慈善赛。

----

〔1〕 蔡向阳编著：《足球运动有问必答》，东北大学出版社 2003 年版，第 22—25 页。

〔2〕 陈伟胜、张喆、李斌编著：《恒之有道：广东足球的史经子集》，暨南大学出版社 2016
年版，第 22—23 页。

〔3〕 《十八年来足球追纪》，载《大公报（香港）》1938 年 9 月 28 日，第 7 版。

（二）过人的球技

李惠堂算得上二十世纪前半期中国足球史上的一座历史丰碑。之所以这样说，首先是指他球艺之超绝和比赛成绩之亮眼，但绝不仅限于此。除了球艺高超，其球品、球德亦为球界和公众所称道。论球技，他的足球才能可说是出神入化，"有鬼斧神工之妙"，当他于1923年第一次出国参加远东运动会时，即被誉为"善射将军"，自此扬名于海外。作为一名前锋，其百步穿杨的射门技术堪称一绝，受到无数赞誉，据说其卧射绝技连当时的球王贝利都自叹弗如。[1]

除了是一名足球天才，令人不可思议的是，他的网球才能同样出众。李惠堂于网球，算是"半路出家"，但他兴趣颇浓，训练刻苦，又肯动脑，善于利用智慧取胜。早在1926年，他就在上海首次参加网球比赛。1930年，在上海举行的硬地网球锦标赛中，他和网球名将、好友江道章合作拿下了男子双打冠军，为华人争得了荣誉，一时传为美谈。回到香港后，他也多次参加香港本地的网球比赛，常有胜绩。此外，他对于香港网球的一大贡献是引进了林宝华、许承基等华侨网球名将，带动和提升了香港的网球运动水平。[2]

（三）优秀的教练、裁判和体育工作者

李惠堂既擅长踢足球、打网球，同时还是一名优秀的教练和裁判。二十世纪八十年代，他一边踢球，一边考取英国足球总会教练文凭，并取得国际足球裁判员资格，成为香港华人现役球员兼任裁判员的第一人。

退役后，李惠堂在香港创立华人足球裁判委员会，连任六届主席；又历任中国游乐会五届主席以及中华全国体育协进会香港分会秘书长、香港小型（足）球协会分会长、南华体育会义务秘书长等职。1966年，李惠堂升任亚洲足球协会副会长，同年荣膺国际足球总会副会长，成为第一位在亚洲和世界性足球组织任职的华人。

（四）文采斐然

李惠堂作为一代"球王"，还勤于动笔，文采逼人，留下许多有关足

---

〔1〕 政协五华县文史研究委员会、五华县地方志编纂委员会办公室编：《五华人物》，五华县文史研究委员会出版 2009 年版，第 35 页。

〔2〕 唐永余：《"球王"李惠堂的网球之缘》，载《都会遗踪》2009 年第 1 期，第 116 页。

球、体育事业的文字，并身体力行，不遗余力地推广和普及足球运动。

　　李惠堂从小接受了良好的基础教育，虽未上过大学，但中英文造诣极深，待人接物平和礼貌，口才尤佳，故深受媒体欢迎，他在香港《大公报》和《星岛日报》上开办足球和体育专栏，在广播电台担任特邀嘉宾，一方面普及足球、网球和世界运动会的知识，另一方面也借机输出自己体育强国、体育救国的观点。他在 1941 年年底的香港足球裁判会年会上演讲时称，自己已在报纸杂志发表有关足球的文字近千篇，在各校及体育团体演讲不下二百次，在广播电台传播足球知识七十余次，[1]足可见其为足球运动的发展和进步所作出的贡献。

　　他擅长写诗，勤于赋诗，忙碌的足球运动和工作生活之余，书写了大量和足球有关的诗歌。这些作品风格大气磅礴，写尽了男儿大丈夫的绿茵豪情和民族大义。例如，1934 年第 10 届远东运动会上，中国队和日本队争夺冠亚军，李惠堂"一脚定江山"，在中国队夺取冠军后，他赋诗一首《初写足球书于庐江·自题卷首》：

　　好事西人创足球，欲凭膂力驰骅骝。
　　丈夫养就浩然气，一脚踢翻五大洲。

　　他的《世运会声震亚洲》亦属同一基调：

　　中华儿女阵堂堂，一战功成廿七场。
　　侨众欢呼天地震，"病夫"气吐也眉扬！[2]

　　1941 年，日本人为庆祝伪满洲国十周年庆典，计划邀请李惠堂组队到长春比赛，特派专机到香港接他。李惠堂巧妙逃离香港辗转飞到桂林，成功躲避后以诗纪念：

----

　　〔1〕 李惠堂：《回首二十年》，载政协广东省五华县委员会文史资料委员会编：《五华文史》第 9 辑，1990 年，第 46 页（无出版社）。
　　〔2〕 李惠堂：《鲁卫吟草》，载政协广东省五华县委员会文史资料委员会编：《五华文史》第 9 辑，1990 年，第 99、101 页（无出版社）。

世乱时虞历万难，今朝脱险向长安。

桂林山水迎人笑，我正飘零意未宽。[1]

李惠堂的诗作并非从文学角度衡量其价值，而是从其作为一个足球运动员的身份来评价，这些诗作中蕴含的宽阔胸怀和爱国精神令人动容。他的诗作后来以《鲁卫吟草》结集出版。

写诗之余，作为足球名将，他还出版了和足球有关的六部著作：《球圃菜根集》《足球经》《杂果盆》《足球登龙术》《足球读本》和《足球全释》。[2]

李惠堂不失为一位文武兼备的"全才"。此外，他也是一位在商界大展拳脚的成功商人，在香港，他曾任瑞典洋行秘书一职。抗战胜利后，他自内地返回香港，担任成大银行副经理及惠明建筑公司董事长。这些经历为他肆力体育工作提供了物质保障。[3]

二、李惠堂的"足球经"

(一) 球品尚德："道德为本，技术为末"

李惠堂留下许多关于足球运动、体育道德的论述。他十分看重足球这种对抗性很强的体育运动的道德属性，强调"体育真谛，道德为本，技术为末"，[4]道德才是体育的"真谛"，有了良好的道德，再谈技术问题。这样的认识高度不仅在当时，放在当今社会亦实属难得。

这样的想法体现在他所编写的针对青少年的足球《启蒙课本》中，这本书将人格的培养放在足球运动的第一位，

凡学足球，首先要明了足球的利弊，要认真透彻从习足球的主旨。简单说有三个大目标：第一是求人格的培养；第二是求高尚的娱乐；第三是

---

〔1〕罗可群：《现代广东客家文学史》，广东人民出版社 2008 年版，第 193 页。

〔2〕《广东省志》编纂委员会编：《广东省志·人物卷》，方志出版社 2014 年版，第 11 页。

〔3〕李寿坤：《李惠堂先生史略》，载政协广东省五华县委员会文史资料委员会编：《五华文史》第 9 辑，1990 年，第 115–116 页（无出版社）。

〔4〕李惠堂：《球圃菜根集（节选）》，载政协广东省五华县委员会文史资料委员会编：《五华文史》第 9 辑，1990 年，第 31 页（无出版社）。

求身心的锻炼。从合理的足球训练和比赛当中，可以养成忠勇、仁侠、机智、廉让、知耻、明礼、有恒、互助、公正、服从、团结、真诚、涵养、守时、信义种种美德，和临难不苟、见义勇为、百折不挠种种的本领。

足球场上，非常需要情绪克制，"大怒不怒，大喜不喜；有忿不发，有过必改；靡俗不染，不义不为；己所不欲，勿施于人"。[1]显然，在他眼中，足球运动是传承传统道德和培育现代道德的极佳载体。

1948年，在《球圃菜根集》一书"序言"中，他写道，要"先求其本，后齐其末"。从个人来说，从事足球运动，须循序渐进。技术方面，先练好个人基本功夫，次求"姿势正确，位置纯熟，气力充盈，驰骋娇（骄）捷，举动灵敏，进退得宜"。至于球场上如何相互配合、使用何种战略战术，需要随机应变，"因时制宜"。[2]

李惠堂特别推崇足球场上的"君子风度"，他认为，当今球员把"胜"字看得太重，以致埋没道德，会造成许多"不幸事端"。足球比赛的最终目的是切磋谋进步，并测验成绩，要认识到场上对手并非"敌人"，而是互相切磋提高技术的朋友。若无对手，只能闭门造车，自行角逐，是没有办法进步的。因此，应感谢对方，若"引以为仇，直无良心之流耳"。如果一上场就心存恶意，"以伤人为快意者""即使人中荼毒"，也不过占点小便宜，"良心上到底不会安乐"；或者"人踢你一脚，你必要回敬人一脚"，终究是"涵养不够"，不足为"大丈夫气概"。[3]他对球场道德的理解不可谓不深刻。

李惠堂亲自践行自己的足球道德理念，绿茵场上，他脚法干净，品行高尚，从未因犯规受罚，这一点广为人所称道。时人赞其，"则临阵之时，绳守规律；道德是重，精神是尚；始终不渝，其行无玷，此尤难能而足称道者"。

---

〔1〕 李松福：《球王——李惠堂》，载《体育文史》1989年第4期，第45页。

〔2〕 李惠堂：《球圃菜根集（节选）》，载政协广东省五华县委员会文史资料委员会编：《五华文史》第9辑，1990年，第31页（无出版社）。

〔3〕 《李惠堂在港广播演讲足球利弊与运动道德》，载《大公报（上海）》1937年4月23日，第5版。

二十世纪三十年代末，香港一家英文报纸誉其为"东方标准球人"，[1]
对其推崇备至，足见他的球品已为一般人所认可。正是凭借球德高尚，他
在任现役队员期间，还同时兼任香港足球委员会的委员。1939 年，香港
《大公报》记者称其为足球"法官"，是香港足球史上"身为球员而兼紧
急小组委员"的第一人。[2]

（二）推广足球运动与建设体育强国的关系：从改变观念入手

面对近代以来中国人"东亚病夫"的国际形象，李惠堂恳切希望通过
开展体育运动和足球运动来改善这一问题。1936 年，中国历史上第一次派
足球队参加柏林奥运会，李惠堂公开呼吁，向世界展示中国人并非"东亚
病夫"的形象的意义要远大于比赛取胜，希冀这次出征能唤起国人的"体
育热情"，以强健国人体质，彻底洗刷"病夫"的污名。[3]那次的德国之
行，李惠堂感叹于德国女子"个个都有健美的体魄"，绝少涂脂抹粉，在
体育运动方面，我国男子与其相比"几乎都自叹不如"，差距十分明
显，[4]这更加坚定了他"体育强国"的想法。他以足球为例，痛陈传统守
旧的以学业为重、以运动视为嬉戏加以禁止的观念之落后，认为年轻人不
运动，则精神萎靡倦怠，反而不利于学业进步。

殊不知人不运动，则其一心一身，其魄力，其精神，必无时不在衰弱
颓倦之中，如此望其学业之超众，则有挟泰山而超北海之难也。

为此，他极力主张推广作为"中国最通行之运动"的足球，列举了足
球运动的七益一弊。

七益为：

第一，足球能锻炼体魄，造益身心；

第二，足球能联络感情，增进道德；

第三，足球讲究集体合作，能养成互助美德；

〔1〕《十八年来足球追纪》，载《大公报（香港）》1938 年 9 月 24 日，第 7 版。
〔2〕《李惠堂初任法官》，载《大公报（香港）》1939 年 10 月 13 日，第 7 版。
〔3〕李惠堂：《参加世运的目的和希望》，载《大公报（上海）》1936 年 5 月 22 日，第 5 版。
〔4〕《世运足球零讯》，载《大公报（上海）》1936 年 10 月 9 日，第 5 版。

第四，足球有趣，关注足球能令人们摒弃其他陋习；

第五，足球运动能培养人的忍耐性；

第六，足球运动能锻炼筋骨，培养吃苦耐劳之精神；

第七，足球运动最能培育国人极为缺乏的"博爱"精神。

他特别指出，最重要的是第七条，足球运动所蕴含的平等有爱可以缓解国家间的剑拔弩张，有助于解决国际争端。对于这一点，他进一步阐述道：

总理在日，常书"博爱"二字以赐人。足球场上，无种族之分，无贫富之别，更无所谓新仇旧怨，对同队当互相扶持，对敌方尤宜彼此爱护。发明足球者，本一视同仁之意旨，盖先得总理之心矣。笔者愿世界之争端，能尽情移诸球场上也。

总之，现代足球运动内能强身健体、摒弃陋习、培养高尚的道德情操，外能和他国平等沟通，实在是利远大于弊的一项良好运动。足球唯一的弊端是身体会受伤，但这和其益处相比，几乎无足挂齿。[1]

抗战爆发后，李惠堂专门谈及"体育与抗战"的关系，认为表面来看，国难当头，谈体育仿佛"不合时宜"。很多人会说"体育是百年大计"，抗战则是"火烧眉毛"，国家危亡的紧急关头哪里有空谈体育？其实不然，体育对个人，对社会、国家，均有相当关系。1936 年随中华足球队参加柏林奥运会的经历使他有机会对欧洲的体育状况有所观察，更加深了他对体育之于国家的重要性的理解。[2]他以一个体育人的角度，推崇英国重视体育和德国纳粹"体育国防化"的做法，提出体育运动可养成健全的体魄、服从的美德和团结的精神。这三者不能不说是长期坚持抗战的必备条件。而且，循着体育的正义，可以扫除国人的贪婪、自私、妒忌、怠惰、怕死等劣根性，因此，"体育与抗战"实是"唇齿相连"的密切关系，发展体育运动，是强国的重要方面之一。至于具体做法，可由军事训练达成全民

---

〔1〕 李惠堂：《足球之利弊》，载《大公报（上海）》1936 年 12 月 3 日，第 5 版。

〔2〕《我国足球队参加世运会所得印象，李惠堂在播音台作足球讲座第七讲》，载《香港华字日报》1937 年 4 月 25 日，第 1 张第 4 页。

体育化，后方的体育界人士则应帮助政府做好体育发展的工作。[1]

他将"体育救国"视为当时各种救国主张中最为重要的一种，认为什么"节约救国""种种救国"都只不过是抗战中的治标办法，唯有"教育救国"和"体育救国"才是"对症发药的根本治疗"。[2]

1941年12月2日，香港足球裁判会召开年会，李惠堂作了题为"回首二十年"的演讲。他指出，现代足球自三四十年前传入中国后，如今已成为最普遍的运动，世界范围内，足球也是最盛行的运动。"凡日月所照耀之地，凡霜露所降之区，足球之戏，无不见焉。"他再次点明，足球运动最重要的作为，实为联络感情，尤其是增进国际友谊的工具。过去二十年间，中国足球运动员走出国门，与他国球队切磋，此举为树立祖国形象所起的宣传作用巨大，"实不可以以斗量计"。倘非如此，"则外国决不知我国之现代运动及其他事业，已在大大进展中"。并举例道，1923年南华足球队第一次赴澳，1936年中华足球队参加柏林奥运会以及在日内瓦、巴黎与当地球队作战且取胜或战平对手，对改变外国人对中国人"东亚病夫"之歧见，居功至伟。[3]

抗战胜利后，千疮百孔的中国面临着严峻的重建任务，千头万绪中，李惠堂大声疾呼要重视"体育建国"。当时，中国足球历经战争的艰难和损失，球艺尚且不论（外媒批评中国人踢球很粗鲁，犯规多，有"输不起"的毛病，李惠堂曾于1946年专门谈及此一弊端，认为需提倡"足球礼貌"[4]），身体素质处于下风，常常在比赛中因体力不足而落败。在这个问题上，香港足球界权威胡好遗憾地说道，中国足球最为发达的香港地区的足球运动员普遍存在营养缺乏的现象，"以香港而论，足球运动员大部分都没有安定的生活，他们个人的生活没有办法解决时，更不能谈到营

---

〔1〕 李惠堂：《抗战与体育》，载《大公报（香港）》1939年1月1日，第7版。

〔2〕 李惠堂：《读书不忘体育，体育不忘读书》，载政协广东省五华县委员会文史资料委员会编：《五华文史》第9辑，1990年，第49页（无出版社）。

〔3〕 《李惠堂演讲：回首二十年》，载《大公报（香港）》1941年12月3日，第7版。

〔4〕 《谈印度人踢足球》，载《大公报（香港）》1948年8月20日，第6版；李惠堂：《足球圈里的礼貌（下）》，载《大公报（香港）》1946年12月6日，第1版。

养问题，这是整个社会经济的问题"。[1]

李惠堂看到十四年抗战对民族健康的损害。他说，放眼中国，"中国当前最大的危机，莫过于民族健康的衰落"。这个危机，目前还处于潜伏状态，要二三十年后才会爆发。具体而言，抗战时期所生的小孩，先天不足，后天又没有条件调养，普遍体质羸弱，等到他们长大成人后做"主人翁"的时候，这个不足就体现出来了。虽然抗战胜利后，中国表面上是世界五强之一，但这是"纸上空谈"，"试问：我们拿得出什么东西可以跟人家比较呢？"这个危机怎么解决？"要想建设新时代，必须有新时代的国民；新时代的国民，就是文武兼备的优秀人才"。而要造就"新时代的国民"，必须提倡体育，中国才有希望。因此，往大了说，体育不仅仅是跑跑跳跳、玩球打球而已，它与国家民族的复兴有重要的关系。[2]

还有足球技术的落后。1936 年，他以队长身份随中华足球队参加柏林奥运会，球队在比赛中"颗粒无收"，他认为首要原因是球员体力不如人，既"先天不足"，又"后天营养不良"，[3]技术的差距倒不"致命"。十二年后的 1948 年，李惠堂作为教练，亲率中华足球队共 20 人的队伍参加伦敦奥运会，由于经费欠缺，球队乘坐轮船经过东南亚多国一路航行，途中边走边赛以便筹集参赛费用，近两个月后，终于抵达伦敦。面对中华足球队因人困马乏、技术滞后等原因导致比赛成绩不佳的窘境，他敏锐地发现，由于抗战多年造成的损失，中西足球技术的差距快速拉开，中国足球必须要学习西方强国的"现代化足球战术"，西方的战术如人盯人、假动作、假闪身以及烟幕等各种法门已经进化到像篮球技术一样的精妙高明，"渐入于微妙圆通的化境"。而西方球员个人技能、速度、耐力等，更是有了显著的进步。为此，他不无痛心地指出，国内球队的踢法，除香港有些许新式的意味外（还学得不到家），其他的球队还在踢二三十年前的旧式足球。如果不趁此次参加伦敦奥运会的机会，把别人新式的战术带回来，"革故从

〔1〕《球王在英广播后，胡好表示意见》，载《大公报（香港）》1948 年 8 月 16 日，第 6 版。
〔2〕《体育建国：李惠堂在星演讲》，载《大公报（香港）》1948 年 7 月 16 日，第 6 版。
〔3〕《我国足球队参加世运会所得印象，李惠堂在播音台作足球讲座第七讲》，载《香港华字日报》1937 年 4 月 25 日，第 1 张第 4 页。

新"，恐怕不出几年功夫，连远东地区都会没有中华队的席位了。[1]

　　更为棘手的是体育人才的急缺。十四年的艰苦抗战，体育让位于救亡，球坛上崛起的新人凤毛麟角。在上海，无论排球、篮球或足球，抗战后，叱咤球场的仍然是一二十年前便已出足了风头的一班老将，新人能与这班老将分庭抗礼者寥若晨星，令人有"才不出世"之叹。李惠堂对此忧心忡忡，曾对好友孙锦顺感叹，"十几年前我们的脚法头功不可一世，想不到十几年后仍然雄风依旧，后继无人，说不定若干年后，足坛仍是我们的天下"。这种情况是怎么造成的呢？当然是抗战带来的消极影响，例如在上海，一般人受物价高昂所苦，忙于挣钱讨生活，哪里顾得上体育活动？而学校多遭破坏，只能转移到大楼甚至私宅上课，连教室都缺乏，遑论体育课了，因此，学校体育基本处于无声无响的停顿状态。[2]学校体育不彰，体育人才的培养自然是空中楼阁了。

　　李惠堂也并非完人。1936年，李惠堂曾因作为队长率队参加柏林奥运会，球队首轮遭遇英国队，即以0∶2不敌、惨遭淘汰一事，被人质疑阵势编配有误。他在报纸上写文章，指责记者和球迷的批评"幼稚、肤浅"，因而在报纸上引发一场"骂战"，被记者指出他替企业做广告、写书、开专栏赚钱违反了中华体协会颁布的运动员的相关条例规定。[3]不过，尽管有此瑕疵，但依然无损于他在民国时期足球界和中国足球史上的地位。

　　李惠堂不愧为民国时期球艺超群、品行高尚、文采动人且具领袖才能的足球天才。难得可贵的是，他具有正直有道的人品，一直热心参与和足球、体育有关的慈善公益活动。无外乎他的传记作者赞其"论风度，则亦文亦武，才思机敏；镇定明爽，如光风霁月。人或疑其恃才傲物，及其亲近，无不乐其坦诚，引为良友"。[4]

三、二十世纪三四十年代在香港参与的义赛

　　民国时期，李惠堂与义赛的关系大致可分为四个阶段：

〔1〕 李惠堂：《世运足球锦标的展望》，载《大公报（上海）》1948年3月21日，第8版。
〔2〕 《才不出世》，载《大公晚报》1946年11月25日，第2版。
〔3〕 《李惠堂与业余运动规则》，载《大公报（上海）》1936年5月29日，第5版。
〔4〕 转引自唐永余：《"球王"李惠堂的网球之缘》，载《都会遗踪》2009年第1期，第116页。

第一阶段，1925—1930 年，他由香港北上赴沪踢球，在此期间参加了足球、网球慈善赛。正如第二章所述，他自 1926 年年底参与第一次中西圣诞慈善足球赛起，就坚持每年出席这场年度慈善大赛，此外，还率领上海乐华队多次助阵上海的各种足球义赛，也不止一次出现在上海网球义赛的赛场上。

第二阶段，1930 年至 1941 年 12 月，他在香港参加、组织和发起足球、网球义赛，并协调棒球、拳击等义赛的举行。

第三阶段，1941 年 12 月香港沦陷后，他逃往内地，辗转广东、广西、四川等地参加和组织的足球义赛。

第四阶段，他于抗战胜利后返回香港，继续为足球和其他体育义赛出力。一直到 1947 年，他宣布退役后，不再参加任何正式比赛，今后只出席慈善赛。

1930 年，李惠堂自上海返回香港，回到南华足球队效力。至全面抗战爆发前，他主要参与了香港体育界赈济 1931 年、1935 年两次长江流域大洪水灾民的慈善赛。

1931 年夏，江淮流域发生特大洪灾，洪水肆虐四川、湖南、湖北、江西、安徽、江苏和河南等省，上亿亩田地被淹，三百多万人死亡，数千万人无家可归。由于政治腐败、救济不力、救灾技术落后等因素，无数难民流离失所，饿殍遍野。全国各地民众纷纷掀起赈济灾民的救助行动。

9 月 19 日，为筹款助赈长江流域水灾灾民，香港南华队邀请海陆军联队于快活谷体育场举行中英赈灾义赛。心系祖国灾情、盼望募集更多善款的华人球员们全力角逐，比赛精彩纷呈，双方攻守多时，"一往一来"，激烈的对抗令观众"叹为观止"。李惠堂为南华队攻进第一粒进球，开了个好头。当南华队冯景祥攻进第三个球时，球迷掌声"密如串炮"，欢声雷动。最终南华队以 3：1 大胜海陆军联队，结束了比赛。[1]

1935 年春夏，长江流域再发严重洪灾，从下游的安徽到中游的江西、湖北、湖南再到上游的四川，洪水肆虐，造成灾民遍地。而黄河先旱后涝，也酿成奇灾，水旱交织造成许多地方田亩被毁、交通道路阻断，人民

---

〔1〕《香港赈灾足球南华大胜西军》，载《大公报（天津）》1931 年 10 月 2 日，第 8 版。

死伤无数，灾民挣扎求生。该年10月，正值中华全国运动会举行期间，李惠堂任队长的香港南华足球队赴上海参加全运会足球赛，与南京、上海两地足球队约定，待全运会结束后，分别于23日和26日两日开展两场赈灾义赛，门票收入全部用作赈济灾民。在凭借一粒关键进球为南华队夺冠立下汗马功劳后，由于妻子突生急病，李惠堂无奈回港探望而无缘第二场义赛，留下遗憾。[1]

进入1937年，日本侵略步伐加快，局势更为紧张。该年元旦，李惠堂参加了南华体育会举办的筹赈东北灾民慈善足球赛，由南华队对西联队，比赛当日，冒着凄风苦雨，双方如约于场上厮杀，虽然因天气不佳，影响了门票收入，但李惠堂的表现尤佳，这一善举仍为寒冷的冬天带来一丝暖意。[2]

"七七"事变后，祖国大片领土陷入战火之中，香港不啻为"世外桃源"，许多人自内地逃亡至香港避难。在世事维艰之际，香港各界人士纷纷举行各类慈善活动，声援祖国内地的抗战大业。以足球界为例，在抗战前期最为艰难的时刻，密集举行足球义赛，筹集款项，唤起人们的爱国爱胞之心，为抗战军人、军人家属以及战争难民尽一份心力。

（一）1938年下半年的六次足球义赛

1938年9月至年末，香港接连举办了六场大型的足球义赛，其中四场和中国抗战相关。李惠堂出席了全部比赛。

香港南华体育会及其旗下的南华队作为香港最有影响力的华人体育会和足球队，主动组织和承担起举办足球义赛的任务，赫赫有名的李惠堂自然成了义赛的一块"金字招牌"。自上年比赛胫骨受伤后，他一直处于休整状态，一度萌生退役之意。[3]1938年9月11日，南华体育会组织南华足球队与香港联队于加路连山南华体育场举行慈善足球赛，收入全部用于购买红十字救护车，运送抗战前线救治伤员。国难当头，为吸引更多球迷到场观

---

〔1〕《惠堂今日离沪返港》，载《大公报（天津）》1935年10月23日，第8版。

〔2〕《港慈善足球比赛详情，南华会惨遭败北》，载《大公报（上海）》1937年1月9日，第5版。

〔3〕《李惠堂函述受伤经过，言下大有从此退隐之意》，载《香港工商日报》1937年8月20日，第3张第4版。

看，筹募更多资金，双方均派出最强阵容。实力雄厚、球星众多的南华队，一众名将悉数上阵，如李硕友、李国威、李天生、冯景祥（冯神腿）等，已经因伤暂停比赛一年的李惠堂重新复出、披挂上阵，"主持中军"，引起球迷极大兴趣。这场比赛也被视为李惠堂"东山再起"的标志。[1]另一位号称"飞将军"的曹贵成隐退已久，此次为了义举，亦决意"下山助阵"。[2]香港联队则有洋将皮亚臣、孙锦顺（孙铁腿）、侯澄滔等，联队中的英、葡球员亦"惠然允肯"，慨然出场，阵容相当整齐。[3]

该场慈善赛门票分二元、一元、五角、二角四分四种，价格低廉，吸引万余球迷入场观赛。对于这场鼓舞人心的重要慈善赛，当时的报纸做足了宣传功夫，先说是"老天似乎有意帮忙"，11日比赛当天，上午下了一场雨，下午则是一个艳阳天。又说到观赛的球迷，除了香港本地人外，还增加了一批"外江佬"，大多是从上海逃难到香港的，"红男绿女，三五成群，交杂着吴侬软语"，恍惚使人以为到了上海的申园球场。加路连山山坡上，"人影瞳瞳，挤成人塔，场馆里，看台客满，水泄不通，平添一层'肉'栏杆。绅士、小姐、影人、戏人，老的、幼的、蠢的、俏的，都来凑热闹"。"北方人、上海人、广东人，国语、沪语、粤语，南腔北调，打成一片，做成本年度球场上空前未有的盛况"。

对比赛过程，报道则对李惠堂着墨最多，对其精湛的球技、卖力的表演称赞不已。比赛一开场，南华队就"声势汹汹"，李惠堂坐镇中锋，"好不威风"，虽然"息影"一年，但"当时雄风，而今犹在"，不到两分钟，就在离球门二十码处人马纷乱中，乘隙一脚，正中红心，为南华队踢进第一粒球。再看李惠堂犀利而精准的脚法，只要他一沾到球，仿佛"脚头胶水"，很少失球，其"开花弹"式的远射，"只要有隙可乘，总有很好的射门，表面上是轻松的、悦目的，但是力道的强劲，只有邓勤（守门员）肚子里才明白"。最终，南华队以4:3险胜香港联队，李惠堂贡献了2粒进球。

---

〔1〕《港体育界义举，李惠堂东山再起，南华出战港联队，门券收入悉充献金》，载《电声周刊》1938年第27期（1938年8月26日），第536页。

〔2〕《南华会阵容排定，准备明天与港联队一决雌雄》，载《大公报（香港）》1938年9月10日，第7版。

〔3〕《今日慈善足球赛，南华约战港联队》，载《大公报（香港）》1938年9月11日，第7版。

本场比赛，募得收入颇为可观，其中，门票收入 2452.4 元，预估票 750 余元，足球抽彩券 77 元，另有罗锦记"白榄"零食售卖 10 余元，统计共得善款 3300 余元。[1]

一周之后，香港中华体协决定主办华联队对西人米杜息队的慈善足球赛，以筹赈华南地区难民。这场义赛因雨延迟至 9 月 21 日举行，华联队主要以南华、东方名将为主力，南华队李惠堂、李天生和东方队孙锦顺、侯澄滔等人再次集结出场。

巧合的是，由于这场义赛延期，恰好与东方体育会早已确定的东方队对三会联队的为广州儿童保育会筹款的足球义赛"撞车"。两场比赛同一天进行，且均为慈善赛。这造成东方队核心队员孙锦顺、侯澄滔、宋灵胜、许竟成究竟代表哪一队出场的悬念。

此时，东方体育会主席张权兼任香港中华体协主席，而东方会既是后一场义赛的主办方，又是香港中华体协的成员单位，需要平衡好二者之间的关系。张权表态，"协会义赛的改期，系不得已之举。两场义赛，均在同日举行，双方都为难民做福，倒不如团结合作，则巨款易集，收效更大。东方会为协会辖下的会员，需协助协会完成这义举"。在确定了东方会负有服从香港体协管理的义务后，指出东方会要么改期，要么必须派出合适的球员。

东方会足球部随后声明，义赛日程早已定好，门票已经售出，对方联队召集人手不易，"若突将义赛改期，将何以对社会?"足球部主任谭芳解释，本年足球联赛季即将结束，待联赛过后，很难有空暇举办义赛，因此，时间和环境双重因素影响下，义赛无法改期。但是，"协会和东方的义赛，乃为难民做福，虽分道扬镳，实则异途同归"，经过两次紧急协商，决定"在不影响本会的义赛举行原则外"，派出宋灵胜、侯澄滔两位参与香港体协的义赛，而孙锦顺作为东方队队长，率队参加东方会和三会联队的义赛。[2]

李惠堂代表华联队参战，勇猛依旧，奈何被对手盯防太紧，未能进

---

〔1〕《咀嚼球季，万余人陶醉南华爽辣胜港联》，载《大公报（香港）》1938 年 9 月 12 日，第 7 版。

〔2〕《明日协会足球义赛人选问题已解决》，载《大公报（香港）》1938 年 9 月 20 日，第 7 版。

球，使得华联队以 2：3 不敌米杜息队。在总结失败原因时，许是不甘心之故，《大公报》体育记者将之归结为当天大雨，说华联队"实败于雨，非败于艺"。因为不久之前的两队作战中，李惠堂"如生龙活虎"，而这次义赛中却"计无可施"。不止李惠堂，另一左卫梁荣照亦发挥失误，与前场比赛判若两人。记者因此认为华人在身材上输于洋人，取胜全靠球艺，但雨天地滑，技艺难施，而身强体重、擅长守卫之洋人，却能因雨取利，这一点已是常态，"不仅昨日然也"。[1]

二十天后的"双十节"国庆日，再次举办义赛，由南华队对港联队。1938 年的"双十节"，香港举行了以支援抗战和救助难民为主题的募捐和献金活动，义赛即为其一。正如记者的大声呼吁，"我们除了庆祝之外，还应做些什么呢？此地是香港，我们是侨胞，有力的出力，谈不到；有钱的出钱，正是我们唯一报效祖国的责任。我们片刻都不应该忘记的，前线的英勇卫国将士，正在浴血抗战，这是一个大时代，再不容你马马虎虎的了！起来，不愿做奴隶的人们……"[2]买票观看义赛，正是"出钱"的方式之一。这可说是香港人民心声的表达。

义赛当天，"香港侨胞庆祝热，青天白日满地红，满街红旗飘"，上万球迷蜂拥至南华体育会所在的加路连山体育场观赛，"有力的出力，球员们拼命表演；有钱的出钱，迷哥口袋中的港币，有（犹）如花蝴蝶一般姗姗飞出"。这场由香港保育儿童会、中国妇女会、妇女慰劳会、妇女新生活促进会及体育界服役团等社会组织发起的足球义赛，对阵双方为南华队和以米杜息为主的香港联队，两队派出各自强手出场，李惠堂再一次披挂上阵，帮助南华队 3：0 大胜港联队。义赛预售门票款 777 元，当场收入 2252 元，足球彩票摇奖获 110 元，共计获得 3139 元善款。[3]

11 月至 12 月，又有三次重要的义赛。11 月 11 日，恰逢"欧洲和平纪念日"和"樱花节"期间，中英足球队专为英国伤残军人院筹募善款进行

---

〔1〕《球艺略评》，载《大公报（香港）》1938 年 9 月 22 日，第 7 版。

〔2〕《今天精彩足球赛，南华抗战港联队》，载《大公报（香港）》1938 年 10 月 10 日，第 7 版。

〔3〕《足球义赛情况热烈，南华压倒港联队》，载《大公报（香港）》1938 年 10 月 11 日，第 7 版。

了一场义赛。中华队是由南华、东方、香港会、圣约瑟等队华人球员组成的文员联队，另一支则是香港海陆军联队。比赛中，双方球员"你来我往，煞是大观"。李惠堂再次出任中锋，在比赛中拼抢勇猛，表现抢眼，以绝妙的脚法单刀赴会为文员联队踢入两球，帮助文员联队以2∶1战胜海陆军联队。现场万余球迷大饱了眼福，同时也行了善举。[1]

12月18日，为救济"战死"球场的杰志会队员邵泽荣的家人举行足球义赛。这次义赛由香港中华体协和香港足球总会合作，分别以南华、东方组成的体协队对香港会、海军队、米杜息队等中西球员组成的足总队。双方出场人物均为足坛"一流英雄"，李惠堂的出场，被视作票房的保证。比赛中，双方展开激烈角逐，李惠堂不负众望，"神通广大，颠倒球国众生，如痴如醉"，献上了2粒进球，帮助体协队以4∶0轻取足总队。义赛收入含门票、现场足球抽彩等共2929元，是相当不错的成绩了。[2]

最后就是一年一度的圣诞中西慈善足球赛了，也是一年当中最为亮眼的慈善赛事。1938年的圣诞慈善足球赛，抱着慈善和为抗战服务的双重目的，以滑稽化妆比赛的形式呈现。

这场圣诞慈善足球赛不同于此前五场比赛，因逢圣诞，双方表演的色彩更为浓厚。慈善赛双方分别为中华队和西人工程队。中华队以足坛老将为主，如李惠堂、黄纪良、曹桂成、陈洪光等，西人工程队则有加拉基、卑利、达飞路等名将。为增加慈善赛的关注度和吸引力，不仅以球员们滑稽化妆为噱头，更特邀电影明星蝴蝶颁奖。比赛中，双方球员"牺牲色相，粉墨登场，形容古怪，举止滑稽"，全都不顾形象，卖力表演。他们的装扮形形色色，中华队扮相既有姜太公、白面书生等中国传统形象，也有商人、娘姨、拳师等时代人物，还有人扮成"大猩猩"。李惠堂特意装扮成"游击队员"，和队友陈锡增扮演的"救伤队"队员一起展示中国人民浴血抗战的决心。西方球员扮成小丑、男扮女装等，逗得观众"笑痛肚皮"。

中华队员们还自觉承担起抗日宣传的任务，队员化妆服背后贴着"还

---

〔1〕《近万球迷眼花缭乱，争看文联胜军联》，载《大公报（香港）》1938年11月12日，第7版。

〔2〕《今天慈善足球赛，协会队对总会队》，载《大公报（香港）》1938年12月18日，第7版；《协会队全线活跃，四比零大破总会》，载《大公报（香港）》1938年12月19日，第7版。

我山河""夕阳无限好、只恐不多时""拔刀相助""仍抱乐观""劳工神圣"等标语，鼓励民众坚持"最后胜利"的信念。慈善赛上半场为小型足球，下半场改为橄榄球。中西球员们穿着化妆服来回奔跑，手脚兼施，煞是有趣。谈起这一场慈善赛，李惠堂说，"场内多一个人笑，那边难区则少一个人哭。我们坚持着抗战必胜的信念，悲观中大家仍要长抱乐观"。事后统计，慈善赛筹得善款一千余元。[1]

（二）节庆日足球义赛

香港的节庆日中西足球义赛包括"双十节""樱花节"（11 月 12 日）、圣诞节、元旦四大节日，偶尔也会在中国农历新年期间进行比赛。香港足总会在公布每年的足球赛季比赛结果时，通常也会将节庆日足球义赛结果一并公开，以取信于众。[2]

全面抗战时期，香港的节庆日足球义赛情况如表 6-1 所示。

表 6-1　1938 年至 1941 年 12 月香港重要节日举行的足球义赛统计

	1938 年		1939 年		1940 年		1941 年	
	义赛双方	筹款目的	义赛双方	筹款目的	义赛双方	筹款目的	义赛双方	筹款目的
"双十节"	南华队对港联队	为中国抗战前线将士募捐	华联队对西联队	救济中国战争难民	华联队对西联队	不详	华联队对西联队（甲乙两组）	为中国伤兵难胞募捐
"樱花节"	中华文员联队对香港海陆军联队	为英国伤残军人募捐	中西文员联队对香港海陆军联队	为英国伤残军人院募捐	中西港联队对香港海陆军联队	不详	——	——

〔1〕《千奇百怪扑朔迷离，滑稽化妆足球义赛》，载《大公报（香港）》1938 年 12 月 25 日，第 7 版；《滑稽化妆足球义赛》，载《大公报（香港）》1938 年 12 月 26 日，第 7 版。

〔2〕 H. K. sport results 1938-39 season, *Hong Kong Daily Press*, Dec 29, 1939, p. 2.

续表

	1938 年		1939 年		1940 年		1941 年	
	义赛双方	筹款目的	义赛双方	筹款目的	义赛双方	筹款目的	义赛双方	筹款目的
圣诞节	中华队对西工程队	为中国抗战前线将士和难民募捐	——	——	——	——	——	——
新年元旦	——	——	港联队对香港海陆军联队	为英国欧战募捐	华联队对西联队	为中国伤兵难胞募捐	——	——
农历春节	——	——	华联队对港联队、华联队对军联队	分别为英国和中国战事募捐	——	——	——	——

来源:《大公报》香港版、《申报》香港版。

下面对此进行分析。

1. "双十节" 足球义赛

"双十节" 本为南京国民政府设立的国庆日, 抗战爆发以后的国庆纪念活动, 出现了一些变化。对内, 越发凸显救亡意向, 彰显民族主义, 以此凝聚民心、调动民意; 对外, 则与同盟国共庆, 将 "双十节" 的民族主义意向与 "以建大同" 的世界主义意向融为一体。[1]

1939 年的 "双十节" 庆祝活动, 英国战时赈济会香港分会请求香港足球总会和香港中华体协组织华联队与西联队举行足球义赛, 为中国战争难民筹募资金。华联队由李惠堂统率, 以南华队为主力, 另有东方队、光华

---

[1] 周游:《国难与国庆: 抗战时期国民政府对 "双十节" 的纪念与阐释》, 载《西南大学学报 (社会科学报)》2015 年第 2 期, 第 175-180 页。

队好手加盟，李天生、许竞成、冯景祥等悉数出场。西联队集结米杜息、香港会、圣约瑟、警察会、海军队、九龙会等在港名队，由西人名将大告山奴任队长，外号"颠马"的阜拉、"巨人"透搬等临场应战，实力强劲。比赛日恰逢香港赛马季，媒体还倡议看马人来看足球，以助义举。[1]

　　香港人民时刻惦念着祖国同胞，为同胞的受难"内心难过"。居于香港的西人亦感同身受，故义赛吸引众多中西热心球迷和观众到场，人数之多为当季足球赛季以来之最盛。组织方还在比赛前安排香港和内地两支中学生队伍踢一场友谊比赛，以传播足球运动，吸引更多观众。尤为令人感慨的是，比赛特设的一元门票的"棚座"里，挤满了不常见到的底层工人球迷，趁着假期一饱眼福兼做善事，一些"马迷"亦放弃看马专门来看球。这次义赛以华联队 3∶1 战胜西联队而告终，共得门票收入 2623 元，足球抽彩 15 元，为该年度慈善赛收入最佳。记者遗憾道，义赛举办地——香港球场座位太少，若是放在南华体育会的加路连山体育场，门票收入怎么也得超过 3000 元。[2]

　　1940 年的"双十节"足球义赛于香港愉园球场举行，照例西联队对抗华联队。这一年，是中国抗战进入最关键也是最艰难的一年，香港的每一场义赛，也无不笼罩着山河破碎、满腹愁肠和慷慨激昂的气氛。与此同时，香港的足球生态发生重大变化，南华、星岛等华人体育会与香港中华体协之间产生龃龉，宣布退出香港中华体协，其队内人员随即出现大调整。当地媒体称，9 月，横扫港岛四年的南华队深陷"倒阁潮"，李天生、冯景祥等核心球员转会星岛体育会，南华队几至"不克成军"。人心浮动之际，老将李惠堂忠心耿耿，振臂高呼，邹文治、谢锦洪、李国威等"浪子回家"，南华队得以"重整旗鼓"[3]，但实力有所受损。

　　这一年的"双十节"足球义赛，是这一年度中西联队初次碰头，双方实力如何，可以得到检验。虽然南华、星岛等退出体协，但此次义赛华联

　　〔1〕《双十节足球义赛，华联大战西联》，载《大公报（香港）》1939 年 10 月 10 日，第 7 版。

　　〔2〕《双十节足球义赛，国军击败西联队》，载《香港工商日报》1939 年 10 月 12 日，第 2 张第 4 版。

　　〔3〕《足球联赛今日开幕》，载《大公报（香港）》1940 年 9 月 21 日，第 5 版；《双十节足球义赛，总会定期开会遴选出席代表》，载《大公报（香港）》1940 年 10 月 1 日，第 7 版。

队员的遴选，仍由香港足总会委托香港中华体协牵头，作为足总会员的南华会仍可派员出战，况且此为善举，当乐意共襄。[1]此役，华联队以3：1大胜西联队，李惠堂踢进了两球。观众满场，收入善款2850元，十分可观。另一方面，开赛前，中西球迷发生纠纷，一些华人球迷因场内座位紧张，向"会员棚"座走去，却遭洋人拒绝，双方起了冲突。华人球迷群情激奋，向守棚洋人质问，后在香港足总会主席黄家骏的排解下，才告平息。[2]

进入1941年，日本侵略军疲态已现，抗战形势发生转变，连媒体记者也感受到"胜利年"到来的气息，透露出一丝乐观的希望。就体育而言，尤其是足球，"最能使国人兴奋，替国家争些面子"。这一年的"双十节"足球义赛，为英国赈济会香港华人分会筹款和救济我国伤兵难胞。为筹集更多善款，义赛比以往多安排了一场，中西联队各自分成甲、乙两组，共四组队伍展开对决。华联队甲组由南华、东方、星岛、光华等华人体育会好手组成，如李国威、张金海、侯澄滔、邹文治、冯景祥、钟勇森等，李惠堂自然位列其中。乙组除前述几大华人体育会球员外，还增加了警察会的陈光裕。西联队甲组集合了苏格兰队、米杜息、九龙会、警察会和香港会的悍将如宝琪、毕礼地、花利亚、阜拉等，乙组则抽调海陆军各小型球队球员成组，比较零散，实力明显薄弱。[3]比赛结果，华联队甲组以3：0击败对手，李惠堂一脚劲射攻破对方球门，为球队获得一分；华联队乙组以5：0完胜西联队，双双获胜。两场义赛共收入2680元。[4]

抗战胜利后，香港足总会出台关于规范慈善赛的新条例，每个赛季除"万国慈善杯"全部收入拨作各申请机关经费之补助外，另保留两场义赛：一是"双十节"华联队对西联队，二是"樱花节"文员联队对海陆军联队。前者收入汇归我国伤兵及军人家属管理处使用（由外交特派员公署或国民党总支部代收），后者则用于赈恤二战欧洲军人家属。此外，不再接

---

〔1〕《国庆足球义赛，华联出战西联》，载《香港工商日报》1940年10月10日，体育版。

〔2〕《双十节万人空巷，争看华联战西联》，载《大公报（香港）》1940年10月12日，第5版。

〔3〕《国庆日足球义演四队阵容编定》，载《大公报（香港）》1941年10月8日，第7版。《双十节足球义赛，华联会战西联》，载《香港工商日报》1941年10月10日，体育版。

〔4〕《双十足球追记》，载《大公报（香港）》1941年10月12日，第5版。

受任何义赛请求。[1]

1946 年，已从广东梅县回到香港的李惠堂宣布本赛季结束后退役，不再参加香港联赛和其他正式比赛，此后只参与慈善赛。该年"双十节"，正值足球联赛赛季期间，香港按惯例举行华联队对西联队的足球慈善赛，全部收入用于赈济伤残军人。尽管已经"高龄"，但李惠堂精神饱满，身体状态良好，他义无反顾挂职中锋出战，比赛中"一挑一拨"，首进一球，为华联队赢得开场先机，并带领华联队最终以 4：0 大比分获胜。香港政府十分重视这场慈善赛，各界军政名流出席观看比赛，加之李惠堂一代"球王"的盛名，吸引大批球迷和观众前来，现场人头攒动，热闹非凡，不失为香港节日期间一大盛事。[2]

2. "樱花节"足球义赛

香港足总会规定，每年 11 月 12 日"樱花节"期间举行慈善球赛，至1939 年时，这一善举已经持续了十余年。1938 年、1939 年的"樱花节"足球义赛，均由香港文员联队对阵海陆军联队，收入拨作赈济欧战伤残军人。前者收入二千余元。[3]1939 年的"樱花节"足球慈善赛，中西文员联队集中了中西著名球员，此时的李惠堂仍被腿伤困扰，但依然参战，球员除了他之外，还有李天生、许竟成、大告山奴等；海陆军联队则包括了军人球队和米杜息等普通西人球队。[4]

1940 年 11 月 12 日的"樱花节"足球义赛，对阵双方为中西港联队和海陆军联队。中西港联队中，华人球员占 8 人之多，前锋清一色为华人球员，是十分罕见之安排。南华队的李惠堂、陈德辉两员大将，虽已入选，却因伤缺阵，尤其李惠堂的缺席，使得义赛的叫座力大受影响。比赛前，主办方特意安排中西记者队与裁判队进行表演赛，也算是趣味十足。[5]

---

〔1〕 李惠堂：《球经释疑》，载《大公报（香港）》1948 年 10 月 10 日，第 6 版。

〔2〕《港慈善足球赛，华联痛击西联》，载《大公报（上海）》1946 年 10 月 14 日，第 7 版。

〔3〕《昨天足球义赛募得二千余元》，载《香港工商晚报》1938 年 11 月 12 日，第 4 版。

〔4〕《樱花节足球义赛，港联人选产生》，载《大公报（香港）》1939 年 11 月 2 日，第 7 版。《昨日足球义赛，三比二文员胜军联》，载《香港工商日报》1939 年 11 月 13 日，第 2 张第 4 版。

〔5〕《足球义赛阵容变动》，载《大公报（香港）》1940 年 11 月 9 日，第 5 版；《足球义赛今日举行，中西港联会师军联》，载《大公报（香港）》1940 年 11 月 11 日，第 5 版。

1941 年的"樱花节"义赛，受上一年香港中华体协因南华、星岛等华人体育会退会"风波"的影响，仅剩东方、光华等会员，无法成功组建起华联队参加义赛，故在香港足总会的安排下举行两场义赛，分别为裁判队对记者队、港联队对海陆军联队。[1]李惠堂自然无法出席比赛，[2]这造成"樱花节"义赛收入大幅减少，门票和足球抽奖券一并仅计一千余元，比之上一年相差一半。[3]

3. 圣诞节和元旦新年足球慈善赛

圣诞节、农历新年分别为西方和中国新年，元旦则更多是中西共同庆祝新的一年到来的节日。1939 年 12 月，英国战时赈济会香港分会向香港足球总会申请举办元旦慈善足球赛，募集善款支持英国作战。照以往做法，仍以香港中华体协选拔的华联队对香港足总会的西联队。但是，作为香港中华体协代表的李惠堂提出，该月将要举行国际杯足球赛，体协所属南华、东方等必将是中华代表队主力，若还要参加义赛，人马过于疲劳，故提议以中西港联队对海陆军联队进行义赛。他的提议得到香港中华体协和香港足总会双方的认可。[4]

1940 年 1 月 1 日的元旦节足球慈善赛，港联队名单上的多名华人球星缺席比赛。华南队主力冯景祥、李天生、梁荣照三人只到场观战，并未出场。身为港联队队长的李惠堂则披挂上阵，[5]场上积极跑动，表现抢眼，最终两队战和。[6]与此同时，仿林中学主办的"伯南杯"男女排球义赛、国民大学学生会发起的与九龙小型足球总会选手队的小型足球义赛和中西港联队与海陆军联队的足球义赛等三场比赛同时进行，香港记者体特会的足球队、篮球队、排球队、乒乓球队也到澳门进行交流，香港体坛一派热

〔1〕《樱花节足球义赛，港联军联会战》，载《香港工商日报》1941 年 11 月 11 日，体育版。

〔2〕《樱花节足球义赛，港联对抗军联》，载《大公报（香港）》1941 年 11 月 11 日，第 7 版。

〔3〕《总会开会商讨督宪杯赛问题，港沪埠际赛亦将提讨论，樱花节义赛收入仅千元》，载《香港工商日报》1941 年 11 月 13 日，体育版。

〔4〕《足球义赛》，载《大公报（香港）》1939 年 12 月 5 日，第 7 版。

〔5〕《今日足球义演，中西名将登场》，载《香港华字日报》1940 年 1 月 1 日，第 2 张第 4 页。

〔6〕《元旦足球义赛，中西联队战和军联》，载《香港华字日报》1940 年 1 月 4 日，第 2 张第 4 页。

闹景象。[1]

　　一月之后的农历新年大年初一和初二（2月8日至9日），香港中华体协提议举办两场义赛，分别为英国战时赈济会香港分会和港侨体育界非常时期工作服役团募捐，分别用于英国和中国的战事救济。在挑选义赛双方战队时，香港中华体协却犯了难，先是拟定香港海军联队对陆军联队，因海联队实力过弱，没有号召力而作罢；又有人提议实力稍强的海军文员联队出场，但文员联队队员大多要随球队于农历新年出征上海，恐怕由港联队与陆军联队决战两场比较合适。后又经过反复协商，最终决定两场比赛分别为华联队对港联队、华联队对军联队。由香港中华体协足球委员会委员李惠堂负责起草义赛安排事宜，并上报香港足总会。门票分配方案为，将两场门票平均分配给上述两个体育组织各自分销，收入亦归各自所有。[2]

　　1941年1月1日元旦日的足球义赛，华联队照旧派出精华阵容，包括李天生、谢锦洪、侯澄滔、张荣才、许竟成、冯景祥、宋灵圣、钟勇森等。华联队上一年在国际杯赛中败于苏格兰，此次排出最强阵容迎战，决心一雪前耻。西联队则于一周之前的义赛中输给华联队，此次重新排兵布阵，虽非绝顶强劲，但各个位置也相当整齐。两支队伍各有特点，西联队的长处是个人能力出众，但配合欠佳；华联队的队员们多次一起比赛，不但个人能力强，而且配合也十分默契。李惠堂在队员的巧妙传球下，两次破门，帮助华联队以3∶1再次击败西联队。[3]

　　在香港足球联赛、慈善赛中，李惠堂多次进球，发挥稳定，表现良好，保持着较高的进球率和号召力。据统计，1940—1941年香港足球赛季，截至3月9日，李惠堂以21粒进球和队友陈德辉同列射手榜第一名。

---

〔1〕《今日足球义演，中西名将登场》《排篮球义赛昨日三场战绩，今日仍有战事》《民大学生会举办小型足球义赛，明日举行》《记者球队今晨征澳》，载《香港华字日报》1940年1月1日，第2张第4页。

〔2〕《中华体育协进会昨开重要会议，决定农历元旦足球义赛》，载《大公报（香港）》1940年1月6日，第7版；《中国新年举行义赛两场》，载《大公报（香港）》1940年1月9日，第7版。

〔3〕《元旦足球义赛，华联阵容正式排定》，载《香港华字日报》1940年12月28日，第3张第2页。《元旦日足球义演，华联战西联追记》，载《香港华字日报》1941年1月4日，第7版。

东方会的侯澄滔以一球之差排名第二。[1]

（三）临时性的足球义赛

各种临时性的足球义赛也被用于筹款赈济中国战争难民、英国伤残军人以及为中国抗战前线将士购买药品、救护车等医用物资等。

英国战时赈济会香港分会致力于救济灾民工作，成立时间虽短，但成绩卓著。1939 年年初，该会会长、港督罗富国爵士致电香港足球总会，请求举办足球义赛，以筹款用作赈济中国战争难民。2 月 26 日的义赛，由南华队对港联队，李惠堂担任中锋出场，双方献上了一场十分精彩的场上对决。[2]

1939 年 5 月 28 日，南华会主导的港侨体育界非常时期工作服役团趁南华队远征东南亚之前，安排与港联队作慈善足球赛，筹募善款，购买药品，寄交抗战前方。南华队一为慈善，二为练兵，可谓一举两得。作为队长的李惠堂亲自上场，以鼓舞士气。比赛原定于 5 月 20 日举行，因天气下雨，一再改期，推迟至 28 日方才开赛，但仍受雨天转阴的不利影响，尽管李惠堂和双方队员表现不俗，但门票收入仅九百余元，不如人意。[3]10 月 1 日，由李惠堂统领的远征东南亚归来之南华队，和港联队又进行了一场足球义赛。[4]

1941 年 8 月 28 日，李惠堂代表南华会参加筹备救济中国战争难民的足球义赛。筹备会议由港侨体育界于非常时期工作服役团发起，邀请南华、东方及星岛三个华人体育会参加，申请义赛的发起者则为香港四个妇女组织（中国妇女会、中国妇女兵灾筹赈会、中国妇女慰劳会、中国妇女新运会）、新界难民救济会和体育记者联谊会等六个社会团体。体育界工作服役团主席陆霭云表态，举办义赛是"稍尽体育界一点责任"，自当全力支持，不过，历来西人联队对义赛贡献颇大，本次义赛亦需借助于西人帮忙，既然中英两国站在同一阵线，均为抵抗侵略的同盟国，将来义赛的善款收入也应分配给英国战时购机会，由中英七团体平均分配。具体的分

---

〔1〕《射球记录惠堂、德辉第一》，载《大公报（香港）》1941 年 3 月 10 日，第 7 版。

〔2〕《今日足球义赛，南华对港联》，载《大公报（香港）》1939 年 2 月 26 日，第 7 版。

〔3〕《南华会临别义赛，三比零痛击港联》，载《大公报（香港）》1939 年 5 月 29 日，第 7 版。

〔4〕《明日足球义赛，南华阵容产生》，载《大公报（香港）》1939 年 9 月 30 日，第 7 版。

配方案，所谓"平均分配"，是指将球赛销售门票所得善款分为两部分。至于事先送交各团体预售的门票，无论售出多少，概归各团体所得。这一建议得到与会各代表支持。各社会团体所筹款项的用途各有不同，例如列席旁听之体育记者联谊会负责人张觉可即阐明义赛款项将用于购买救国公债，以为国家尽一份力。

义赛拟于 9 月 20 日至 21 日两天举行，义赛双方队伍，由南华南游队、星东征澳队组成的华联队对抗香港海陆军联队。南华、东方和星岛三个华人体育会推举出专员成立小组会与香港足总会接洽具体义赛事宜。小组会由南华会代表兼南华队队长李惠堂、星岛会代表蔡惠鸿、东方会代表陈福愉三人组成，李惠堂总负责。[1]

经由李惠堂出面与香港足总会接洽，西人球员加入军联参与义赛一事进展顺利。香港海军会代表基斯脱表示，对此建议"极端赞同"，将会派数名主力球员加入军联作战。最终商定，香港海陆军联队由海军、米杜息、士葛三队精英组成，[2]对阵双方实力强劲且水平相近，为义赛的成功举办提供了良好的基础。

（四）协助社会团体的义赛

在李惠堂看来，由于日本的全面侵略造成祖国同胞遭受苦难，在国难深重的非常时期，作为身处"世外桃源"的香港人，理应尽心尽力做一些支援工作，"在大后方服务是应该不论天时，不计甘苦，随时随地，都要尽力来干的，这样才对得起前方浴血的战士，才（不）愧做一个爱国的良好公民"。

1940 年，"伤兵之友"运动风起云涌，体育界也不甘人后，先后举办了好几次足球、篮球等义赛。5 月 11 日，香港银行界联谊会举办足球义赛，门票委托各银行代售。义赛采取最为常见的中西交锋，分别为华商银行队和西商银行队。虽为行业性业余比赛，但各自吸纳了部分中西足球运动员加盟，如钟勇森、张金海、张荣材等加入华商银行队，西人名将大、小告山奴和华人好手侯澄滔等代表西商银行队出战。[3]义赛请来国民政府

---

〔1〕《陆蔼云招待各代表商决义赛办法》，载《大公报（香港）》1941 年 8 月 29 日，第 7 版。

〔2〕《七团体慈善足球赛外队战阵产生》，载《大公报（香港）》1941 年 9 月 5 日，第 7 版。

〔3〕《响应伤兵之友，昨日足球义演》，载《香港华字日报》1940 年 5 月 12 日，第 3 张第 2 页。

要员吴铁城的夫人颁奖，影星陈振兰献花，还在义赛前举行男女足球队表演赛，由女子队对益壮队，以添趣味。为壮大声势，义赛请来任瑞典洋行秘书兼香港银行业联谊会顾问的李惠堂担任裁判员，许竟成任边裁。门票预售达千余元。这次义赛的收入全部送交香港妇女慰劳会转交重庆"伤兵之友"总会，以济援抗战伤兵。[1]

1948 年 10 月 5 日，香港中华体协、香港记者公会体育特项会、华人裁判会和伶星足球队四个社会团体合办小型足球义赛，为沙田先天道安老院筹款。四团体组成中华元老队、记者足球队、裁判足球队和伶星足球队四支队伍，进行两场巨战。上场球员均为体育、新闻界"知名人士"和演艺明星，其中，李惠堂以"球王"之名，领衔裁判队参赛。这一义举得到社会各方志愿协助。杰志体育会担任售票任务，香港妇女福利会、妇女工艺训练所学员负责收票，后备警察队维持场内秩序，另外还有中学生和音乐慈善团体进行现场演奏。香港各界团体和个人在捐助义赛物品方面，更是热情高涨，例如，香港记者公会体育特项会会长周湛光提供全部奖品和纪念章，并主持颁奖礼。医生徐子真赞助宣传印刷费，梁秋祺承包记者队晚餐，屈臣氏汽水公司提供球员汽水，中华百货公司提供义卖的小足球，等等。[2]

(五) 参加和联络网球义赛，推广网球运动

李惠堂不仅在足球运动方面贡献卓著，还积极推动香港的网球运动。他擅长网球运动，和网球界名人江道章、许承基等关系熟稔，偶尔会参加网球比赛，对香港网球界的情况比较了解。1939 年 9 月，欧战全面爆发，香港受英国殖民统治，理应以各种方式支援英国作战。香港的慈善风气本就十分浓厚。值此特殊时刻，社会各界纷纷掀起募捐热潮。体育界也以义赛的方式筹款。10 月 29 日，英国战时赈济会香港分会发起男女混合双打网球义赛，以应援英国作战。参加选手达到 58 人对 116 人，以西方人居多，华人很少。义赛分红、黄、蓝、青、紫五组，李惠堂作为网球好手，和招剑俊夫人组队参加，被分在黄组。经过长达数小时的艰苦比赛，李惠堂组

---

〔1〕《银联足球慈善赛，西商迎抗华商》，载《大公报（香港）》1940 年 5 月 11 日，第 7 版。
〔2〕《伶星对裁判，记者战元老，修顿场今日噱头多》，载《大公报（上海）》1948 年 10月 5 日，第 6 版。

获得冠军，大放异彩。此次义赛中，除门票收入外，全部参赛队伍所缴参赛费、现场午餐费、酒水费共计收入 800 余元，全部充作英国作战之用。[1]

李惠堂还找寻一切可能的机会，联络网球名人和运动员来香港举办网球义赛。1939 年 1 月，远东网球锦标赛于越南西贡举行，李惠堂托人带函给从欧洲返回至越南参赛的网球国手许承基，邀其赛后抽空至香港举行数场网球义赛，以惠济难胞。[2]

1939 年 7 月初，港侨体育界非常时期工作服役团继足球义赛之后，再次举办网球义赛。以新近由重庆来港的上海网球"圣手"王文正为主，促成其与香港网球骄子徐炜培、徐润培兄弟以及另一名将小林珍分别进行单打、双打比赛。李惠堂本就擅长网球，事先在报纸上撰文为此次网球义赛热情宣传，详细介绍此次义赛选手王文正、徐炜培的经历和技术实力，并谈及网球界多位名将或已凋零，或状态下降，或无法参加义赛的现状，称这次义赛无形中是一个"争夺国手的大场合"，关心网球和国事的香港同胞理当热烈响应，共襄善举。[3]

另一次影响较大的网球慈善赛事是 1941 年下半年我国旅美青年网球家计划赴港义赛一事。1941 年 10 月初，蔡惠全受美国援华总会之托，和美国网球运动员哈孟携手离美，赴远东各大城市举行一系列慈善网球赛，将全部所得拨救中国战争难民。按照日程，两人将于 10 月 26 日抵港，义赛两天，再赴南洋继续赛程。在港的蔡惠全兄长、星岛体育会蔡惠鸿将此次网球义赛事宜交由港侨体育界非常时期工作服役团全权负责，以扩大影响力。体育界服役团相当重视，特意成立包括李惠堂、何伟卿、李伟才、尹建朝等在内的十五人筹备委员会，并指定李惠堂、李伟才负责接洽比赛场地——中华游艺会球场的事务。[4]

蔡惠全和哈孟于 10 月 4 日出发，坐轮船抵达第一站檀香山，完成义赛

---

〔1〕《昨日网球义赛，李惠堂组获全场冠军》，载《香港华字日报》1939 年 10 月 30 日，第 2 张第 4 页。

〔2〕《远东网球锦标赛，许承基决定参加，李惠堂拟于赛毕后邀请来港举行网球义赛筹款赈济难胞》，载《大公报（香港）》1939 年 1 月 4 日，第 7 版。

〔3〕《王徐网球义赛的前瞻》，载《大公报（香港）》1939 年 7 月 1 日，第 7 版。

〔4〕《蔡惠全月底可抵港举行网球义演》，载《大公报（香港）》1941 年 10 月 24 日，第 7 版。

后，继续航行。但因"二战"欧洲战事紧张，为安全计，轮船只能折返，抵达香港的时间亦随之推迟。[1]在此期间，因此次网球义赛引起各界密切关注，体育界服役团大造声势，先后三次召开筹备会，每次均邀请媒体见证，报告筹备情况。此次义赛被正式命名为"美联赈华网球比赛大会"，除聘请体育界名人担任名誉会长外，还专门成立赛务、财务、交际、宣传、布置五个小组，分担各项工作。李惠堂在其中出力颇多，不仅担任招待组小组长，且仅他一人同时在赛务和宣传两个小组工作。因轮船抵达准确日期难以确定，筹委会将比赛日期暂定为 11 月 9 日、15 日、16 日三天，并提前预售门票，盛邀港岛网球名将徐氏兄弟（徐炜培、徐润培）、印裔选手林珍兄弟（SA 林珍、HD 林珍）、蔡永善、叶观洪等六人，以及风头正劲、一时无两之小将陶毛囡（冠球），以提高比赛的可观度。[2]因有三天比赛，媒体猜测老将江道章、李惠堂二位搭档与蔡惠全、哈孟双打，还是很有希望的。网球义赛票价定为 25 元荣誉券和 10 元荣誉券、5 元名誉券，以及 1 元、2 元普通券数种，[3]兼顾不同群体的消费能力和需求。此次网球义赛得到工商业界的积极赞助，如登立公司资助网球五打，香港啤酒公司赞助啤酒六打，屈臣氏汽水公司捐义款 25 元，全埃公司捐助白威士忌三瓶，安乐汽水公司捐汽水十打，罗文显捐怡和啤酒三打。个人捐款方面，简东浦捐 25 元，何甘棠捐 20 元，黄炳耀捐 10 元等，球拍拟找中华百货公司赞助。[4]后因船期一再延误，将比赛日期调整至 11 月 23 日、29 日至 30 日举行。[5]蔡惠全、哈孟来港义赛的消息"一石激起千层浪"，极大激发了香港人民和体育界的慈善热情，赛事共收获义款超过万元，号称创

---

〔1〕《网球义赛小组会昨晚召开会议》，载《大公报（香港）》1941 年 10 月 28 日，第 7 版。

〔2〕陶毛囡正是在参加此次网球义赛之前的业余资格风波平息后，改名为陶冠球，并以此名日后在网坛大放异彩。见《香港网球大势，写在蔡惠全义赛之前》，载《大公报（香港）》1941 年 11 月 11 日，第 7 版；《网球筹赈大比赛廿三开展略》，载《大公报（香港）》1941 年 11 月 18 日，第 7 版。

〔3〕《中美网球义赛名誉券今日发售》，载《香港工商日报》1941 年 11 月 20 日，体育版。

〔4〕《美联赈华网球赛续开筹委会议》，载《大公报（香港）》1941 年 11 月 11 日，第 7 版；《网球筹赈会继续开会》，载《大公报（香港）》1941 年 11 月 21 日，第 7 版。

〔5〕《网球筹赈大比赛廿三开展略》，载《大公报（香港）》1941 年 11 月 18 日，第 7 版。《网球义赛压轴戏，蔡惠全勇克大徐》，载《香港工商日报》1941 年 12 月 1 日，体育版。

"本港网球史之纪录"。有人提议用这笔钱举办全港公开网球义赛，为中英两国筹募献机资金，以支援两国的反侵略与反法西斯的正义战争，[1]使其社会效益最大化，也算好事一桩!

1947年4月底，为纪念意外离世的网球名手许承基，香港网球界和体育界组织网球义赛，一方面告慰亡者英灵，同时也为许氏奖学纪念基金筹款，叶观雄、徐炜培、蔡惠全等好手及老将江道章等纷纷出场支持。李惠堂与许承基为多年好友，不仅亲自参加网球义赛，而且作悼念对联一副，以表怀念：

> 自用球拍远相逢，万里鹅毛，喜到手头，霹雳一声，何来死讯!
> 知遇心期难奉报，两行酸泪，痛针肺眼，呜呼千古，惟问水滨。[2]

(六) 来自上海的邀请

全面抗战时期，李惠堂还接到上海国际救济会的邀请，请他前去参加足球慈善赛。1939年1月，上海国际救济会鉴于十余万难民"颠沛流离""给养浩繁"，计划举行足球义赛来筹款。为吸引球迷，该组织委托名流周寿臣邀请李惠堂来上海参加义赛。李惠堂回应，国难当头，为难民筹款的义举，自己责无旁贷，理应参加，但也说出自己的顾虑：1938年夏，香港组成足球队曾拟参加于上海举行的领袖杯义赛，却因被误会和日伪合作而遭致责难，未能成行，此次自己以个人身份赴沪参加义赛，会不会再次遇到类似误解？[3]

该项义赛原定于农历新年正月初二（2月20日）于上海法租界举行，由华联队对西联队。对这一日期安排，李惠堂深感分身乏术，他受香港足总会邀请代表香港队于2月19日出战港菲埠际足球赛，又已答应参与英国赈济会香港分会于2月26日举行的足球义赛，难以兼顾，故电告周寿臣协

---

〔1〕《筹募中英献机金，拟举办网球义赛》，载《香港工商日报》1941年12月5日，体育版。

〔2〕《追悼许承基，香港网球义赛》，载《新闻报》1947年4月29日，第10版。

〔3〕《上海国际救济会举办足球义赛，李惠堂有意赴沪参加》，载《大公报（香港）》1939年1月11日，第7版。

商上海国际救济会将义赛推迟至 3 月 4 日。[1]但是，由于香港社会舆论的反对，李惠堂没有参加上海国际救济会举办的三场足球义赛，[2]但这一事件本身清楚地显示出李惠堂异乎寻常的吸引力和号召力。到了该年年底，由西联举办的一年一度的上海圣诞中西慈善足球赛，已迁往上海租界的华洋义赈会声称将接洽李惠堂北上助阵，被报纸视为"或为一种宣传作用"而已。[3]

李惠堂名声如此之隆，以致在足球界的后起之秀中，马来西亚星洲中华足球队的谢庆福因球技高超、长相相似而被人称作"新李惠堂"。[4]当时的报纸将 1939 年 4 月 1 日南华队对星洲中华足球队的一场比赛，称为"真假李惠堂"之战，令人莞尔。[5]

（七）为拳击义赛调解纠纷

李惠堂热心慈善，公正有道的人品，良好的社会形象使得他具有异乎寻常的人格魅力，成为许多体育慈善活动的组织者、宣传者、参加者和协调者，其影响力并不限于足球运动。1947 年夏，香港拳师李剑琴和广州拳师许大伟（广东体育协进会总干事许民辉之子）均有意为两广水灾举办赈灾义赛，然而，两人因此前的一些小摩擦互相逞强，李剑琴邀许大伟来港，许大伟又邀李剑琴去广州，各不退让，一来二去，两人于书信往来中掀起骂战，竟达月余僵持不下。香港体育界人士以二人既热心慈善，比赛地点不应过分计较起见，公推李惠堂和南侨中学校长邓辑熙作调停人，劝告二人勿再"隔江骂战"，这样做有失体育精神，且令灾民失望。李惠堂随之亲拟书信一封给许大伟之父许民辉，解释调解。经他俩来回斡旋，此事以许大伟允诺来港应战、由华侨体育会负责筹备拳击义赛而告平息。[6]

[1]《李惠堂电请慈善比赛改期》，载《申报》1939 年 1 月 21 日，第 13 版。
[2]《港方舆论界反对，李惠堂不来沪》，载《申报》1939 年 2 月 28 日，第 8 版。
[3]《据李表示，沪传球怪北上参加足球义赛，此事不知情》，载《大公报（香港）》1939 年 11 月 7 日，第 7 版。
[4]《公开草地球赛，李惠堂组可胜可不胜》，载《大公报（香港）》1939 年 3 月 15 日，第 7 版。
[5]《星洲中华足球会今日首战南华会》，载《大公报（香港）》1939 年 4 月 1 日，第 7 版。
[6]《港穗拳师隔江骂战，李惠堂愿作调人劝两人作赈灾义赛》，载《大公报（上海）》1947 年 7 月 31 日，第 5 版。

四、一场成功的慈善赛是如何运作的？——以纪念陈镇和足球义赛为例

抗战时期，许多爱国志士投笔从戎，体育界也不乏其人，如全国撑杆跳纪录保持者符保卢以及足坛名宿、曾跟随李惠堂踢球的陈镇和等。

（一）缘起

陈镇和，原籍福建漳州，生长于南洋荷属爪哇巴城，幼年即归国求学。初入南京金陵小学，后转入上海暨南附中，再入暨南大学就读。陈镇和体健性强，具有特殊的运动天分，经常驰骋在运动场上，他曾说，"身体为事业之基础"，又抱着"东亚病夫之耻辱，殆伏吾等青年洗刷耳"的信念，各种运动如篮球、足球、排球、网球以及游泳、跑步等，无所不习。于诸种运动之中，他尤为擅长足球，从小踢球，自小学、中学至大学，均在校队效力。他在暨南大学校队期间，暨南大学能在江南各大学足球联赛中，连夺七年冠军，他功不可没。后经李惠堂引荐进入上海乐华队，在各种比赛中表现良好，有"飞将军"之称。又随李惠堂等组队先后远征南洋马来西亚、缅甸、印度以及澳洲各地，声名鹊起。1936 年，他入选中华足球代表队，出席柏林奥运会。除了球艺高超，他待人接物和蔼可亲，因此颇受体育界和社会大众喜爱和敬重。

陈镇和从小怀有报国之心。"九一八"事变后，他目睹时艰，心急如焚，于大学未毕业时，即经学校推荐，投考广东航空学校，学习飞机驾驶技术。全面抗战爆发后，他学习未完，即投身抗战前线，辗转滇、桂、黔、川和甘之间轰击日军，屡建功勋。[1] 1941 年 2 月，他再一次驾机赴兰州时，因天气恶劣而机毁人亡，为国捐躯。得知消息后，悲恸的李惠堂为其赋诗一首：

啼声初试尚童年，双翮翱翔直上天。
十载威风悲绝影，只留功业挂凌烟。

诗后注云：他于 1926 年执掌复旦大学附中足球队时，携队参加江南锦

---

[1]　李惠堂：《悼亡友镇和烈士》，载《大公报（香港）》1941 年 5 月 3 日，第 7 版。

标赛，正逢陈镇和代表金陵小学队参赛，球场一晤，即知其非同寻常。后来陈镇和考入暨南大学，李惠堂亦加入乐华队，特邀陈镇和加盟，随乐华队国内外比赛，"转战千里，无役不战，功业彪炳"，为球迷和队友们所爱戴尊敬。今城陷人亡，"能不令人唏嘘叹息也！"

他思前想后，悲痛不已，又续诗两首：

球国谁人不识君，旋风黑炭技超群。
将军百战扬威武，共叹金刚不坏身。

诗中以陈镇和"旋风黑炭"的称号，赞其身上一种永不言死、永不畏死的精神，感叹逝者已逝，后不知有来者乎？

又赋诗云：

凌空卫国志堪钦，敌忾同仇义更深。
抗战未成身已殒，人间何处觅知音！

他于诗后注中钦佩陈镇和"烈士长空杀敌，屡树奇勋，为足球界放一奇光异彩"。只可惜抗战未成身先死，若其泉下有知，岂不"长恨绵绵也！"[1]

他对陈镇和的悼念诗，从回忆相遇相知、赞其球艺精湛和精神坚韧到赞誉其为足球界参加抗战之杰出代表，凝练概括了陈镇和短暂的一生，并给予其极高的评价。出于钦佩和惋惜，他尽力促成并参加了专为纪念陈镇和而举行的慈善足球赛。

（二）李惠堂的奔走与协调

陈镇和牺牲后，香港体育界和暨南大学香港同学会举行悼念大会，并策划举行一场慈善赛，将所得款项成立"陈镇和烈士纪念学位基金"，以奖励后来的抗日烈士之子弟。因此，此次义赛可谓意义深远，但筹办过程却一波三折。

纪念陈镇和足球义赛由香港中华体协负责组织，最初的方案是以西人陆军联队与华联队作为对阵双方。鉴于李惠堂和陈镇和的特殊关系，香港中华

---

〔1〕 李松福：《球王李惠堂传奇》，未来出版社 1987 年版，第 213-215 页。

体协决定由李惠堂和其好友、同为足球界名人、时任国民政府驻港代表随从参谋的徐亨负责向香港足总会主席黄家骏磋商义赛具体计划和日程。[1]

1941 年 4 月，香港足总会开月会时，中华体协主席莫庆带着李、徐二人的提案出席会议。然而，香港足总会委员们意见不一。一些委员指出，陈镇和在港外殉职，并非在香港本地殉难，不能要求香港足总会单独为其举办一场慈善赛。况且，单论殉难的话，香港前海陆军球员在欧洲本土作战中殉职者亦不在少数，如果人人要求举办慈善赛，则办不胜办。也有委员指出，之前足总为三个团体举办慈善赛（指 1940 年 12 月 22 日为香港扶轮会、青年救护团和澳门救济会举办的中西足球慈善赛）后，已经议决不再单独为某一团体举办义赛，不宜破例。因委员们僵持不下，经磋商之后，交由足总会长定夺。时任足总会长史美经慎重考虑后，同意举办。

接下来，暨南大学香港同学会邀请香港中华体协、南华、东方和星岛三个华人体育会代表磋商。除南华会代表因事未能出席外，与会各代表认为，原计划的华联对西联比赛，涉及西人球队，然而本赛季结束之后，西人球员大多不愿在炎热天气下再赛球，故铺排较难。且以往香港足球义赛，基本都是中西对决，正在进行之中的督宪赛同样如此，华联和西联相遇搏斗已达四次之多，再来一次，毫无新意，球迷未必买账，不如改为由华南队与华东队对赛。恰好港侨体育界非常时期工作服役团一直在筹划香港队与上海队的义赛，借此可将计划实施。不过，仍需考虑的一个问题是，要避开即将进行的督宪杯第二轮比赛日，况且，华人体育会正在考虑七月应邀赴澳洲作比赛，因而此次陈镇和纪念义赛的日期需要慎重安排。[2]经过几方反复商议，最终第一场义赛定于 5 月 3 日举行。在香港中华体协和足总的支持下，将香港华人足球名将分成港沪两队作一对抗。分队的标准，先是按照籍贯区分，后因上海队实力不足，修改为不限籍贯，而以某球员曾代表沪队出赛者为标准进行选拔。按照这一规则，李惠堂、李硕友、徐亚辉、刘始赞等得以入选沪队，经此调整后，对阵双方实力旗鼓相当，保证了比赛的精彩程度。

---

〔1〕《纪念陈镇和烈士，筹组足球义赛》，载《大公报（香港）》1941 年 3 月 12 日，第 7 版。

〔2〕《陈镇和纪念足球赛将展期举行》，载《大公报（香港）》1941 年 4 月 21 日，第 7 版。

（三）正式比赛

这次足球义赛不同于以往常见的为社会团体、慈善机构募捐，是专为纪念足球界抗日烈士而举行，其政治象征意义凸显，又因集结了香港所有华人足球健将，因而广受在港党政要人、各界名流关注，预购门票，普通球迷亦纷纷抢购。对参赛队员来说，一为纪念亡友，二为悼念烈士，自是责无旁贷。比赛议定三场两胜制，最少需要取胜两场，才能决出最后的胜者。5月3日的比赛为第一场，加路连山南华会体育场"高悬烈士遗像，两旁分挂党国旗，台上挽联花圈，琳琅满目，大会工作人员一律臂缠黑纱"。李惠堂于比赛前发表演说，并带领全场观众默哀三分钟。本次比赛，港沪两队各进两球战平[1]。第二场比赛时间初定于9月足球联赛新赛季开始前举行[2]。

9月13日，离新的足球赛季开幕还剩两周，陈镇和纪念足球第二场慈善赛如期举行。因事关抗日大事，此次慈善赛的规格进一步提高，国民政府行政院长孙科提供了冠军金牌，并和专管港澳事务的国民党要员吴铁城分别提供冠亚军锦旗，刘罗炽提供亚军银牌，暨南大学同学会则制作了各团体纪念旗帜，以感谢帮助之劳。暨南大学前校长郑洪年主持开球礼，孙科夫人亲临现场为两队颁发奖品。比赛双方的港沪两队出场队员和第一场基本没有变化，都是当时一流健将，实力各有千秋。[3]

（四）善款使用

8月25日，暨南大学前校长郑洪年出面在告罗士打酒店备上茶点，欢迎南征归来的南华、星东两队队员，中华体协代表以及报界记者数十人，先是对两队载誉归来表示祝贺，然后感谢两队队员对于陈镇和纪念足球赛的支持，介绍第一场义赛筹得款项国币5000元，已汇往重庆寄存中央信托局。第二次义赛拟于下月进行，考虑到陈镇和是福建人，拟将所筹款项汇入厦门大学助学。香港中华体协会长莫庆，南华会、东方会、星岛会代表

---

〔1〕《镇和纪念足球赛，明日开始交锋》，载《大公报（香港）》1941年5月2日，第7版；《嘉山一幕精彩战，港沪难分轩轾》，载《大公报（香港）》1941年5月4日，第7版。

〔2〕《镇和纪念足球赛，上海对抗香港》，载《大公报（香港）》1941年5月3日，第7版。

〔3〕《镇和纪念足球赛，港沪今日争雄》，载《大公报（香港）》1941年9月13日，第7版。

及李惠堂相继发表演说，以表赞同。[1]

两场义赛结束后，仍由暨南大学前校长郑洪年主持，召集莫庆、胡好、李惠堂、陈汉明等中华体协、华人体育会、记者代表参与了善款的分配事宜。两场义赛除去开支外，共得款港币 2662 元，折合国币 1.2 万元，另有暨南大学上海同学会凑国币 3000 元。这笔 1.5 万元款项以"陈镇和烈士纪念学位基金"的名义，由暨南大学香港同学会邓乃灼先后两次汇存于重庆中央信托局，期限十五年，年息一分五厘，并注明期满后续存，不得提取他用，以期永久。每年可得利息国币 1800 元，按如下方案支配：设暨南大学奖学金 2 名，中正大学、复旦大学奖学金各 1 名，奖励数额为每学年每名学生 300 元，共计 1200 元。剩余的 600 元用于另设"镇和精神奖"和"中央航空协会飞机模型比赛奖"，各给予 300 元。"镇和精神奖"的评选由中华体协、报界、暨南大学同学会各派一人评判，由暨南大学召集，以显示该奖的公共性与社会性。[2]

五、率领乐华、南华足球队远征东南亚期间的慈善足球赛

二十世纪二三十年代，中国足球水平整体南高北低，南方的水平远高于北方。南方水平最高的地区，第一是香港，以拥有南华足球队这样的强队为标志，球队数量多，球星也多。1936 年，中国组建足球代表队参加柏林奥运会，预选 30 名球员中，22 名出自华南，6 名来自华东，北方只有 2 名球员。香港球员之中，最有名的当然是李惠堂，另外还有南华队的李天生、谭江柏、叶北华以及包家平等，也名震足坛。[3]香港每年都有自己的足球联赛和杯赛，这使得香港足球水平长期保持在稳定的状态。

排在第二位的是上海。中西文化杂糅的上海人十分喜欢足球，本地的球队也不算少，还有内地城市中独树一帜的每年一度的中西对阵的圣诞慈善足球赛，十分吸引人。但上海本地缺少大牌球星，不免使球迷感到有些遗憾。1925 年 10 月，李惠堂自香港到上海踢球，受到热烈欢迎。1926 年，

---

〔1〕《镇和纪念足球赛，二次大战期近》，载《大公报（香港）》1941 年 8 月 26 日，第 7 版。

〔2〕《镇和义赛结束后，奖金支配办法》，载《大公报（香港）》1941 年 10 月 26 日，第 5 版。

〔3〕《参加世运会足球预选员定三十人》，载《大公报（天津）》1936 年 2 月 7 日，第 7 版。

李惠堂将主持组建的上海"乐群"足球队改名为"乐华",严格加以训练,乐华队很快在各种比赛中取得佳绩,名震上海滩。

香港足球有着对外交流的惯例,尤其是与东南亚地区之间的日常足球交流。因当时香港足球界奉行源自英国的"业余主义"规则,球员名义上并不能以足球作为谋生的职业,不得以获取报酬为目的,只能保持"业余"资格,所以在一个赛季结束后,香港各体育会和球队常常会以"南游"的方式前往东南亚、澳大利亚等地的华人聚居区进行表演赛,赚取额外收入和切磋球技。[1]李惠堂将香港足球的这种做法带到了上海,他带领乐华队四度南征,足迹遍及澳大利亚、菲律宾、马来西亚、印度、越南、印度尼西亚、泰国等。其中,1929年的第三次远征东南亚之举,前后长达两月余。此次远征既是比赛之旅,也是慈善之行,一方面为当地慈善机构捐款,同时也为国内灾民募捐。

李惠堂和上海乐华队的威名远扬国内和东南亚地区。1929年的远征途中,每至一地,都会吸引大量球迷关注。当时的新闻报道盛赞乐华队球技精湛、实力之强的程度,充满热情洋溢的论调,"成绩之佳,可为历年到南洋比赛之各国球队开一新纪元。该队队伍之强、球术之巧,诚有令人百观不厌"之感,每次比赛均"万人空巷",甚至连素来不知足球为何物的大腹便便的商人也慕名前往观看。以至于在球队已离开一年之后,当地华侨仍津津乐道于李球怪(李惠堂)、周铁门(周贤言)之名,[2]足可见其巨大影响。

从1929年的七月中旬至八月中下旬,乐华队在马来西亚、印度尼西亚等地全部比赛于两月内达到21次,共胜19次,和1次,负一次,是球队南征历史中前所未有的好成绩。[3]比赛时,常因人数太多,总有观众无法入场,平均每场观众人数不下一万,而且票价十分昂贵。二十一场比赛中,总计门票收入达十二三万元,这笔钱扣除必要费用外,剩余全部捐给

---

〔1〕 参见赵峥:《战争与体育:"球王"李惠堂与全面抗战时期的足球运动》,载《抗日战争研究》2022年第3期,第112页。

〔2〕《乐华赴欧征期已定》,载《大公报(天津)》1930年4月14日,第5版。

〔3〕《乐华南征成绩表》,载《申报》1929年9月15日,第12版。

当地华人慈善机构，[1]进一步树立了乐华队在海外华人中的良好形象。此次两月余的南行中，李惠堂写有系列"乐华南行日记"近二十篇，陆续在《大公报》《申报》刊出，日记内容十分详尽，透露出球场内外的许多信息。

据日记记载，此行中穿插的专门的慈善球赛有两次，都是规格很高的比赛。第一次是1929年8月30日，上海乐华队于新加坡停留期间，应当地总商会和报界之邀，与马来西亚华人联队踢了一场慈善球赛，是为了给国内爆发大旱灾的陕西、河南、甘肃等地筹款，收入全部捐给豫陕甘筹赈会，用于救助灾民。乐华队以3：1获胜。比赛结束后，由新加坡总领事夫人发给商会所赠的纪念杯，以作纪念。[2]

9月10日，乐华队正式结束南征，队员乘船返回上海，而李惠堂应邀和周贤言、包家平二位队员留港，以个人名义参加了第二次慈善足球赛。9月14日，应南华体育会之邀，加入其队，与香港海陆军联队踢了一场慈善赛，以给香港华东医院筹款。这场慈善赛虽然天降大雨，但并未阻挡住观众们的热情，李惠堂率队全力作战，以7：2大比分战胜对手，为香港球迷奉上了一场酣畅淋漓的比赛。[3]

1930年，乐华队吸纳华东、华南地区精锐，组成一队赴欧参加邀请赛，之后因故球队解散，李惠堂回到了香港。此后，他的体育慈善活动便以香港为主要地点了。

1941年5月17日，李惠堂任队长的南华南游足球队再次踏上南征（东南亚）之旅。此时，李惠堂已从事足球二十年，远征国外不下十五次。5月26日，在马来西亚，第八次来此的李惠堂依然受到追捧，比赛之余，他应邀接受当地广播电台采访，号召侨胞体育救国。[4]南征赛程至6月30日结束，共赛17场，南华队胜12场，和三场，负二场。此次南征途中，安排了三场义赛。[5]

〔1〕李惠堂：《南征日记（续）》，载《大公报（天津）》1929年9月6日，第5版。
〔2〕李惠堂：《乐华南征日记（14）》，载《申报》1929年9月17日，第11版。
〔3〕李惠堂：《乐华南征日记（16）》，载《申报》1929年9月23日，第10版。
〔4〕《南华征星琐记（下）》，载《大公报（香港）》1941年5月2日，第7版。
〔5〕《南华足球南游队昨晨凯旋抵港》，载《大公报（香港）》1941年7月9日，第7版。

6月12日至24日，南华队在马来西亚槟城停留12天，比赛五场，[1] 6月23日的最后一场是与槟城中国体育协进会的义赛，目的是为筹赈祖国难胞和捐助援英基金。两队均为当地中华体协会的会员，都是"自己人"，又是为着慈善目的，因此，并不看重比赛结果。义赛在轻松友好的氛围中顺利进行，伤病稍愈的李惠堂上阵作战，屡次射门，帮助南华队取胜。[2] 我国驻槟城叶领事到场开球并颁奖，李惠堂、伍金仲分别代表南华队和体协队领取奖杯和纪念章。[3]

6月29日，南华队应马来西亚森华筹赈会之约，在芙蓉城与当地森美辈联合队举行慈善赛，因"球王"李惠堂的名气，吸引到场观众四千余人。比赛结果双方战平，筹得善款若干，分赈中英难民。[4]

六、二十世纪四十年代深入祖国内地参与的义赛

1941年12月7日，日军偷袭珍珠港，次日对英美宣战，并发起对香港的攻击，12月25日，香港陷落，落入日本人之手。李惠堂拒绝日寇的威胁、日伪的拉拢，"拒不附敌"，巧妙逃出香港，回到祖国内地，[5] 从此改变了人生轨迹。

（一）抗战时期在国统区的义赛

1942年8月，李惠堂自香港飞到桂林，受到国民党要人李济深以及体育界的热烈欢迎，很快重返球场，频频参加声援抗战、慰劳伤兵难民的足球筹赈义赛，又组织起一支以归侨为主的侨光足球队，[6] 壮大了桂林体育的实力。

1942年9月，李惠堂从桂林经曲江回到自己的老家广东省五华县居住，他受邀多次参加五华县和邻近梅县、兴宁等地的体育比赛和抗战义

---

〔1〕《老惠第五信》，载《大公报（香港）》1941年7月11日，第7版。

〔2〕《南华足球在槟城痛击军联队》，载《大公报（香港）》1941年7月14日，第7版。

〔3〕《南华在南洋两幕慈善赛一和一胜》，载《大公报（香港）》1941年7月17日，第7版。

〔4〕《南华在南洋两幕慈善赛一和一胜》，载《大公报（香港）》1941年7月17日，第7版。

〔5〕李惠堂：《鲁卫吟草》，载政协广东省五华县委员会文史资料委员会编：《五华文史》第9辑，1990年，第104页（无出版社）。

〔6〕《归侨体育界组侨光体育会，本星期日作足球义赛》，载《大公报（桂林）》1942年8月13日，第3版。

赛，还组织当地爱好足球的体育老师、学生、农民和商人合组五华足球队，赴各地参加比赛和慈善赛。[1]

就这样，1942 年至 1945 年抗战直至日本投降的三年间，李惠堂辗转广东及大后方广西桂林、柳州、曲江，四川成都、重庆、自贡等城市，以足球为"武器"，组织、参加声援抗战、救济难胞的抗战足球义赛，以及筹建建设资金、改善地方设施等的普通义赛，共计一百多场。[2]他还充分利用自身的特长、才能和广泛的社会影响力，以义赛的形式配合国民政府的献机运动等募捐活动。1944 年，他通过在重庆和英国驻华军事代表团足球队的友谊赛服务于国民政府的外交战略，实践着体育抗战的理念和行动。由于他的卓越贡献，他得到了国民政府的认可和奖励。1944 年，国民政府发起知识青年从军运动，李惠堂被任命为青年军体育总视导（总教练），[3]受同少将官阶。[4]抗战胜利后，他被委任为上海体育整理委员会主任委员的要职，获得接收和整理上海体育的权力。[5]

1942 年春节，李惠堂在家乡五华县锡坑乡的老宅"联庆楼"大门口张贴了一副自书的春联，上写"认认真真抗战，随随便便过年"，[6]这大约最能反映他的抗战情怀和心声。

（二）昆明冬赈义赛

抗战胜利后，李惠堂回到香港。1947 年年底，年已 43 岁"高龄"的李惠堂应邀携子李育德参加昆明冬赈慈善赛，这也是他人生中最后一次公开亮相的大型慈善赛。冬赈为国民政府自抗战后期开始着力在全国范围内

〔1〕 赵峥：《战争与体育："球王"李惠堂与全面抗战时期的足球运动》，载《抗日战争研究》2022 年第 3 期，第 115–119 页。

〔2〕 白眉：《球王春秋》，载政协广东省五华县委员会文史资料委员会编：《五华文史》第 9 辑，1990 年，第 18 页（无出版社）。

〔3〕 赵峥：《战争与体育："球王"李惠堂与全面抗战时期的足球运动》，载《抗日战争研究》2022 年第 3 期，第 115–119 页。

〔4〕 李寿坤：《李惠堂先生史略》，载政协广东省五华县委员会文史资料委员会编：《五华文史》第 9 辑，1990 年，第 116 页（无出版社）。

〔5〕 赵峥：《战争与体育："球王"李惠堂与全面抗战时期的足球运动》，载《抗日战争研究》2022 年第 3 期，第 119 页。

〔6〕 白眉：《球王春秋》，载政协广东省五华县委员会文史资料委员会编：《五华文史》第 9 辑，1990 年，第 17 页（无出版社）。

推动的社会救济计划。云南昆明准备于1947年12月25日"云南起义"纪念日当天开展冬赈足球、网球义赛，以筹募冬令救济资金，主办方盛邀李惠堂前来助阵。此次足球、网球义赛几乎动员了昆明官方和社会各界力量，气氛相当热烈。足球义赛队伍共有六支，既有李惠堂加入的友星队，云南省、昆明市各界又另外组成五支球队参赛，包括由昆明中学师生组成的"昆中"队，纺织界组织的"纺织"队，武装界组建的"云威"队，各界人士组成的"业余"队，还有被视为体育界面子、由体育界人士组成的"体联"队等。[1]

昆明缺少专业的网球人才，参加网球义赛的五场双打、三场单打选手中，除了李惠堂这样横跨足、网两界的球星及姚培森、郑祖骏等专业球员外，还有多个云南省、昆明市党政界的网球业余好手，如龙绳武（中央军官训练班副主任）、王政（云南省教育厅厅长）、陇体要（云南省建设厅厅长）、昆明市曾市长、黄湛（昆明市自来水厂厂长）等前来参战，这些被称为"老爷兵"的官员参加了第一天第一场的比赛，以表支持并造声势。[2]

李惠堂顶着"球王"的威名参加足球义赛，并携其子李育德加入友星队比肩作战，这一消息引得球迷欢呼不已，纷纷解囊。此次义赛因为李惠堂的缘故，票价定得很高，远超昆明以往的体育赛事和义演票价，网球赛三万元一张，足球赛坐票五万元，站票二万元。[3]即使这样，众多球迷的捧场依然使得冬赈足球比赛门票收入颇丰，每日达一亿元以上。[4]

义赛期间，有李惠堂参加的一方球队常常能够轻松击败对手。李惠堂父子参加的友星队共比赛五场，除了一场小挫于经纺队，其余四场均大胜。1948年1月2日，是足球义赛最后一日的比赛，由友星队对以上海球

---

〔1〕《球王父子在昆明参加冬赈足球网球大会》，载《大公晚报》1948年1月5日，第2版。

〔2〕《球王父子在昆明参加冬赈足球网球大会》，载《大公晚报》1948年1月5日，第2版。

〔3〕此票价金额实为抗战胜利后国民政府滥发货币、通货膨胀严重的表现。当时的法币大幅贬值，每100元只值抗战前的0.00002元。另据学者研究，在上海理一次用法币17 000元。可见，此票价大约为市民一至两次理发的价格。胡致祥：《试论国民政府的货币政策》，载贵州金融学会、贵州钱币学会等编：《贵州金融货币史论丛》，贵州中国人民银行金融研究所《银行与经济》编辑部出版发行1989年版，第264-265页。

〔4〕《李惠堂的威风，昆冬振足球赛连日观众潮涌》，载《大公报（重庆）》1947年12月30日，第2版。

员为主力并加入英国球员的业余队，双方实力均较为雄厚，比赛异常紧张，结果以 9∶2 友星大胜业余。其中，李惠堂父子贡献了其中 8 个进球。在友星队对昆中队的比赛中，上半场结束后，因观众过分拥挤，秩序混乱，导致暂时停赛，大批观众离场。仅上半场中，李氏父子即攻进 4 球。下半场，留下来的球迷要求"球王"继续"表演"，于是再赛，友星队最终以 9∶1 结束战斗。[1]

1947 年 12 月 30 日，在网球义赛赛场上，李惠堂和昆明市网球冠军郑祖骏举行单打表演赛，宝刀不老的李惠堂竟然以 2∶0 全胜，[2]举座称奇。

1948 年 1 月 5 日义赛完毕，准备回港之前，李惠堂父子应昆明市体联的邀请，再进行一场足球表演，为体联筹募资金。[3]同一天，又为粤秀中学筹募基金而参加星光足球队，与昆明师院足球队开展友谊赛，李惠堂进 5 球，李育德进 1 球，帮助球队以 6∶2 获胜。[4]

李惠堂不仅球踢得好，还写得一手好字，他于比赛间隙，抽空写了几幅字，举行义卖，酬金全部添作昆明冬赈基金。[5]

李惠堂父子的昆明之行大约逗留半月有余，共参加比赛场次为：小足球赛 5 场，大足球赛 1 场，网球赛 3 场，[6]平均不足两天即比赛一次，强度非常之大。

事后经媒体公布，此次昆明冬赈足球义赛，因李惠堂参加之故，门票收入高达 4.35 亿元国币。然而，令人失望的是，此笔义款只有极少部分投入冬赈，真正分配给救济会施粥处仅 1000 万元，其余的 4 亿余善款分别用于：大会开支 1.75 亿元，分给组织比赛的昆明市体协 1000 万元，比赛场

---

〔1〕《李惠堂明日回香港，昆冬振足球赛结束》，载《大公报（上海）》1948 年 1 月 5 日，第 8 版。

〔2〕《昆冬振网球赛，网球单打李惠堂获胜》，载《大公报（天津）》1948 年 1 月 1 日，第 3 版。

〔3〕《李惠堂明日回香港，昆冬振足球赛结束》，载《大公报（上海）》1948 年 1 月 5 日，第 8 版。

〔4〕《球王离昆载誉返港，临行表演球迷大感满足，冬振会赠以金制纪念章》，载《大公报（重庆）》1948 年 1 月 6 日，第 2 版。

〔5〕《球王父子在昆明参加冬振足球网球义赛大会》，载《大公晚报》1948 年 1 月 8 日，第 1 版。

〔6〕《进修月刊》1948 年第 2 卷第 4 期。

馆所在的志舟体育会1亿元，余下的1.3亿元拨给市政府建筑新市立医院之用。[1]名义上为冬赈筹款的义赛已沦为地方财政弥补缺口、地方团体筹谋经费的工具。

除了以上义赛，李惠堂还接受宋庆龄邀请，于1946年7月率华南队赴上海参加赈灾义赛，然却遭遇波折，无功而返（见第七章）。

另外，1948年5月间，因参加伦敦奥运会经费匮乏，李惠堂和中华足球队踏上边行边赛边筹款的"奥运之旅"，一路从东南亚、南亚转赴英国。6月底7月初，球队逗留新加坡，于6月29日进行了一场由足坛老将参加的为新加坡防疫协会筹募基金的慈善赛，中华元老队对英军元老队的比赛吸引观众八千余人到场，中华元老队以6∶1击败英军元老队，李惠堂贡献了两粒进球，和另一名将许竟成表现抢眼，"演出极佳"。[2]

李惠堂的经历是民国时期香港体育界人士与体育、足球运动、义赛的紧密关系的代表。香港社会有着慈善公益的良好氛围，日本侵华战事发生后，香港支援祖国抗战的筹赈募捐活动蔚然成风，义赛即是其中之一。当时，国民政府、爱国人士将香港视作接受海外华人华侨捐输物资的集散地，使得香港和内地的联结更为紧密。从李惠堂在香港的义赛经历可以体察义赛之丰富和稠密。这得益于香港体育市场尤其是足球运动的活跃、规范以及与慈善传统的贴合，香港以足球联赛为依托，将慈善比赛穿插其中，既提升了足球比赛的水平，又培育了体育与慈善相结合的观念，从而推动了香港体育慈善和公益事业的发展。1941年12月底香港沦陷后，李惠堂避开日本人的监视，回到内地，辗转多地，继续着用足球比赛为祖国抗战募捐的善举。当他抗战胜利后回到香港时，已是四十多岁"高龄"的球员，他于42岁正式退役，宣告此后只参加慈善赛，不再出席正式比赛。

李惠堂是一个在民国体育界、足球界、公共领域均有国际影响力的人物，他的足球思想、体育道德和体育慈善活动显示了香港人民的民族、国家认同和民国体育人的操守。

---

〔1〕《昆明小景》，载《大公报（重庆）》1948年2月2日，第2版。

〔2〕《我世运足球队即将离星飞印，星洲元老足球赛中国胜英军》，载《大公报（上海）》1948年7月1日，第6版。

第七章

宋庆龄与 1940 年代的两次赈灾足球义赛

宋庆龄在近代中国的政治影响和巨大声望自不必多言，对于她的家族、婚姻选择、个人生活、政治生涯、社会活动以及慈善事业等的研究成果汗牛充栋，兹不赘述。本书所关注的是她的义赛与体育慈善事业。它显示了民国杰出女性在这一领域的重要贡献。

宋庆龄的慈善事业贯穿其一生，她依托抗战时期成立的保卫中国同盟和后来的中国福利基金会，做了大量扶贫救弱的救济工作。民国时期，她的慈善活动侧重于教育救济、赈灾、难民救济、济贫、妇女儿童救助等，通过募捐、义演、义映、义舞、义赛、游园等多种方式筹款，在国内外产生广泛社会影响。1949 年后，其慈善事业调整为以"精准扶贫"和妇女儿童救济为重心。

中国福利会曾列举民国时期宋庆龄国内十大慈善活动事例，包括："一碗饭"运动；两万条毛毯；三毛乐园会；卡车满载行动；电影义映；音乐舞蹈义演；战灾儿童义养会；赈济豫灾国际足球义赛；中秋游园会；儿童福利舞会。[1] 其中提到的赈济豫灾国际足球义赛是指宋庆龄于 1943 年策划并成功举行的国际足球慈善赛，也是一条和义赛相关的善举。爬梳史料可知，宋庆龄还曾于 1946 年发起赈济苏北、湖南灾民的港沪足球义赛，只不过，因为国民党的阻挠而功败垂成。但是，从其慈善事业和民国体育慈善史的角度，自是不容忽略，值得挖掘和再现。

---

〔1〕 沈海平：《宋庆龄与她的慈善事业》，中国中福会出版社 2018 年版，第 161–173 页。

一、1943 年的赈济豫灾国际足球义赛

1942 年，在抗战十分艰难的时刻，河南发生特大旱灾，又遇蝗灾，庄稼歉收，粮食严重匮乏，饥荒遍及全省，几无一地幸免，导致数百万人饿死。饥荒所造成的人道危机在岁末年初达到顶峰。灾害严重，加之国民党救灾不力、军粮征购、吏治腐败等，灾民生活苦不堪言，饿殍遍野，亟待救援。

豫灾消息传到重庆，引发各界人士的极大关注，纷纷展开救济灾民的活动。时任保卫中国同盟主席的宋庆龄十分关心灾情和灾民的遭遇，1943年 4 月，她致函美国友人格雷斯，询问是否读到《时代》杂志上由该刊记者特迪·怀特（中文名白修德）和英国《泰晤士报》记者福尔曼共同赴河南调查灾情后所采写的河南饥荒报道。这些报道中穿插着两位记者拍摄的灾情照片，宋庆龄用了"惨极人寰"四字表达自己的震惊和对国民政府救灾不力的愤慨，表示，"我将在这里（指重庆）开展一些活动，为这个地区及难民募捐"。[1]

为了赈济豫灾灾民，宋庆龄举办讲演、召开座谈会，并积极筹划义卖、义演、义赛等筹赈活动。在义赛方面，她"悯于豫省灾黎惨痛，亟待救济，爰发起国际足球义赛"，[2]主要是考虑到足球运动的广泛影响力。抗战时期，陪都重庆的体育活动十分活跃，1943 年，"只此半年中之体育表演等活动，已逾百十次，观众近百万人"。[3]足球运动尤受欢迎。不仅有一批来自上海、湖北、广东和四川本地的足球运动员，而且英、美、苏等国家外事人员也喜爱足球运动，具备一定的足球实力。加之正值"二战"期间，中国和美、英、苏同处同盟国阵营，利益相通，因此，宋庆龄

---

〔1〕 盛永华主编：《宋庆龄年谱（1893-1981）》（上册），广东人民出版社 2006 年版，第 753 页。

〔2〕 盛永华主编：《宋庆龄年谱（1893-1981）》（上册），广东人民出版社 2006 年版，第 754 页。

〔3〕 张伯苓：《中华全国体育协进会常务董事张伯苓为申请补助费致电孔祥熙》，载中国第二历史档案馆编：《中华民国史档案资料汇编》第五辑第 2 编《文化 2》，江苏古籍出版社 1998 年版，第 759 页。

接受了保卫中国同盟中央委员、爱好体育的许乃波的建议，联合同盟国举办赈灾国际足球义赛，对外既可以增进同盟国的友谊，又可以通过国际赛事增强慈善赛的吸引力，以筹得更多善款，从而更好地帮助灾民；对内亦符合国民党发展"战时体育"的精神。宋庆龄与中华体协重庆分会联系，以该会名义举办义赛，实际上，义赛的筹备和组织则由宋庆龄亲自出马。〔1〕

之所以如此，宋庆龄主要考虑到她和保卫中国同盟（以下简称"保盟"）与蒋介石国民政府之间的紧张关系。蒋介石和宋庆龄的矛盾由来已久。宋庆龄对蒋介石独裁专制和国民党贪污腐败一向不满，这种不满有时甚至到"势不两立"的地步。进入 20 世纪 40 年代，她对蒋介石发动"皖南事变"的强烈指责引起蒋介石的极大不快。由于蒋介石在"皖南事变"后停发了给八路军和新四军的一切军饷和武器弹药，甚至制造摩擦，配合日伪军向八路军、新四军进攻，以图消灭中国共产党领导的抗日武装，宋庆龄一面公开表态谴责蒋介石的种种行径，一面以实际行动支援八路军和新四军。在他们得不到国民党政府供应的情况下，由宋庆龄领导、1938 年在香港成立的保卫中国同盟承担起了尽可能为八路军、新四军提供物质帮助的重任，将从国际友好人士、海外华侨、香港同胞处筹集到的抗战捐款、物资和药品的大部分分配给了共产党的部队。宋庆龄每年都要公布"保盟"筹集款项和物资的清单以及这些款项和物资的去处，因此，这一点并不是什么秘密。在宋庆龄看来，"保盟"本着支援祖国抗战的目的，既资助国统区，也资助共产党领导的地区，当然从援助数量上看，确实对共产党领导的部队和地区会多一些，但这只是为八路军、新四军争取一份公正的待遇。"皖南事变"后，八路军、新四军处境艰难，"保盟"更是将募集到的现款和物资都支援了两军。然而，在蒋介石和国民党眼里，他们当然想要"保盟"将全部物资给予政府支配，〔2〕对宋庆龄的批评及坚持帮助共产党的做法，虽然不方便明确反对，事实上无疑会更加忌恨。

---

〔1〕　徐建明：《宋庆龄筹办赈济豫灾国际足球义赛》，载《民国春秋》2001 年第 3 期，第 24—25 页。

〔2〕　陈廷一：《宋庆龄全传》，中国社会出版社 2014 年版，第 353—354、371 页。

中华体协随国民政府西迁重庆后，联合当地体育组织和体育力量，举办了丰富多彩的体育赛事和体育活动。仅1943年，除了这次赈济豫灾国际足球义赛，较大的体育赛事还有：（1）3月6日至18日，举行为庆祝中美、中英平等新约（取消两国在华法外治权和其他特权）签订的篮球表演赛，到此观众近五万人，"一时山城震荡，战况空前"。（2）3月22日至23日，联合豫鲁皖灾筹赈会举办救济豫鲁皖灾篮球表演赛，收入皆用作救济灾民。（3）7月1日至17日，联同陪都体育界举办慰劳鄂西大捷前方将士篮球表演赛。（4）9月9日至26日，发起为期近一个月的民族健康运动体育表演，以锻炼国民体魄，推广社会体育。（5）欢迎桂林东方体育会的足球表演赛。[1]

由于宋庆龄的这一迂回做法，蒋介石和国民政府不便阻拦，不得不同意举办并提供必要的帮助和便利，在义赛当天，还派代表官方的《中央日报》记者到现场拍摄照片统一宣传。[2]

为了筹办赈济豫灾国际足球义赛，宋庆龄全力奔走。她参加宴请美、英、苏三国驻华大使的宴会，邀请他们从在华人员中派出队伍参加赈灾足球义赛，[3]并承诺外方只需组织队伍参赛，一切费用由中国承担。之后，美国方面因国内对足球的热情不高而放弃参赛。[4]最终议定由中、英、韩三国组成沪星、东平、英联、韩青四支队伍参加义赛。沪星和东平为中国足球队伍，前者多是由上海到重庆的足球名将组成，包括陆志民、严士鑫、陈缜祥等；后者是由四川和湖北的运动员曾正气、罗成锷、王世琊等组成。英联和韩青为外国球队，英联队由英国驻华使馆和英国军事代表团人员共组，韩青队则由当时在重庆的朝鲜青年集结而成。[5]

宋庆龄利用自身声望大力推销义赛门票。此次国际足球义赛门票分荣誉券、普通券两种，荣誉券分一百元、二百元两等，由宋庆龄负责推销。普

---

〔1〕 陈明辉：《中华全国体育协进会研究（1924—1949）》，武汉大学出版社2019年版，第144页。

〔2〕 徐建明：《宋庆龄筹办赈济豫灾国际足球义赛》，载《民国春秋》2001年第3期，第24-25页。

〔3〕 尚明轩主编：《宋庆龄年谱长编（1893—1948）》，北京出版社2002年版，第589页。

〔4〕 徐建明：《宋庆龄筹办赈济豫灾国际足球义赛》，载《民国春秋》2001年第3期，第24-25页。

〔5〕 曹世盖：《宋庆龄发起的一次赈灾足球义赛》，载《体育文史》1983年第1期，第12-13页。

通券一律十元，由国民党重庆政府社会服务处代销，以 1500 张为限。[1]比赛全部费用由国内某巨商承担，门票收入悉数充作豫灾赈款。[2]

在宋庆龄的主导和中华体协的支持下，赈济豫灾国际足球义赛于 1943 年 5 月 3 日、15 日至 16 日在重庆两路口川东师范体育场举行。[3]开幕式上，宋庆龄在英驻华大使薛穆爵士的陪同下缓缓行至球场中央，全场六千余名观众起立致敬。宋庆龄向全场嘉宾和观众介绍了豫灾的严重性和赈济豫灾的急迫性，号召社会各界多多举办并参与此类赈灾义赛，并向以英国为代表的同盟国表示感谢。接着由英大使亲自为比赛开球。当比赛中场休息时，宋庆龄还和薛大使一起同队员们一一握手致谢。[4]

最后一天的比赛日恰逢星期天，观众倍增。在重庆的刘峙总司令、苏联大使潘友新夫妇以及英军事代表团要员均亲临现场。尽管是义赛，但比赛气氛热烈紧张，最终沪星、东平两支中国球队胜出。由于这是战时重庆首次举办的国际足球赛事，又为公益性质，因此，义赛受到民众的热烈追捧，门票很快被抢购一空后，仍有观众排队要求进场。为此，筹委会决定不再售票，而是在入场口设一捐款箱，观众入场时自觉捐献，将钱投入箱内。[5]

义赛结束后，为表感谢，除了向四支队伍赠送锦旗之外，宋庆龄还向每个运动员颁发了刻有"参加筹赈豫灾足球义赛纪念 孙宋庆龄赠"字样的纪念章。[6]克服了日本空袭的威胁，赈济豫灾国际足球义赛吸引万余名观众到场观看，门票收入达国币 125 530 元，[7]这在当时算是一笔相当可观的数目。

---

〔1〕《新蜀报》1943 年 4 月 20 日，转自盛永华主编：《宋庆龄年谱（1893-1981）》（上册），广东人民出版社 2006 年版，第 754 页。

〔2〕盛永华主编：《宋庆龄年谱（1893-1981）》（上册），广东人民出版社 2006 年版，第 755 页。

〔3〕《孙夫人救济豫灾，救灾会致函道谢》，载《新华日报》1943 年 7 月 8 日，第 2 版。

〔4〕《昨日国际足球赛由孙夫人、英大使开球》，载《中央日报》1943 年 5 月 16 日，第 3 版。

〔5〕盛永华主编：《宋庆龄年谱（1893-1981）》（上册），广东人民出版社 2006 年版，第 755-756 页。

〔6〕徐建明：《宋庆龄筹办赈济豫灾国际足球义赛》，载《民国春秋》2001 年第 3 期，第 24-25 页。

〔7〕盛永华主编：《宋庆龄年谱（1893-1981）》（上册），广东人民出版社 2006 年版，第 755-756 页。

这次赈济豫灾国际足球义赛可以说是十分成功，善款如何使用是个关键问题。宋庆龄最先考虑过由一个独立的委员会来管理这笔资金，[1]但因不可行很快放弃，最终决定将此笔善款汇缴宝鸡豫灾赈济委员会（因河南灾民大量逃往宝鸡），全部用于赈济灾民。7月初，宝鸡豫灾赈济委员会专门写了一封致谢信，这封信发表在《新华日报》上，信中称已收到国际足球义赛全部款项，对孙夫人（宋庆龄）的主办之功表示感谢，对英、韩各队国际友人和沪星、东平两队的热心援助表达敬佩，进而希望各界人士能够继续赐助，以赈救"濒于饿死之灾民"。[2]

又过两月，宝鸡豫灾赈济委员会主席再次致函宋庆龄，汇报了善款使用情况，宋庆龄又一次将此信通过《新华日报》公开发表。回函称，在调查河南贡县灾情的基础上，将赈款中的大部分约 75 530 元国币，汇交洛阳及贡县中共工业合作社，一半用来购买生棉花，一半购买谷物。生棉花分发给难民纺纱，在法定货币不断贬值之时，难民纺纱所应得工资不以现款而用谷物支付，以解民饥。至于余款中的 4 万元，早已用于从贡县搬迁二百名灾民至宝鸡。此外，尚有余款 1 万元，用来帮助十个青年由洛阳迁至双十镇及兰州之费用，以使他们继续接受此前已经展开的工合学校的技术训练，不致将所受训练"尽荒废矣"。[3]

至此，宋庆龄主办的赈济豫灾国际足球义赛有了一个圆满的结局，并收到了救济灾民、中外体育交流、推广足球运动等多重功效。就筹款数目而言，国际足球义赛所筹得的 12.5 万元款项，与宋庆龄为赈济豫灾、粤灾而发起的戏剧义演和球类义赛总共募得的 30 万法币相比，占到三分之一多，亦算理想。[4]

二、1946 年的港沪赈灾足球义赛

1946 年夏，两广发生大水灾，人员财产损失严重，灾民生活艰难，亟

---

〔1〕 宋庆龄基金会、中国福利会、宋庆龄陵园管理处编：《宋庆龄书信集（续编）》，人民出版社 2004 年版，第 42 页。

〔2〕《孙夫人救济豫灾，救灾会致函道谢》，载《新华日报》1943 年 7 月 8 日，第 2 版。

〔3〕《孙夫人宋庆龄女士一再感谢赈灾人士》，载《新华日报》1943 年 9 月 2 日，第 3 版。

〔4〕 盛永华主编：《宋庆龄年谱（1893—1981）》（上册），广东人民出版社 2006 年版，第 764 页。

待救济。不久，长江流域水患蔓延，中下游沿岸省份遭受洪水侵袭，数百万灾民痛失家园，流离失所。消息一经传出，全国各地迅速掀起赈灾募捐活动，和以往一样，球类义赛又一次成为筹赈的主要手段之一。

宋庆龄再次使用义演、义赛等方式为救济苏北、湘中灾民筹募善款，只不过，此时她的身份以及国内的政治环境已与 1943 年截然不同。1945年 12 月，战时成立的保卫中国同盟从重庆迁至上海，并改名为中国福利基金委员会（简称中福会），宋庆龄仍然担任主席。[1]中福会沿袭保卫中国同盟的模式，继续接收国内外援助资金和自行筹集经费，旨在帮助战后的中国重建工作，"中国福利基金会将一如既往地继续发挥它地（的）作用"。[2]宋庆龄在忙碌的政治、社会活动中，带领中福会致力于发展文化事业，救济灾贫民、难民、难童和其他弱势群体，延续着社会慈善事业。同时，如同抗战时期一样，中福会将支援共产党、解放区当作重要的任务。[3]

港沪赈灾足球义赛是宋庆龄和中福会救济苏北、湘中灾民活动的一部分，他们还邀请京剧名家梅兰芳、程砚秋、马连良等举行义演。[4]不止宋庆龄和中福会，党政要人、上海滩名流也策划举办港沪赈灾足球义赛。1946 年 6 月 26 日，就在宋庆龄酝酿筹备港沪赈灾足球义赛的过程中，杜月笙、上海市社会局局长吴开先、章士钊、范绍曾等国民党党内外人士，邀请香港星东足球队和上海市冠军、听从政府命令的青白足球队在逸园举行足球义赛，将门票和义球拍卖的收入捐赠给苏北灾区。据称有万余人观看了此场比赛。[5]

宋庆龄以中福会的名义邀请李惠堂和香港华南队来沪义赛，为救济湘中、苏北灾民助力。虽然两次义赛参赛队伍有所不同，但同样为港沪足球

---

〔1〕 中华妇女联合会编：《中国妇女运动史（新民主主义时期）》，春秋出版社 1989 年版，第 580 页。

〔2〕 盛永华主编：《宋庆龄年谱（1893-1981）》（上册），广东人民出版社 2006 年版，第828 页。

〔3〕 中华妇女联合会编：《中国妇女运动史（新民主主义时期）》，春秋出版社 1989 年版，第 580 页。

〔4〕 姜荣泉：《宋庆龄发起足球义赛震动上海滩》，载《体育文史》1991 年第 5 期，第 45 页。

〔5〕 《杜月笙主持赈灾足球义赛》，载《上海图画新闻》1946 年第 16 期，第 23-24 页。

义赛，形式、目的相似，时间相近，事实上就具有了相互竞争的意味。但是，当来自香港的华南足球队已经飞抵上海时，却由于国民党当局的百般阻挠，导致他们无法展开比赛，最终滞留上海十日后，无奈乘船返港。[1]

（一）国民党的刁难

蒋介石和国民党不满于宋庆龄长期以来的批评以及支持中国共产党的立场和做法，双方旧日的积怨尚未消除，又有两件事对蒋介石形成了新的刺激，一则，自战后到达上海后，宋庆龄和中国解放区救济总会驻国民党地区代表伍云甫（共产党人）联系密切，蒋介石和国民党自然认为她筹办赈灾足球义赛只是幌子，实则这些经费是用于对共产党和解放区的支援，正如她以前做的那样。由于认定宋庆龄办义赛有"政治色彩"，国民党当局甚至威胁"如定要举办，将动用武力威胁"。[2]二则，宋庆龄恰于1946年7月22日发表停止内战、支持成立联合政府，且呼吁美国人民制止他们的政府在军事上支持国民党的公开讲话，[3]引起国内外社会的极大关注。这件事无异于火上浇油，彻底惹恼了蒋介石，更坚定了他授意国民党上海当局强硬阻止宋庆龄举办港沪赈灾足球义赛的决心。

对于宋庆龄和中福会申请举办港沪赈灾足球义赛的举动，国民党上海当局，处处设阻，万般阻挠。第一步是采取回避态度，即借故质疑宋庆龄领导的中福会的资格问题，言其并未在上海市政府社会局登记，故而"不准"主办义赛。在中福会通过报纸公开回应此事后，[4]又有意散布消息说李惠堂和华南队此行义赛所花旅费和服装费高达3500万元之巨，这一说法当然遭到李惠堂的坚决否认。[5]

接着，国民党上海当局抛出"季节"和"法统"两个反对借口。当中

---

〔1〕《华南足球队飞抵上海，一行十九人由李惠堂率领》，载《大公报（上海）》1946年7月18日，第5版。

〔2〕姜荣泉：《宋庆龄发起足球义赛震动上海滩》，载《体育文史》1991年第5期，第43-46页。

〔3〕盛永华主编：《宋庆龄年谱（1893-1981）》（上册），广东人民出版社2006年版，第849-850页。

〔4〕《华南队留沪义赛否，今午可有最后决定》，载《东南日报》1946年7月27日，第8版。

〔5〕《华南队留沪义赛否，今午可有最后决定》，载《东南日报》1946年7月27日，第8版。

福会分两次于 1946 年 7 月 2 日〔1〕和 7 月 12 日派人携函至上海市体协足球委员会，申报南华队来沪参加赈灾义赛一事时，上海市体协足球委员会于 15 日正式的答复以"季节"和"法统"两项理由予以否决，具体为：

（1）球赛季节已过，比赛不相宜。

（2）义赛应由上海市体协统一主办，任何慈善赛均需报上海市体协会事先核准，体育法统不容破坏。

还有一个次要理由是要求华南队员注意他们的业余球员资格（民国时期的运动员均要求业余资格）。

国民党上海当局以上述借口，不准中福会举办义赛，并且通知上海市各球队不得接受中福会的参赛邀请，〔2〕意图使宋庆龄和中福会"寸步难行"。

这两个理由其实都站不住脚。就"法统"而言，根据上海市体协制定的上海市体育团体举办体育比赛《申请须知》第三条的规定，"本市民众团体为筹募慈善公益经费，举办公开比赛，而欲发售门票者，事先需经本会核准许可，方可公开发售"。按此条例，中福会是可以举办义赛的，并且已提前提交申请，并不违反发售门票需事先报经核准许可的规定，而上海市体协却借故拖延不批，进而要求由自己主办，于情于理都说不过去。同时，7 月中旬，上海市体协足球委员会负责人在答复中福会代表时还说，"希望义赛展延至八月下旬，届时当予全力支持与欢迎"。这足以说明所谓"法统"完全是后来编造出来的。至于"季节"一说，6 月下旬，中福会提出义赛申请时，正值足球赛旺季，就在南华队到来之前，香港星东队访问比赛刚刚结束。不仅如此，在此次义赛争议的十几天中，全市几十个小型足球比赛正在火热进行中，可见"季节"一说实属荒唐。〔3〕

---

〔1〕　上海市体协足球委员会主席周家骐声称，7 月 3 日，中福会派代表谭刘庆煊（应为"萱"）女士和范一伟（应为"苇"）二人携孙夫人函前来接洽，周当即建议推迟至秋季凉爽天气再举行，市体协到时会全力配合。不过，宋庆龄和中福会却说周此说只是建议，当时并未提到足球赛季已过的理由。既然得不到市体协支持，他们只好另寻办法，于是才由中福会出面邀请华南队自香港来沪参加义赛。《华南队义赛又遇暗礁》，载《东南日报》1946 年 7 月 11 日，第 8 版。

〔2〕《华南队能否成赛，市体协今日决定》，载《大公报（上海）》1946 年 7 月 21 日，第 5 版。

〔3〕　姜荣泉：《宋庆龄发起足球义赛震动上海滩》，载《体育文史》1991 年第 5 期，第 43—46 页。

但李惠堂和香港南华队已于 7 月 17 日乘机来沪，虽然造成事实上的程序瑕疵，但面对社会各界对灾民的同情、报刊舆论对赈灾义赛的支持和对国民党上海当局百般阻挠的批评的汹涌民意，国民党也不得不有所忌惮。接下来，国民党上海当局、市体协官员心生一计，7 月 22 日至 23 日，未告知宋庆龄的情况下，开会编造出一个由包括宋庆龄、钱大钧（前任上海市市长兼淞沪警备总司令）、吴国桢（上海市市长）、吴绍澍（上海市副市长兼市体协主任）、宣铁吾（淞沪警备司令兼上海警察局长）等五人在内发起港沪赈灾义赛的"联名函"（实际为捏造），声称当局"破例接受"，并将义赛交由上海市体协足球委员会筹备主办。这是阻挠的第三步。上海市体协足球委员会随即将比赛日程、票价以及安排好的南华、西联、东华三支球队的三场义赛计划和第一场南华队与西联队的比赛阵容公布于报纸，[1]试图逼宋庆龄和中福会"接受"。25 日，在上海人民的舆论压力下，上海市体协去函中福会，表示可以放弃五人"联名函"，但仍坚持以上海市体协和中福会双方合办的名义邀请南华队举办赈灾义赛。对于国民党当局如此三番的操作，宋庆龄和中福会当然无法接受。[2]

眼看此事无法收场，为了安抚民意，国民党上海当局使出最后一招，试图通过国民党元老、毕业于黄埔军校的国民革命军淞沪警备司令兼上海市警察局局长的宣铁吾利用私人关系"说服"宋庆龄，但宋庆龄依然不为所动。最终，由于国民党当局制造的种种障碍，港沪赈灾足球义赛不得不搁浅。[3]

（二）宋庆龄的斡旋

宋庆龄和中福会一面针对国民党上海当局的每一次批评和责难及时解释，据理力争，一面运用自身的社会影响力，私下里积极协调，尽全力争取赈灾足球义赛能够顺利举办。

---

〔1〕《李惠堂率领之华南足球队来沪义赛，经体协会排定秩序，共计三场》，载《大公报（上海）》1946 年 7 月 24 日，第 5 版。

〔2〕《球赛磨折多，华南出场须经福利会同意，足委会通告拟定秩序取消》，载《大公报（上海）》1946 年 7 月 25 日，第 5 版。

〔3〕《华南队来沪义赛起波折，趁戈登号悄然归去》，载《中外影讯》1946 年第 7 卷第 21 期，封 4 页。

对于国民党当局质疑中福会的义赛举办资格问题，中福会通过报纸公开回应，其前身为"中国抗战同盟"（即"保卫中国同盟"），1938 年成立于香港，1941 年年底香港沦陷后迁往重庆，抗战胜利后迁至上海，改为现名。并强调，中福会为世界性援华会组织的会员，总部在纽约。世界援华会和中福会向全世界作援华之呼吁，也对中国人民给予直接援助，进而提出，中福会为了两广赈灾，正在进行平剧义演，也未向社会局登记，怎么到了赈灾义赛就不行了呢？[1]

面对国民党上海当局有关中福会筹办港沪赈灾足球义赛的程序质疑，中福会及时予以说明和澄清。7 月 17 日，在欢迎华南足球队抵沪的欢迎宴会及媒体见面上，上海市体协和青白队故意拒绝出席，中福会代表范一荛介绍了义赛筹备经过，坦诚电邀华南队来沪义赛发生于向上海市体协申报（7 月 2 日）和体协批准之前，是"疏忽考虑"，绝非故意违反上海市体协法规。但他话锋一转，说现在华南队已经抵达，木已成舟，"未便中辍"，呼吁上海市体协谅解和支持。[2]这一软中带硬的表态显然也是给国民党上海当局施加压力。

次日，宋庆龄出面在其私宅宴请上海市市长吴国桢和市体协常务理事何德奎、沈士华等，席间再次说明举办义赛的意义和经过，希望在座者协助，取得席间人士的当面同意。19 日，上海市体协松口称，如主办方再次申请，还可讨论。于是，20 日，中福会再次向市体协发去公函。然而，国民党上海当局却"节外生枝"，炮制出一个五人"联名函"，在宋庆龄沉默不予认可后，又派人说可以放弃"联名函"，但条件是由上海市体协和中福会共同举办义赛。宋庆龄当然不会同意他们如此这般的"荒唐行径"，用她的秘书的话说，中福会一共收到上海市体协的两封信，"一封是拒绝，一封是拒绝"，"福利基金协会并不是小孩子"。[3]

面对赈灾足球义赛搁浅的局面，宋庆龄在送别南华队时颇感无奈，言

〔1〕《华南队留沪义赛否，今午可有最后决定》，载《东南日报》1946 年 7 月 27 日，第 8 版。

〔2〕《华南足球队昨由港抵沪》，载《申报》1946 年 7 月 18 日，第 6 版。

〔3〕 姜荣泉：《宋庆龄发起足球义赛震动上海滩》，载《体育文史》1991 年第 5 期，第 43–46 页。

辞恳切，"你们是我请来的，（他们）不让我给你们比赛，那么送你们回去，是我的责任[1]"。"现在我的责任是送你们回香港去，你们在上海一天，我责任一天未了。你们回香港后，他们若请你们义赛，你们再来好了。"她反过来劝慰郁闷的队员们，"义赛的机会多得是，福利基金协会可以致电美国接洽，请你们上美国义赛去"。7月29日，南华队乘坐"戈登"号轮船离沪返港。[2]

此行，由于南华队被阻未能出场比赛，使得中福会损失约国币5000万元，另外还需负担南华球队一行15人之旅费、在沪旅馆费等，里外相加，中福会损失甚巨。[3]

（三）李惠堂的态度

李惠堂是经由中福会的"足球使者"陈霖圣送来的孙夫人函请，[4]应邀赴上海参加赈济湘中、苏北灾民的港沪足球义赛的。

除了香港，在内地城市中，李惠堂和上海的感情最深，这里有着他最难忘的回忆，20世纪20年代后期，他带领乐华足球队横扫上海滩，他的"球王"之美名、"看戏要看梅兰芳，看球要看李惠堂"的美誉正是由上海流传开来、广为人知的。接到宋庆龄的邀约后，年已42岁"高龄"、已打算次年退役的李惠堂欣然允诺，随即组织起一支包括南华、东方、星岛等强队华人球员在内的精华队伍北上赴约。领队：金觉。干事：陈汉明、宋灵圣、金永年。队长：李惠堂。队员包括：李国琪、韩榕生、刘天申、谢锦洪、郭英祺、刘松生、梁荣照、刘荣光、何应芬、卓石金、陈德辉、邹文治、黎兆荣、李德祺。[5]这支19人队伍里，领队、干事及大部分球员均为李惠堂的故交好友及南华队的骨干球员。

---

〔1〕姜荣泉：《宋庆龄发起足球义赛震动上海滩》，载《体育文史》1991年第5期，第43-46、72页。

〔2〕《华南队来沪义赛起波折，趁戈登号悄然归去》，载《中外影讯》1946年第7卷第21期，封4页。

〔3〕《李惠堂谈南华未能在沪比赛，福利会损失五千万》，载《大公报（上海）》1946年8月20日，第4版。

〔4〕姜荣泉：《宋庆龄发起足球义赛震动上海滩》，载《体育文史》1991年第5期，第43页。

〔5〕《华南足球队飞抵上海，一行十九人由李惠堂率领》，载《大公报（上海）》1946年7月18日，第5版。

　　然而，一行人抵达上海后才发现义赛一事迂回波折，困难重重。对于宋庆龄、中福会和国民党上海当局之间的这场纠纷，李惠堂的态度如何呢？

　　在 7 月 17 日中福会举办的欢迎宴会上，李惠堂作为华南队代表发言，表达自己十年之后重返上海，见到"旧雨新知"，心情不胜欣幸，亟望各方能"消除成见，共襄义举"。他重申自己的一贯看法，言及抗战胜利后，建国工作之中，体育建设尤为重要，"建设需要健全之体格，养成健全体格，须从提倡体育入手""希全国上下一致努力，重建体育"。并寄予希望，抗战十四年，中国体育已经落后太多，和世界水平的差距进一步拉大，正需借此义赛的机会，"望新闻界多多倡导"，以收慈善和提倡体育双重之效。[1]

　　李惠堂郑重声明，此行纯为参加义赛，"救济本国难民而来""救灾如救火！"自己和球队责无旁贷。同时，自己和华南队是应"中国福利基金会孙夫人之邀"来沪参加义赛，自然应当听从孙夫人的安排。在逗留上海的几天内，对于国民党上海当局先不准他们比赛，后又至驻地强行要求华南队参加上海市体协安排的义赛的举动，他不为所动，坚持要对方和孙夫人"商定"，方可进行，"五位中之孙夫人本人实并未同意"。在义赛未果、准备踏上返程之时，他坦言："本队此次应中国福利基金会孙夫人之邀，来沪参加义赛，赈济湘苏灾黎。本人率队来沪，乃团体行为，非私人行动也，一切悉听诸福利会。"[2]自始至终，李惠堂和华南队始终选择站在宋庆龄和中国福利基金会一边。

　　尽管这次港沪足球义赛搁浅，但宋庆龄和李惠堂的慈善缘分仍在继续。返回香港后，李惠堂依然热心为宋庆龄和中福会的慈善事业筹募善款。1949年 2 月 15 日，宋庆龄专程致函李惠堂，感谢其鼎力相助，并望其继续提供帮助，使香港足球协会给予中福会儿童福利项目持续的爱心捐赠。[3]

─────────────

〔1〕《华南足球队昨由港抵沪》，载《申报》1946 年 7 月 18 日，第 6 版。

〔2〕《球赛磨折多，华南出场须经福利会同意，足委会通告拟定秩序取消》，载《大公报（上海）》1946 年 7 月 25 日，第 5 版。

〔3〕《宋庆龄致李惠堂先生函底稿（英文）》（1949 年 2 月 15 日），上海市档案馆藏，档案号：U143-1-123-130。

三、成败背后的政党之争

宋庆龄两次赈灾足球义赛的不同结果，显然是受不同政治环境下国共两党的关系变化所致。1943 年的赈济豫灾国际足球义赛，为避免引起蒋介石的干预，时任保卫中国同盟主席的宋庆龄巧妙地以民间体育团体——中华体协重庆分会的名义发起义赛，而一切筹备事宜如联系英、美、苏驻华大使协商派队参加、销售价格较高的荣誉券门票、出席开闭幕式、提供义赛纪念章等，她均亲力亲为。"皖南事变"后，蒋介石虽然亲手破坏了抗日民族统一战线，但考虑到赈济豫灾为社会各界关切所在、宋庆龄的社会声望、抗日战争的大局及顾虑英、美、苏同盟国的态度，不好公开反对此事，故国际足球义赛得以顺利举办。到了 1946 年，时局已发生变化，而宋庆龄是国民党的公开批评者和共产党的朋友，她所举办的社会募捐活动被蒋介石认为是对共产党的资助和支持，故对于其所倡议的赈济湘中、苏北灾民的港沪足球义赛自然横加阻拦，并最终得逞。

另外，蒋介石国民党政权的贪污腐败、政策失当本就不得人心，经此一事，更加重了社会恶感。对于国民党上海当局出于政治目的罔顾灾民苦难、不停阻挠因而使港沪赈灾足球义赛无法举行的一系列作为，当时的报刊多有批评。如一篇评论指出，华南队乘风冒暑，不辞辛苦，不远千里来到上海，无非是为难胞乞命，"无如有人提出了足球自有其节令，天气一热，就不能再踢球了。而且还要适当的对手。原来赈灾既得顺'天时'，又要顺'人缘'……如是这般一来，义赛自然只好流产了"，"弄得李惠堂等来时满腔热忱，去时一鼻冷灰。球迷叹缘吝，难民恨命薄，想不到只是空欢喜了一场"，这种政治的恶弊，"不过是救济运动中一节小小的插曲罢了！其实难民的厄运，又岂止仅这一端而已！"[1]更有记者直言不讳地点破，政府无非是担心这些筹款流到政府控制区之外的解放区罢了，"人类同怜心原来是随着政治见解而有不同的"。那么，在政府控制区的难民是否能得到及时和充分的救助呢？事实恐非如此。在一则《苏北难民领取救济面粉》的报道中，第一个领到联总上好面粉的是一位"衣着华丽"的女

---

〔1〕《难民的厄运》，载《大公报（上海）》1946 年 7 月 28 日，第 8 版。

人，她是镇江一位警官的夫人。另一位穿绸衫的夫人则是某商人的孀妇，另外一些领到面粉的无不是"大官的亲眷""××团的令戚"，而真正住在草棚里衣衫褴褛的难民，则"连登记也没有登记过"。[1]毫无疑问，国民政府的如此作为是其最后政权落败的一种预示。

---

〔1〕《如此，如此人生，救济戴金首饰的难民吧》，载《大公报（上海）》1946 年 7 月 29 日，第 7 版。

结　语
民国义赛的多重面相

本书讨论了 1926—1949 年义赛的产生、发展和演变的历史进程及其与政治、社会的互动，并阐述了以李惠堂、宋庆龄为代表的民国时期体育名人、女性社会名流与义赛的密切关联。作为民国时期出现的新型体育慈善活动，自 1926 年上海第一次中西圣诞慈善足球赛诞生后，二十余年的时间里，义赛历经不同时期（和平时期、抗日战争时期）、不同政权（南京国民政府、沦陷时期的日伪政权、共产党新政权），在不同城市（上海、香港、桂林、重庆等）呈现各异面貌，随着历史的风云变幻而跌宕起伏，成为慈善事业近代转型与民国社会变迁的丰富而曲折的缩影。我们可以从中体察民国义赛的多重面相。

一、作为一种慈善的义赛

义赛是传统慈善向近代慈善事业转型中产生的新生事物，它是近代城市文化、体育运动、工商业经济、社会生活、慈善理念、慈善实践等诸种因素相互激荡的结果。"西学东渐"的浪潮下，中西文化不断碰撞和融合，就慈善事业而言，不仅促使慈善机构由传统的偏重"收养"向"养教兼施"转化，而且推动人们不断寻求新型的慈善手段和慈善工具，以召唤社会大众的广泛参与为基本诉求，以城市为依托，义演、义赛、义卖、义展等应运而生。

义赛是以体育为媒介的特殊慈善活动。近代以来，西方现代竞技体育项目的传入和流播，使足球、篮球、排球等球类运动成为都市中十分流行的体育活动，棒球、网球、垒球等小众、高端球类运动及田径、游泳等非球类运动也渐渐进入人们的视野，获得有限的发展。1910年代起，定期的全国运动会开始举行。在二十世纪二三十年代的上海，几乎各行各业都成立了自己的篮球队或足球队，既有专业的体育队伍，也有社会业余球队。上海有西人主导的足球联赛、篮球联赛。1924年，华人成立了全国性民间体育组织——中华全国体育协进会，总部即设在上海。上海是民国时期国内最醒目的体育中心城市，其日益庞大的体育市场也培育了越来越多的体育观众，正如时人评价，上海人"看球"一如北平人"看戏"，极其痴迷。当快速发展的体育事业与慈善相遇，义赛这一体育慈善的新形式终于破土而出。

就像朱浒认为慈善义演最初是对西方的模仿和效法一样，[1]从义赛的产生来看，也经历了相似的过程。1926年的第一次中西圣诞慈善足球赛，中国体育人历史上第一次作为一支独立的力量登上慈善的舞台，即是来自上海西人足球联合会的主动倡议，正如本书第二章所述，这刺激了中国人的民族自尊心，某种程度上，体育慈善、义赛成为向西方学习、与西方竞争的又一领域。正因如此，每年的圣诞中西慈善足球赛以及精武体育会等体育组织举办的男女慈善篮球、排球赛等，既为中国慈善组织、灾民赈济筹款，也为西方在华慈善机构募集经费。

一直到抗战爆发之前，义赛作为一种新颖的体育慈善活动，在上海发达的慈善事业中，所占份额并不算大，其制度创新的意义远大于实际募捐效果。抗战的爆发带来了本质性的变化。在那之后，无论在上海"孤岛"时期的国际租界区，还是西南大后方的国统区各大城市，义赛和义演、义卖、义展等筹款活动受到官民两界前所未有的重视，演化为抗战募捐、战时动员的爱国义举。直到抗战胜利后，随着全国社会秩序的重建，义赛逐渐褪去战时色彩、回归正常属性，一面协助解决战争遗留下来的教育救济、难民救济等，一面重新恢复为中外慈善机构募集经费。

---

〔1〕　朱浒：《地方性流动及其超越——晚清义赈与近代中国的新陈代谢》，中国人民大学出版社2006年版，第363—368页。

二、慈善与娱乐的结合

义赛使体育人和体育爱好者找到了进入慈善公益事业的独特通道，它强化了体育界的群体认同，也使社会大众多了一种助赈的选择，丰富了民国慈善事业的内容。并且，像义演、义赛这样新颖的慈善活动兼具慈善和娱乐的双重属性，这和单纯的号召人们捐输助赈有明显的区别，即将慈善内化于娱乐活动之中，将慈善的种子撒播进人们的心灵。只不过，义演是利用义务文艺表演的方式筹款，义赛则是用义务体育比赛的形式来募捐。

既能看球放松，又能兼做慈善，这使得义赛受到各个群体、不同性别的人们的追捧和欢迎。当时，媒体的义赛宣传中，常常将重点放在"既可欣赏球艺，又可行善"上。抗战时期，则调整为"既可看球娱乐，又行爱国之举，何乐而不为"。在许多义赛的报道中，都声称门票销售一空、现场人潮汹涌、热闹非凡，还有无票观众不甘心无法入场、在比赛现场聚集围观的现象，尤其是一些实力强劲的球队或著名球星参加、政要名流、演艺明星等出席助阵的义赛，更是如此。可以说，和平时期，义赛的举行为人们提供了一种新的休闲娱乐的选择；抗战时期，则为处于战争威胁之下苦闷彷徨的人们带去了短暂的欢乐。

三、战争年代的爱国义举

二十世纪二三十年代，体育事业快速发展，全国运动会的举办使得不同地方的体育交流日益增多，逐渐形成三大区域的"体育圈"，即北方的平津地区，以上海为中心的江南地区和以香港、广州为中心的华南地区。其中，上海、香港是义赛较为兴盛的两个城市，北平、天津虽是北方的体育重镇，但义赛实力较弱，难以望前两者项背。

抗战军兴引发的难民流动大潮中，来自华北、华东、华中、华南沦陷区的不少体育机构、运动员和体育工作者相继来到西南地区主要城市，客观上促进了西南地区体育水平的提升的同时，也使义赛这一新型体育慈善活动从沿海向内地、从东向西扩散和传播。全面抗战时期，举办义赛的中心地带，除了全面沦陷之前的上海、香港两城市，还增加了西南大后方国统区的重庆、桂林、贵阳等城市。义赛的属性也由普通的行善变成爱国义举。

抗战时期，全国上下、前线和后方同仇敌忾、共同御敌，前线将士英勇抗敌，后方民众"有钱出钱，有力出力"，纷纷掀起形式多样的抗战募捐活动，人们积极自发捐献，义演、义赛、义卖、义展等也不断展开，以吸纳社会资金，用来支援抗战、救济战争难民。

在"孤岛"时期的上海租界区内，汇聚来此的体育人士、爱国团体和爱国人士多次举办足球、篮球、排球、棒球、网球等球类义赛和田径、游泳、长跑等非球类义赛，为抗战爱国筹募大量款项。在西南大后方，抗击日寇、挽救民族危亡的急迫促使"体育救国"思潮日益受到人们的关注，国民政府大力支持"战时体育"活动，在重庆、桂林、贵阳等城市，义赛融入战时社会动员和抗战募捐运动中，并且由加强体育锻炼以强身健体、保家卫国延伸至利用体育为抗战筹捐和进行抗战宣传。例如，在桂林，为着劳军、献机和教育救济而举办的各类义赛频繁举行，号召人们捐资救国，以义赛为纽带，围绕服务抗战的大目标，国民政府广西当局、党政军界、体育界、学界、工业界、金融界、服务业和社会团体、慰劳组织、慈善机构等各个群体、阶层、团体、个人相互联结和合作，共同为抗战出力。义赛成为文化抗战的一种形式，提振了民心民气，增强了抗战的物质基础，体现出战争时期体育的重要价值。

四、祖国认同

抗战爆发后，在受英国殖民统治的香港，人们从事各种抗战募捐活动的动机很大程度上是基于华人的身份认同和国家认同。正如霍布斯鲍姆所言："在一个其他所有东西都在运动和变化，其他所有东西都不确定的世界中，男人和女人们都在寻找那些他们可以有把握地归属于其中的团体。"[1]身处英人统治之下，祖国就是香港华人的"精神家园"，他们共同的身份是"中国人"。当祖国陷于战火纷飞、生灵涂炭之时，香港民众的普遍认知是"国难太深"，身处"世外桃源"的他们不能"袖手旁观"，应竭尽

---

〔1〕　Hobsbawm. *The Cult of Identity Politics*. London：News Left Review，1196：40，转引自闫静：《后现代语境下的档案与身份认同》，光明日报出版社 2024 年版，第 77 页。

所能，"有钱出钱，有力出力"，然后"才能对得起国家"。在香港各界的筹赈热中，体育界秉承"体育不忘救国"的精神，立即作出反应，一方面将传统的四大节庆日中西足球义赛大部分用来为祖国抗战募捐（1939 年 9 月之后，也为英国的反法西斯战争募捐），另一方面，发起主办各种抗战爱国义赛，还踊跃参加香港社会团体、慈善机构、妇女慰劳团体等举办的义赛，并成立体育界的抗战服务团体，辅之以义卖、游艺等活动，积极筹款用作认购国债、捐献救护车、药品、救济难民等种种支援祖国抗战的行动，一直坚持到 1941 年 12 月底香港沦陷后才停止。此后，许多香港的优秀运动员逃离来到西南国统区的桂林、柳州、重庆等城市，继续以义赛的方式投身爱国抗战事业。以"球王"李惠堂为代表的香港体育人自二十世纪二十至四十年代的不同时期，在上海、香港及祖国内地广东五华、梅县，广西桂林，四川重庆、成都等地的人生轨迹、足球事业和义赛经历，不失为"祖国爱"和"同胞爱"最好的证明。

五、政府的控制与政党博弈

随着义赛影响力的增加，不同时期的政府出于统治的需要，对义赛施加不同的压力。1941 年 12 月 8 日，日寇强行进入上海国际租界，上海由此全面沦陷。日伪统治下的上海，操纵少数汉奸和团体，以慈善的名义举办足球、篮球、排球义赛；也有意允许一些西方人士在上海举行慈善赛，目的是粉饰太平、掩盖其侵略行径，制造"东亚共荣"的假象。

抗战时期，国民政府鼓励、支持并试图通过法令规范义赛的举办，但某些时候也会将此和与中国共产党的政治争夺相勾连。1943 年 5 月，当宋庆龄借着中华体协重庆分会的名义，获得英、美同盟国的认同和参与，在重庆举办赈济豫灾国际足球义赛时，蒋介石、国民党考虑到国内外因素不便公开反对，不得不同意并不情愿地提供了一定的方便。然而，到 1946 年 7 月，已搬迁至上海的宋庆龄和中福会准备再次主办港沪赈济湘灾、苏北难民足球义赛时，在国共两党已公然"决裂"、担心宋庆龄此举将用于资助共产党的情况下，南京国民政府授意国民党上海当局强硬阻止，破坏了义赛的计划。

抗战胜利后，为了解决贫民、难民的过冬问题，南京国民政府下令各地加紧推行冬令救济计划（冬赈），许多城市的义演、义赛、义卖活动被纳入其中，形成政府救济和民间慈善合流的趋势。

1949 年 5 月 27 日，中国共产党解放上海，新政府专门出台政策法令，加强对旧有义演、义赛活动的管理，并将其由国民党的劳军义演、义赛引导至慰劳解放军的劳军慰问活动中，顺利实现了慈善事业和城市管理的平稳过渡，既积累了城市社会治理的经验，也为后来的社会主义改造铺平了道路。

义赛中的政府控制的角度，反映出中国近代化进程中的体育政治化和慈善政治化的现象。

六、女性解放视野下的义赛

作为一项体育慈善活动，义赛表面上似乎和女性群体的形象相去甚远，但事实并非如此。女性在义赛中的深度参与是以现代女子体育运动的发展为背景的。现代女子体育运动以清末教会女子学校开设体育课程为开端。1898 年，上海创设的第一所中国人开办的女子学堂——经正女塾师紧随其后，认为"体育为女子教育第一义"。五四运动后，女子教育和女子体育已然被上升到政治高度，得到政府、社会精英、社会团体和教育界的认可和支持，女子体育的认知定位也从早期的强国强种转变为对自身、生活及社会的热爱。[1]二十世纪二三十年代，女子篮球、排球、网球等运动不仅在上海、北平、天津、广州等大城市的女子学校中日益普及，[2]而且在湖南、浙江、河北等南北省份举行的省运会中，均设立了相应的比赛项目。[3]从女学生到女运动员，竞技场中的展演带来女性身体与心理的双重赋权，它使女性体验到自己"强劲有力，能摆脱男性的支配"。[4]这一点

---

〔1〕 杨雪：《我国竞技体育中的女性"解放"演讲》，武汉大学出版社 2021 年版，第 68-70 页。

〔2〕 庄志龄：《学堂春秋》，上海文化出版社 2005 年版，第 45 页。

〔3〕 湖南省地方志编纂委员会编：《湖南省志》第 22 卷《体育志》，湖南出版社 1994 年版，第 405-406 页。

〔4〕 Therberge N. Towards a Feminist Alternative to Sport as a Male Preserve, Sociology of sport Journal, 1986, p.202., 转引自杨雪：《我国竞技体育中的女性"解放"研究》，武汉大学出版社 2021 年版，第 71 页。

十分重要，正如身体社会学家布莱恩·特纳所指出的，身体处于权力斗争的中心，对身体的控制本质上是对女性身体的控制，它是男性对女性施加的父权控制。[1] 近代女性从身体的掌控走向对自身命运的自主把握的过程中，体育成为女性解放的自我表达。

在二十世纪三十年代的上海，学校、社会团体的女子篮球队已然出现在筹赈义赛中。在抗战时期的桂林等城市，女子篮球、排球运动蔚然成风，女子运动员在各种体育比赛和义赛中英姿飒爽，成为一道美丽的风景。在香港，女子篮球、排球等运动普及性高，垒球、溜冰、田径、游泳等运动也不乏女子运动员身影，她们成为义赛不可或缺的力量。从义赛的主办和发起方来看，香港、桂林、重庆等城市的女性救亡团体、慰劳团体、女性社会团体以及宋庆龄、郭德洁等杰出女性均有涉足。郭德洁于1943年5月首倡桂林历史上第一次真正全部由女性主办、组织和女子运动员参加的救济难童的篮球义赛。同一时间，宋庆龄在重庆成功举办抗战时期影响最大的赈济豫灾国际足球义赛，她又于1946年在上海发起赈济湘灾的港沪足球义赛。王人美、胡蝶等电影明星亲临现场为义赛开球、颁奖，普通女性则购票观看义赛。总之，女性群体和义赛之间产生了多种关联。民国女性与义赛的互动，可以作为我们理解民国女性解放的新维度，从中体察民国女性参与社会事务、爱国运动、体育慈善事业的深度和广度。

归根结底，作为集体育、慈善与娱乐为一体的新型慈善活动，民国义赛在社会救助、抗战募捐、扶弱纾困、保持体育事业于不辍等方面功不可没。它开创了体育慈善的模式，丰富了人们的社会生活，完善了民国慈善事业的内涵，具有缓解社会矛盾、稳定社会秩序、推动社会进步的积极作用。在中华民族面临生死存亡的特殊年代，义赛和义演、义卖、义展、民众捐献等运动一样，体现出强烈的民族主义、爱国主义精神，成为民族团结、共同御敌的象征，也是连结港澳、海外华人华侨的纽带。义赛对于体育人士、社会精英、大众、女性及政府来说都意义重大。

回顾民国义赛的历史，可以看出，任何时代、任何社会，都需要开发

〔1〕〔英〕布莱恩·特纳著，马海良，赵国新译：《身体与社会》，春风文艺出版社2000年版，第188-190页。

和保护形式多样的民间慈善活动，使之作为社会调节器，和国家的社会福利、社会救济工作相互配合、相辅相成，共同构筑起救助弱势群体、扶助社会公益的保障网，进而打造一个更加公平、安全、美好的社会。

参考文献 *

一、档案、地方志、史料汇编等

(一) 档案及汇编

1. 上海市档案馆藏市政府、社会部、市体育会及日伪上海特别市政府档案。

2. 《上海市人民政府公报》。

3. 财政部国库署编印:《公库法规丛编》,1946 年。

4. 财政部直接税属编印:《印花税法施行例案辑览》,1947 年。

5. 国民政府文官处印铸局:《国民政府法规汇编(第 11 编)》,1939 年。

6. 社会部社会福利司编印:《社会救济法规辑要》,1946 年。

7. 行政院秘书处编印:《行政院及所属各部会组织法汇编》,1940 年。

8. 第二历史档案馆编:《中华民国史档案资料汇编》第五辑第 2 编《文化》,江苏古籍出版社 1998 年版。

9. 广西省档案馆编:《民国时期西南边疆档案资料汇编》(广西卷),社会科学文献出版社 2014 年版。

10. 任竞主编,唐伯友、万华英副主编:《抗战时期大后方经济社会资料汇编》,国家图书馆出版社 2020 年版。

11. 万仁元、方庆秋主编:《中华民国史史料长编》,南京大学出版社 1993 年版。

12. 章开沅、周勇总主编:《中国抗战大后方历史文化丛书》,包含档案文献、学术著作、普及读物等共 100 卷,重庆出版社 2010—2017 年版。

13. 中国第二历史档案馆编:《民国时期西南边疆档案资料汇编》(云南广西综合卷),

---

　* 以作者或文献英文首字母排序。

社会科学文献出版社 2014 年版。

（二）地方志

1. 广东省《梅州市华侨志》编委会、梅州市华侨历史学会编：《梅州市华侨志》，广东省《梅州市华侨志》编委会出版 2001 年版。

2. 《广东省志》编纂委员会编：《广东省志》，方志出版社 2014 年版。

3. 熊月之主编，罗苏文、宋钻友著：《上海通史》第 9 卷《民国社会》，上海人民出版社 1999 年版。

4. 桂林市地方志编纂委员会编：《桂林市志》，中华书局 1997 年版。

5. 贵阳市志编纂委员会：《贵阳市志》，贵州人民出版社 1990 年版。

6. 湖南省地方志编纂委员会编：《湖南省志》，湖南出版社 1994 年版。

7. 钟文典主编：《广西通史》三卷本，广西人民出版社 1999 年版。

8. 周太彤、胡炜主编：《黄浦区志》，上海社会科学院出版社 1996 年版。

（三）文史资料、年谱等

1. 体育文史资料编审委员会：《体育史料》（第 4 辑），人民体育出版社 1981 年版。

2. 政协广东省五华县委员会文史资料委员会编：《五华文史》第 9 辑，广东五华县文史资料委员会 1990 年版。

3. 政协广西临桂县委员会文史资料委员会编：《临桂文史》第 5 辑，广西临桂县文史资料委员会 1992 年版。

4. 政协五华县文史研究委员会、五华地方志编纂委员会办公室编：《五华人物》，五华县文史研究委员会出版 2009 年版。

5. 中国人民政治协商会议上海市委员会文史资料委员会、上海市体育运动委员会文史委员会编著：《上海文史资料选辑》第 65 辑《体育专辑·体坛先锋》，上海人民出版社 1990 年版。

6. 吉林师范大学文艺学编写组编：《文艺方针政策学习资料》，吉林人民出版社 1961 年版。

7. 梁吉生、张兰普编：《张伯苓私档全宗》，中国档案出版社 2009 年版。

8. 上海精武体育总会编：《精武志》，文汇出版社 2021 年版。

9. 尚明轩主编：《宋庆龄年谱长编（1893-1947）》，北京出版社 2002 年版。

10. 盛永华主编：《宋庆龄年谱（1893-1981）》，广东人民出版社 2006 年版。

11. 宋庆龄基金会、中国福利会、宋庆龄陵园管理处：《宋庆龄书信集（续编）》，人民出版社 2004 年版。

12. 吴汉民主编：《20 世纪上海文史资料文库》第 8 辑《教育科技》，上海书店 1999

年版。

13. 游子华、崔龙建主编:《中国红十字会史料选编（第 7 辑）》,合肥工业大学出版
    社 2017 年版。

14. 周勇、任竞祝主编:《抗战大后方歌谣汇编》,重庆出版社 2011 年版。

二、近代中外报刊

（一）中文报纸

1.《诚报》

2.《大公报》

3.《大公晚报》

4.《东南日报》

5.《繁华报（1943）》

6.《革命日报》

7.《国民公报》

8.《和平日报》

9.《和平日报》

10.《救亡日报》

11.《立报》

12.《力报（1937—1945）》

13.《民国日报》

14.《每日译报》

15.《梅州报》

16.《前线日报（1945.9—1949.4）》

17.《扫荡报（桂林）》

18.《申报》

19.《神州日报》

20.《圣心报》

21.《时报》

22.《文汇报（上海）》

23.《西南日报晚刊》

24.《小日报》

25.《香港工商日报》

26. 《香港华字日报》

27. 《新华日报》

28. 《新闻报》

29. 《益世报》

30. 《中央日报》

31. 《中报》

32. 《中华时报》

（二）中文刊物

1. 《电声周刊》

2. 《电影新闻（上海 1941）》

3. 《广西妇女》

4. 《滑翔》

5. 《建设研究》

6. 《进修月刊》

7. 《竞乐画报》

8. 《抗战（半月刊）》

9. 《上海人》

10. 《上海图画新闻》

11. 《摄影画报》

12. 《申曲画报》

13. 《时论分析》

14. 《体育评论》

15. 《香港青年》

16. 《新时代（上海 1931）》

17. 《影迷周报》

18. 《艺府》

19. 《永安月刊》

20. 《浙江体育半月刊》

21. 《中国红十字会月刊》

22. 《中国影讯》

23. 《中外影讯》

（三）英文报刊

China Press（《大陆报》）

Hong Kong Telegraph（《香港电闻报》，又称《士蔑西报》）

Hong Kong Daily Press（《孖剌报》）

三、著作

1. ［英］布莱恩·特纳著，马海良：《身体与社会》，赵国新译，春风文艺出版社 2000 年版。

2. 蔡斐、任竞编著：《重庆近代报纸提要》，重庆大学出版社 2020 年版。

3. 蔡向阳编著：《足球运动有问必答》，东北大学出版社 2003 年版。

4. 陈明辉：《中华全国体育协进会研究（1924—1949）》，武汉大学出版社 2019 年版。

5. 陈伟胜、张喆、李斌：《恒之有道：广东足球的史经子集》，暨南大学出版社 2016 年版。

6. 陈廷一：《宋庆龄全传》，中国社会出版社 2004 年版。

7. 陈永昊、陶水木编：《中国近代最大的丝商群体——湖州南浔的"四象八牛"》，浙江人民出版社 2001 年版。

8. 崔乐泉、罗时铭：《中国体育思想史（近代卷）》，首都师范大学出版社 2008 年版。

9. 崔泽峰主编：《足球运动》，天津大学出版社 2022 年版。

10. 《电气期颐》编委会：《电气期颐：上海交通大学电气工程系纪事》，上海交通大学出版社 2008 年版。

11. 独家春秋：《闲话民国》，上海人民出版社 2015 年版。

12. ［日］夫马进：《中国善会善堂史研究》，商务印书馆 2005 年版。

13. 傅文生：《体育与健康》，重庆大学出版社 2014 年版。

14. 高宝华编著：《普通高校足球课程教材》，南开大学出版社 2010 年版。

15. 高福进：《"洋娱乐"的流入——近代上海的文化娱乐业》，上海人民出版社 2003 年版。

16. 高建国、夏明方、蔡勤禹：《中国灾害志·民国卷》，中国社会出版社 2019 年版。

17. 广西中共党史学会编：《前事不忘 后事之师：中南地区党史学界纪念抗日战争胜利五十周年学术讨论会论文选》，广西民族出版社 1997 年版。

18. 郭常英：《中国近代慈善义演文献及其研究》，社会科学文献出版社 2018 年版。

19. 郭常英、岳鹏星：《中国近代慈善义演研究》，社会科学文献出版社 2021 年版。

20. 郭守靖编著：《江南武术文化史论纲》，中国书籍出版社 2020 年版。

21. 郭永慎编著：《国防体育》，军事科学出版社 2003 年版。

22. 黄莉编著:《中华体育精神和体育强国梦》,北京出版社 2021 年版。

23. 黄金麟:《历史、身体和国家:近代中国的身体形成(1895—1937》,新星出版社 2006 年版。

24. 黄鸿山:《中国近代慈善事业研究:以晚清江南为中心》,天津古籍出版社 2011 年版。

25. 姜虹:《社会变迁与近代上海文化产业化发展》,上海财经大学出版社 2018 年版。

26. 金功辉:《携手援义战:抗战时期国统区民众经济动员概述》,天津社会科学院出版社 2005 年版。

27. 李辅材、文福祥等:《中国篮球运动史》,武汉出版社 1991 年版。

28. 李国林:《民国时期上海慈善组织》,立信会计出版社 2018 年版。

29. 李明舜、刘利群:《马克思主义妇女理论中国化与妇女事业发展研究论文集》(第 2 辑),中国妇女出版社 2022 年版。

30. 李松福:《球王李惠堂传奇》,未来出版社 1987 年版。

31. 梁启超:《新民说》,商务印书馆 2016 年版。

32. 刘绍唐编:《民国人物小传》(第 4 册),上海三联书店 2014 年版。

33. 刘晓树:《体力与意志的结合:网球》,二十一世纪出版社 2015 年版。

34. 路云亭:《球迷人类学—足球观众的行为解读》,上海人民出版社 2020 年版。

35. 罗敦伟:《输捐救国》,战争丛刊社 1937 年版。

36. 罗可群:《现代广东客家文学史》,广东人民出版社 2008 年版。

37. 吕进等:《大后方抗战诗歌研究》,重庆出版社 2015 年版。

38. 马强、池子华主编,上海市红十字会、红十字运动研究中心编:《红十字在上海,1904—1949》,东方出版中心 2014 年版。

39. 莫凯敏:《近代广东足球文化发展历史研究》,东北大学出版社 2021 年版。

40. 潘志贤、李犀:《中外篮球文化》,吉林大学出版社 2006 年版。

41. 阮清华:《慈航难普度:慈善与近代上海都市社会》,复旦大学出版社 2020 年版。

42. 邵雍等:《社会史视野下的近代上海》,学林出版社 2013 年版。

43. 沈海平:《宋庆龄与她的慈善事业》,中国中福会出版社 2018 年版。

44. 史友宽、屈东华、周屹嵩:《中国排球运动发展研究》,河南大学出版社 2014 年版。

45. 苏智良主编:《饶家驹与战时平民保护》,广西师范大学出版社 2015 年版。

46. 孙大利:《当代运动与艺术潮流:拳击和空手道的技术与训练》,吉林出版集团有限责任公司 2015 年版。

47. 谭分全:《李惠堂与现代足球》,云南大学出版社 2022 年版。

48. 唐力行主编:《江南文化百科丛书》,上海人民出版社 2021 年版。

49. 陶水木:《上海商界与民国灾荒救济研究》,浙江大学出版社 2020 年版。

50. 王德新、樊庆敏编:《现代拳击运动教程》,复旦大学出版社 2012 年版。

51. 王振涛:《篮球教学理论与应用研究》,中国书籍出版社 2017 年版。

52. 王卫平、黄鸿山:《中国古代传统社会保障与慈善事业》,群言出版社 2005 年版。

53. 王卫平、黄鸿山、曾桂林:《中国慈善史纲》,中国劳动社会保障出版社 2011 年版。

54. 魏华龄、刘寿保编:《桂林抗战文化研究文集(五)》,广西师范大学出版社 1997 年版。

55. 魏华龄、左超英编:《桂林抗战文化研究文集(六)》,广西师范大学出版社 2001 年版。

56. 吴谋、王方椽等:《高校篮球教学与训练》,复旦大学出版社 1997 年版。

57. 向超宗、邢峰主编:《大学体育选项课教程》,重庆大学出版社 2015 年版。

58. 熊月之主编:《老上海名人名事名物大观》,上海人民出版社 2005 年版。

59. 闫静:《后现代语境下的档案与身份认同》,光明日报出版社 2024 年版。

60. 杨凯:《田径教学训练与竞赛》,北京工业大学出版社 2023 年版。

61. 杨雪:《我国竞技体育中的女性"解放"演讲》,武汉大学出版社 2021 年版。

62. 叶国雄、陈树华主编:《篮球运动研究必读》,人民体育出版社 1999 年版。

63. 叶鸣、陈蕴霞、徐金山:《高校体育欣赏教程》,同济大学出版社 2008 年版。

64. [日]永松英吉:《拳击》,刘玉林译,山东科学技术出版社 1988 年版。

65. 尤小明主编:《广西民国人物》,广西人民出版社 2008 年版。

66. 曾桂林:《民国时期慈善法制研究》,人民出版社 2013 年版。

67. 中共重庆市委党史研究室编:《宋庆龄在重庆》,中共党史出版社 2016 年版。

68. 中华妇女联合会编:《中国妇女运动史(新民主主义时期)》,春秋出版社 1989 年版。

69. 周国霞、周斌:《游泳健身与球类训练》,吉林美术出版社 2018 年版。

70. 周家骐主编:《上海足球》,业余周报社 1945 年版。

71. 周秋光:《近代中国慈善论稿》,人民出版社 2010 年版。

72. 周秋光主编,曾桂林、向常水等著:《中国近代慈善事业研究》,天津古籍出版社 2013 年版。

73. 朱浒:《地方性流动及其超越——晚清义赈与近代中国的新陈代谢》,中国人民大学出版社 2006 年版。

74. 庄志龄:《学堂春秋》,上海文化出版社 2005 年版。

四、论文

（一）期刊论文

1. 曹世盖：《宋庆龄发起的一次赈灾足球赛》，载《体育文史》1983 年第 1 期。

2. 陈明辉、孙健：《中华全国体育协进会体育慈善活动述论（1924—1949）》，载《武汉体育学院学报》2018 年第 52 卷第 1 期

3. 陈细晶：《日军占领下的上海媒体文化的转变（1937—1945）》，载《抗日战争研究》2010 年第 4 期。

4. 管学庭：《抗战时期桂林文化城的体育活动》，载《广西师范大学学报（哲学社会科学版）》1990 年第 4 期。

5. 郭常英、屈霁光：《"球王"李惠堂与民国体育慈善》，载《史学月刊》2023 年第 5 期。

6. 郝小玮：《抗战后方参与献金运动的机关和社团》，载《绵阳师范学院学报》2012 年第 1 期。

7. 胡冰玉：《上海"孤岛"时期的体育慈善赛述论》，载《社会史研究》2022 年第 1 期。

8. 姜荣泉：《宋庆龄发起足球义赛震动上海滩》，载《体育文史》1991 年第 5 期。

9. 金功辉：《抗战时期的全国寒衣总会》，载《党史研究与教学》2004 年第 2 期。

10. 金功辉：《抗战时期的民众捐机运动》，载《钟山风雨》2004 年第 4 期。

11. 李飞、汪效驷：《慰劳总会与抗战将士的精神动员》，载《学术交流》2016 年第 8 期。

12. 梁柱平：《抗战时期桂林的体育宣传》，载《体育文史》1998 年第 3 期。

13. 唐永余：《"球王"李惠堂的网球之缘》，载《都会遗踪》2009 年第 1 期。

14. 徐建明：《宋庆龄筹办赈济豫灾国际足球义赛》，载《民国春秋》2001 年第 3 期。

15. 甄京博：《抗战时期大后方的体育运动——以陪都重庆为考察中心》，载《乐山师范学院学报》2008 年第 3 期。

16. 赵峥：《战争与体育："球王"李惠堂与全面抗战时期的足球运动》，载《抗日战争研究》2022 年第 3 期。

17. 张秀丽：《娱乐与助赈民国天津赈灾义演研究》，载《湖北大学学报（哲学社会科学报）》2019 年第 4 期。

18. 周秋光、曾桂林：《中国近代慈善事业的内容和特征探析》，载《湖南师范大学社会科学学报》2007 年第 6 期。

19. 周游：《国难与国庆：抗战时期国民政府对"双十节的"的纪念与阐释》，载《西南大学学报（社会科学报）》2015 年第 2 期。

（二）学位论文

1. 李婷婷：《上海市冬令救济委员会研究（1945—1948）》，上海师范大学 2019 年硕士学位论文。

2. 刘倩：《抗战时期全国慰劳总会研究（1938—1945）》，南京师范大学 2019 年硕士学位论文。

后　记

　　我对民国义赛的最早兴趣大约肇始于 2018 年。因我从硕士阶段起即已关注和从事的清代仓储、社仓与长江中游地区基层社仓及灾荒史研究，至今已经持续十余年，已然发表了一些研究成果，出于个人"喜新厌旧"、兴趣点容易发生转移的个性，自感研究可以告一段落，内心急切想要寻求新的研究领域和研究方向。在这个过程中，因为灾荒史和慈善史密切关联，我一直对慈善史的研究动态略有了解，不仅广泛阅读了大量慈善史研究论著，尤其是国外学者如日本学者夫马进，国内学者如香港大学梁其姿，湖南师范大学周秋光、曾桂林以及苏州大学王卫平、池子华等诸多名家的大作，而且在本校中国近现代史基本问题方向硕士生的专业课程《中国近现代社会经济史专题研究》和后来的《中国近现代社会史专题研究》中，长期开设有中国近现代慈善史研究的相关专题，可以说为后来研究的慈善史转向打下了一定的基础。此外，在决定下一步研究主题的时候，我的基本定位是既要有明确（重要）的研究价值，同时也要"有趣"。既然历史研究注定是一门需要"坐冷板凳"的学问，那就尽量让这"冷板凳"因着趣味性能显得"热乎"一些吧！

　　要同时具备这两个目标，难度不小。我最初的设想是花一到两年完成这个任务，但事实上，结果比预期的要好得多。大约在 2018 年，我在集中翻阅慈善史最新、最前沿的研究成果时，注意到近年来有关近代慈善义演的一批论著，这些卓有成效的研究主要来自河南大学郭常英和她的团队成员。被这一研究方向所吸引，我抱着尝试心理在近代报刊电子信息库中徜徉，当以"义演"为关键词搜索时，"义赛"偶尔会一并蹦出。接着输入

"义赛"一词时，弹出了数百条文献信息提示，这完全出乎我意料。当我逐条翻阅这些文献，又对照现有近现代慈善史的研究成果时，我意识到，这是个迄今尚未引起慈善史界关注的、极具学术价值的问题。简单来说，义赛（慈善赛）作为民国时期出现的一项新颖的、以体育为媒介的慈善活动，在当时，除了一篇从体育史角度阐述民国时期中华全国体育协进会的体育慈善事业的论文外（陈明辉），在慈善史家心中，并不存在义赛（慈善赛）与体育慈善的概念和整体印象，当然也不会有此方面的研究著作。

2019 年冬，趁着前往长沙参加中国社会史学会慈善史专业委员会第一届国际学术研讨会（暨慈善史专业委员会成立），在分组会议上，我宣读了有关民国时期上海义赛（慈善赛）的论文，尽管还很不成熟，但却代表着我正式迈进了近代体育慈善史研究的大门。此后几年间，随着史料搜集、阅读、整理的累积，我逐渐萌生了写作一部有关民国义赛与体育慈善专著的想法，并开始着手书写部分章节内容。2022 年，我申报的教育部社会科学规划一般项目《民国时期慈善义赛研究》获得立项，著书之路开始提速。呈现在面前的这本《民国时期义赛研究》即是筹划近七年、动笔撰写三、四年的成果。

寒来暑往，白驹过隙。本书之最终完成和出版，要感谢的人很多。当我准备申报有关民国慈善义赛的项目而向湖南师范大学曾桂林求助时，他慨然允诺担任课题组首席专家，对此我心存感激。感谢诸位师友在我写作过程中给予各种形式的帮助和支持，他们是：中国政法大学赵晓华、黄东、北京理工大学王娟、南开大学贾国静、武汉科技大学袁年兴以及"母校"—武汉大学的师兄周荣、杨国安、同窗好友陈曦。更重要的是，感谢恩师张建民、师伯陈锋，二位先生的治学风范、为人风骨、宽厚体仁对我影响至深，也是我"虽不能至，心向往之"的楷模。感谢中国政法大学出版社编辑部主任牛洁颖的热心、耐心、认真和专业，帮助我修正了书稿中的一些文字和其他错误，并使书稿能够及时出版。

感谢中国政法大学中国近现代史基本问题学科的年轻同事们，他们的活跃敏锐、勤奋严谨时常"刺激"我保持着向前的姿态。在校研究生管晴、张祎宁和黄晴帮我处理了资料整理、报销等琐碎事项，使我得以专心思考和写作。

　　感谢我的家人：年迈的老父母——父亲白向荣、母亲徐月英，一生历经艰辛，常常念叨"我们身体健康就是对你们最大的支持"，他们也的确做到了，因而使我已近耳顺之年仍然享有"父母在，仍有来处"的福报。他们的乐观坚强、对生命的珍视、对生活的热爱和坦荡是给予我们的珍贵精神财富。我们的大家庭成员之间始终保持着密切的联系，感谢弟弟白耀辉、弟媳白萍、妹妹白艳莉、妹夫冯强使我感受到亲情的慰藉和牵绊。下一代的外甥女冯楚煊、小侄女白宜栢给大家庭带来了许多欢乐。最后，我要特别感谢我的先生李建平、儿子李雨辰、儿媳郭塱，你们共同营造了温馨的家庭氛围，使我浸润于家的温暖和家人之间浓浓的爱，你们是我能心无旁骛、步履不停地行走在学术小径上的坚实依靠！

白丽萍

2025 年 5 月 27 日